教|育|知|库

创意语文

——学科哲学的言语践域

鲍国富

著

光明日报出版社

图书在版编目（CIP）数据

创意语文：学科哲学的言语践域 ／ 鲍国富著 . --
北京：光明日报出版社，2021.12
ISBN 978－7－5194－6428－8

Ⅰ.①创… Ⅱ.①鲍… Ⅲ.①中学语文课–教学研究
Ⅳ.①G633.302

中国版本图书馆 CIP 数据核字（2021）第 276932 号

创意语文：学科哲学的言语践域
CHUANGYI YUWEN：XUEKE ZHEXUE DE YANYU JIANYU

著　　者：鲍国富

责任编辑：刘兴华　　　　　　　　责任校对：阮书平
封面设计：中联华文　　　　　　　责任印制：曹　净

出版发行：光明日报出版社
地　　址：北京市西城区永安路 106 号，100050
电　　话：010－63169890（咨询），010－63131930（邮购）
传　　真：010－63131930
网　　址：http：//book.gmw.cn
E - mail：gmrbcbs@gmw.cn
法律顾问：北京市兰台律师事务所龚柳方律师

印　　刷：三河市华东印刷有限公司
装　　订：三河市华东印刷有限公司
本书如有破损、缺页、装订错误，请与本社联系调换，电话：010－63131930

开　　本：170mm×240mm
字　　数：350 千字　　　　　　印　　张：19.5
版　　次：2022 年 7 月第 1 版　　印　　次：2022 年 7 月第 1 次印刷
书　　号：ISBN 978－7－5194－6428－8

定　　价：85.00 元

序

福建教育学院　鲍道宏

晋江一中鲍国富老师著作《创意语文——学科哲学的言语践域》书稿送到我的手头。看着沉甸甸的书稿，看着这个多少有些玄奥的标题，心里有种莫名情感。一位中学老师，在那样繁重的教学任务与升学压力之下，还能潜心研究语文教学中那些相对宏观、玄远的问题，并逐渐累积成体系，这种钻研精神、吃苦耐劳的功夫与坚忍不拔的毅力，真不是一般人能做到的。

怪不得那天我到晋江，与一位老师说起我有几位学生在一中，说到鲍国富，她有些惊讶地说："那是名师哎，是您的学生啊？"

我知道，不管眼前老师信还是不信，我是沾了国富的光了。

2017年暑期启动"福建省'十三五'第二批中小学学科教学带头人"培训项目时，国富就在我任首席专家的中学语文学科教学带头人培养对象班级。这个班33人，初中老师七八位，国富是其中之一。三年多里，我带着他们省内省外、线上线下研修，接触多了，彼此都比较熟悉。国富做事实在，读书研修都很认真。他性格不算外向，同伴们讨论聊天他总笑笑地在一旁听，等到似乎有什么把握了，就上来插一两句。说话也不多，每一句话都不长，而且说话结束，总要句尾拖一个晋江独有风格的"哦"，但他的话总有一些深度，往往引起更热烈的讨论。

我们知道，教学一线的老师，往往受具体事务与现实制度牵扯，能认真深入地思考教学中的具体问题已属不易，而要系统研究一些教学问题的更是少见，至于要在哲学思想关照下系统思考教学问题，不能说没有，但也是少之又少。仅此一点，就不能不令我肃然起敬。

于是，他要我为他即将出版的新书写序，我也就义不容辞。

作者从哲学视域出发，从价值论、方法论、认识论与实践论各个视角，统领、提炼自己最近10多年的语文教学实践与探索，全面梳理与诠释"创意语文"的意蕴、脉络与基本结论。在具体操作层面，国富提出了模仿、类比、逆向、转移、移植、组合六项"创意语文"的开发方法，系统回答了"创意语文的实施法则和方向"。在此基础上，国富进一步探讨"创意语文"的课堂教学模式，并细分各种文体，讨论相应的课堂教学方法。这样，"创意语文"就从个人式的探索，提炼出供更多人学习的一般经验。

书中，我们还看到，国富紧跟时代步伐，密切关注语文教育动态及前沿问题。比如，关注"在线教学""大单元教学""整本书阅读教学""语文核心素养培育"等新近焦点问题，表现出国富的专业敏感与积极探究的姿态。

当然，正如我们前面提到的，从哲学视域审视中学语文教学，以其为指导提炼语文教学实践与探索经验，是一件多少有些"玄奥"的事情。比如认识论（知识论）问题，这个问题在最近100年有巨大的发展，"知识"的客观性问题引起激烈的争辩。而中小学学校教育，迄今为止，基本以"客观的"知识观为信念，并以此建立起一整套的诸如教育理念、课程目标、教学及评价机制。这套体系，正受到知识哲学研究的多方面质疑，受到前所未有的挑战。那么，像语文教育中涉及的大量人文知识，其客观性所面临的挑战，几乎可说史无前例。当代知识转型给语文教育带来的冲击，可能比国富现在理解的要复杂得多。指出这一点，并不是否定国富研究的价值。科学研究，就像国富引用的辩证法原理，否定之否定，本身就是科学研究推动与面对的现象，也是科学研究过程的基本状态。但是，每一次否定都不是推倒重来，总是在原来基础上进一步跃升。所以说，已有的研究，不仅是成果展示，更为进一步发展奠定了扎实的基础。

从国富送来的书稿看，系统是建立起来了，但分类的依据似乎有不同角度的选择。当然，我们不必对一线教师提出这么苛刻的要求。正如我前述所言，敢于碰这样玄奥的问题，本身就令人佩服。而且能够长期、系统地在"学科哲学"指导下实践、探索语文教学的问题，竭力提炼出"创意语文"的理论雏形，就此一点，也值得大书特书一笔。

我们期待国富与他的名师工作室团队成员一起，勇于探索，勤于实践，为我们奉献出更精准、更精彩的"创意语文"研究新成果。

是为序。

（鲍道宏，教育学博士，教授。福建教育学院语文课程与教学研究所所长，全国高等教育学会语文教育专业委员会理事，出版有《现代教育理论学校教育的原理与方法》《教儿童学会阅读》《课程理解：制度与文化的"新基点"》等）

前　言

"创意语文——学科哲学的言语践域"，研究的是"学科哲学、创意语文"。在哲学领域审视学科，形成学科哲学。用哲学的视角审视语文学科，视野中是最基础最本质的语文认识。以此推动用学科哲学视角对待学科，可以在朴质的深刻之上，活泛学科的实践应用，激发学科的创意与活力。创意语文即是学科哲学在言语教学的实践领域。

学科哲学指导语文学科的创意研究属于教育创意学。通过学科哲学的指导，创意语文进行了理论和实践研究，确立了"创意语文"的概念和内涵、理论基础与依据、内容与观点，以及相关教材化研究、教学化研究、人格化研究等方向。在学科哲学视域下通过创意语文，反映社会主义核心价值观下学科育人的基本要求，培育学生核心素养，全面展现了学生从语文学科课程学习中应获得的学科特质的必备品格和关键能力，具体体现学生综合素质。

本书是学科哲学对语文学科的指导，在对创意语文的研究过程中，探索形成创意语文的教学艺术。创意语文的基本主张、基本形态和实践推广等教学价值要进行应用和研究。

创意语文的研究，基于以下背景：

一、全球形成的新学习格局重视创造性思维

近几年世界进入百年未遇之大变局时期，新的学习格局正在形成，重新审视教育的目的和教育评价的内容，深刻地改变了学科教学。经济合作与发展组织在此背景下发布《PISA2021 创造性思维框架（第三版）》。PISA（the Program for International Student Assessment，即国际学生评估项目的缩写）在2021 年新测评中再增一个新的评估领域——"创造性思维"，通过研究学生的创造性思维能力，运用比较数据，以期激发教育政策与教学法的积极变革。这是创意语文产生的宏观背景。PISA2021 首次引入创造性思维测评。创造性思维研究正是来源于对"创新"或"创造"的关注。语文学科对"创意、创新、创

造"等进行目的与评价的批判思考有了再认识。创意语文是基于语文学科进行教学领域内的"创新"或"创造"的研究。创意语文就是对语文学科创造性思维的研究与实践。

二、国家重视创新思维的培育

从《义务教育语文课程标准》到《普通高中语文课程标准》，从《中国高考评价体系》到《中国高考评价体系说明》，对于"创新思维、创造性思维、创新性、创新"等关键词都有重要的表述，并作为一个章节进行重点阐述，可见国家对创新思维的培育，已经成为国家教育体系中的一个重要组成部分，并在终结性评价中得以体现。

三、学校学科哲学建设辩证激发创意教学研究

学校进行学科哲学建设，注重对学科核心素养进行培养。学科哲学不仅是用哲学来探寻学科实践中的规律性的现象，也是用来辩证激发各学科创新教学，从而培育好各学科核心素养。对于学科哲学在中学阶段各学科的教育教学实践，主要由福建省晋江市第一中学陈燎原校长于2015年年初进行倡导，2016年秋季形成学科哲学谱系，制定中学各学科哲学大纲，2018年春季举行福建省级公开周活动进行学科哲学主题下的教学实践的展示，并于2019年秋季进一步举行全国范围的学科哲学教学与讲座的展示。

四、教师个人专业成长教学实践重视创意驱动

教师生涯的职业高度，需要在创意的驱动下促进个人专业成长，消除职业倦怠；需要在创意的驱动下促进教学实践，有效教学提升学生学科核心素养。

基于以上背景，创意语文是时代和社会的新形势的必然产物，在目前以至未来较长的一段时间里，在语文学科的研究与教学实践中具有前瞻性。

本书研究即是运用学科哲学指导创意语文进行的理论建构和实践，是教学主张项目的研究成果。

（一）本书是以下工作室及学科建设的研究成果

1. 晋江市初中语文鲍国富名师孵化工作室；

2. 晋江市第二批普通中学重点学科建设晋江市第一中学初中语文组；

3. 福建教育学院语文课程与教学研究所；

4. 福建省初中语文陈建源名师工作室;

5. 福建教育学院石修银名师语文工作室;

6. 吴炜旻写作工作室。

（二）本书是以下课题科研的研究成果

1. 2020 年度晋江市名师名校（园）长孵化工作室专项课题（项目编号 JM2020-08）"学科哲学指导下创意语文教学主张研究";

2. 2019 年度教育部福建师范大学基础教育课程研究中心开放课题（项目编号 KCZ-2019081）"学科哲学指导下统编初中语文教材创新使用研究";

3. 2019 年度福建省基础教育课程教学研究立项课题（项目编号 MJYKT2019-003）"大规模考试公平性原则背景下初中语文'教学点'的确认";

4. 2019 年度晋江市基础教育课程教学研究立项课题（项目编号 JJYKT2019-06）"初中语文课外阅读教学效率提升策略研究";

5. 2018 年福建省中青年教师教育科研项目（基础教育研究专项）立项课题（项目编号 JZ180221）"移动学习视域下统编版初中语文教材创新使用";

6. 2016 年全国"十三五"教育部规划课题（项目编号 FHB160527）《高中"学科哲学"建设与学科核心素养培养》;

7. 2021 年福建省电化教育馆教育信息技术研究课题（立项编号：KT21096）《基于网络学习空间创意语文"教学评"一体化应用研究》;

8. 2021 年度福建省教育科学"十四五"规划常规课题（立项编号：FJJKZX21-528）《"教学评一致"的初中语文有效教学策略研究》。

目 录
CONTENTS

第一章

学科哲学与创意语文

一、哲学·学科哲学·语文学科哲学·创意语文

为什么选择学科哲学？

学科教育与学科教学，蕴含着学科本质的规律在里面；研究这些规律中最基本最普通的问题，可以更准确地把握学科的特点，更深入地揭示学科的现象，从而更好地在现今学科的发展中调控方向，适应时代与社会的新形势，并促进未来的教育教学。

研究最基本最普遍的问题，属于哲学研究的范畴。这就是为什么研究学科教育教学要研究哲学的原因。而创意语文，就是应用哲学的思维与方法，在学科哲学的研究中应用规律激发新的思维，产生新的语文学科教育教学的实践，从而适应新的时代与社会需求，产生新的语文成果，促进语文学科的发展，培育学生的语文核心素养。

什么是哲学？哲学的一般定义是，对基本和普通的问题的研究。

哲学，是关于世界观和方法论的理论体系。"世界观是关于世界的本质、发展的根本规律、人的思维与存在的根本关系等普遍基本问题的总体认识；方法论是人类根据世界观形成的认识世界的方法。"从世界观看，哲学有严密的逻辑系统，研究事物本质，研究万事万物演化的总规律，研究一些很根本的问题。从方法论看，哲学是一种方法，而不仅仅是一套主张、命题或理论。

哲学是理性地思考，是创造概念、释解概念的学问，所涉及的研究范围是其他学科的总和。哲学要给出对本质的解释，很大程度上影响着接受者的世界观。

哲学是广义的科学，随着时代和社会的发展，哲学的概念也从以前的不涉及具体研究范围的具体科学的广义概念，慢慢地结合到具体的学科当中，形成比较狭义的概念。本书就是将哲学进一步结合到基础教育阶段的狭义学科中进行研究，进一步结合到语文学科中进行研究。

什么是学科？学科，指相对独立的知识体系。

人类在活动中产生的经验，通过积累和消化形成了认识，认识再通过人的思考、归纳、理解、抽象而上升形成知识。知识又经过了人们的运用，并得到了验证之后，慢慢地进一步发展从而形成知识的体系。这些知识体系在不断的发展和演变中，有了某些共性特征，把这些共性特征加以划分就形成了学科。

对于学科的定义有不同的标准。本书研究的学科主要是从狭义的方向研究基础教育阶段的学科。在中国基础教育阶段，学科主要是指国家规定的语文、数学、英语、物理、化学、历史、生物等学科。

什么是学科哲学？学科哲学是对学科的基本和普遍问题的研究。

学科哲学研究具体的学科和哲学之间的关系，是对学科的本质、目标、方法等的研究。学科哲学是在学科中运用哲学这种方法，思考并形成对学科的普遍规律的认识，指导教师和学生具体地教和学的理论。不同学科的教师基于本学科的理性思考，寻求做出经过实践验证的学科方向的推理。

学科哲学，一是从哲学的角度看待学科，从现象与本质、局部与整体、意识与物质等层面研究、解读、认识学科，指向学科的本质和深层；二是挖掘学科之中的哲学意蕴，即学科的世界观、方法论、实践论、认识论、辩证法等。

学科哲学处于指导性的地位。就其主要内涵来说，学科哲学是指学科的观念、思想、方法，它们来自学科知识，又高于学科知识。如果说，学科知识、观念、思想、方法等是学科的"物质"层面的东西，那么学科文化、精神等就是学科的"意识"层面的东西。学科文化与精神既是学科知识与学科观念、思想、方法生长的外显载体，又是内核和灵魂。可见，学科哲学的内涵包括学科概念、学科观念、学科思想、学科方法、学科文化、学科精神等。学科哲学，从哲学的角度来重新看待、认识学科的教育价值；用哲学的眼光思考学科的教育教学活动，挖掘出本学科中所蕴含的教育教学思想和方法。

学科哲学的教育教学实践，以"世界观方法论"为核心，正确看待学科；以"实践论、认识论、辩证法"为工具，进行学科实践行为过程；以"学科观、概念观"为抓手，化繁为简，提炼核心知识，有效达成教育教学目标；以"思维观、素养观"为载体，去粗存精，抓住学科教学本质，提高学生对学科课程的学科思想和方法的理解。

学科哲学探索与实践的有效实践，有四大抓手。抓手一，坚持"学科本质四维观"（学科观、概念观、思维观、素养观）；抓手二，落实"教学策略五章程"（统筹性备课、思辨性设计、纲目式建构、创造性教学、科学性检验）；抓手三，践行"课堂教学五步骤"（审题导入、概念推演、认识建模、探寻价值、反馈检验）；抓手四，实现"教与学两法则"（求新求变求道法、乐学乐思乐收获）。

学科哲学，是以实践论施行理论，以辩证法为指导，用哲学的智慧辩证思考学科，挖掘学科的本质。从哲学的高度看待、认识学科和学科教育的价值与问题，通过具体学科实践经验的积累，建立分科教育哲学。在语文学科即为语文学科哲学。

什么是语文学科哲学？

语文学科哲学，就是用哲学的方法来研究语文学科，并具体体现在语文学科理论和语文教学实践上。通过对语文学科严密的逻辑系统的认识，研究语文学科的性质，找出语文学科的总规律。

语文学科哲学，用哲学的理论和观点来透析语文学科，运用辩证唯物主义的哲学方法来解读语文学科、理解语文教材，实现对语文学科和语文教材的处理。有学科哲学背景的加持，从而实现学生的语文核心素养的培育目标。在语文学科教学过程中渗透哲学思想，把哲学的世界观、方法论等作为教育教学准则，在语文学科教学实践中通过透视、分析、概括、提升，提高师生的辩证、批判等思维能力，进行创新性人才的培养。

语文学科哲学，站在哲学的高度，重新认识语文学科的知识体系和教育教学行为，进一步建构语文的学科思想观念、学科思维方法、学科精神文化，并将其有机地融入语文学科的教学实践当中。全面提升语文学科教学的深度、高度和品质，进一步引领中学生形成基于学科哲学的本质、价值和文化的持久的内在的学科核心素养。

本书对创意语文的研究是在语文学科哲学指导下进行理论和实践的建构。

创意语文是运用创造意识或创新意识对语文学科进行理论建构和教学实践，并进一步衍生出具有某种或某点新的创意思维和行为潜能的语文。创意语文通过创意思维意识进一步挖掘和激活语文学科的相关资源，通过创意思维工具和开发方法，运用多种创意方式进行语文学科的应用，进一步提升语文相关资源的价值。创意语文在语文学科哲学的指导下，对传统语文进一步发展，对语文原有的不合时宜的东西进行改造。它要求要有不同于传统的解决方法，是一种有创造性的想法或构思，是一种思维的发展，是一种智慧的提升，具有新颖性和创造性等特点。

通过语文学科哲学的指导，从创意思维的方向探索语文学科学习活动的应用，一方面可以促进语文教师的教学理念、语言能力、教学能力提高，促进语文教师教学方法的转变；另一方面可以从学生的角度，进一步增强学生自主学习的能力，使其成为语文学习的主体，进一步开发学生的多项思维，如批判性思维、创造性思维等，从而进一步提升学生的语文能力。

语文学科哲学指导下的创意语文，反映了社会主义核心价值观下学科育人的基本要求，研究的是语文学科核心素养，是学生发展核心素养的重要组成部分，是学生综合素质的具体体现，全面展现了学生从语文学科课程学习中获得的学科特质的必备品格和关键能力。

要说明的是，本书属于哲学在基础教育阶段的狭义学科应用，而不是哲学的专业学科研究；使用前人的研究成果，即已经被广泛认可的哲学，特别是马列主义、毛泽东思想等辩证唯物主义的哲学观；不参与哲学界的观点论争。对于语文学科哲学的研究，并不是一种开创性的、全新的哲学的研究，而是运用已有的约定俗成，被较多人所接纳，并且处于主流指导的哲学思想，比如辩证唯物主义哲学，来指导语文学科方面的研究。且囿于研究者的能力，内容难免浅陋，或者认识不当。部分表述直接引用文献材料，难免会有不够严谨之处，欢迎广大专家学者批评指正。

二、学科哲学的世界观方法论

哲学，是关于世界观和方法论的理论体系。以下进行"世界观、方法论"的哲学名词与学科的概念关联。世界观，即"观世界"，是人们对世界的总体看法和根本观点。在学科哲学中，是人们对学科的总体看法和根本观点。世界观主要解决学科"是什么"的问题。方法论，是人们认识世界、改造世界的一般方法，是指人们用什么样的方式、方法来观察事物和处理问题。在学科哲学中，方法论是指师生用什么样的方式、方法来观察学科规律和处理学科问题，是师生认识学科、实践学科的一般方法。方法论主要解决学科"怎么办"的问题。

学科的世界观在认识和实践过程中的运用表现为方法。方法论就是关于这些方法的理论。学科哲学没有纯粹的孤立的世界观和方法论；什么样的世界观就有什么样的方法论。唯物主义世界观要求人们从学科实际出发，在学科认识和实践中实事求是。辩证法的学科世界观要求从学科的普遍关系和永恒运动中把握学科，分析学科自身的矛盾，化解这些矛盾。形而上学的学科世界观促使人们孤立地、静态地、僵化地研究学科。

　　学科哲学方法论以一定的学科世界观为基础，学科世界观以自身对学科方法和实践学科方法的理解来实现存在的价值。学科哲学方法论离不开学科世界观。各个具体学科的研究方法受到一定学科世界观的制约，这一限制体现在不同的方法层面。学科各级方法论不是直接统一的，它们之间存在一定的差异。学科世界观与方法论不具有简单的一致性。理解了世界观不意味着掌握了方法论，反之亦然。学科世界观的理论通过方法论来运用，但世界观的运用和方法论的掌握都要有专门的研究。学科哲学方法论是以解决学科问题为目标的理论体系或系统，对学科具体的方法进行分析研究、系统总结并最终提出具备一般性的原则，涉及对学科问题的阶段、任务、工具、方法技巧的论述。学科方法论是普遍适用于各门具体学科并起指导作用的范畴、原则、理论、方法和手段的总和。

　　学科世界观的根本观点是"学科是什么、怎么样"。学科方法论用这种观点做指导去认识学科和改造学科。研究具体学科具有一定普遍意义，适用于许多领域的方法理论是一般科学方法论；研究某一具体学科，涉及某一具体领域的方法理论是具体科学方法论；认识学科、改造学科、探索学科的一般的方法理论是哲学方法论。三者之间的关系是互相依存、影响、补充的对立统一关系。哲学方法论带有决定性作用，是最一般的方法论，是各门科学方法论的概括和总结，对一般科学方法论、具体科学方法论有着指导意义。马克思主义哲学是一种科学的哲学方法论，是认识客观世界、改造现实的武器。学科哲学就是运用马克思主义哲学作为哲学方法论，来认识学科、改造学科、探索学科，促进学科的发展。学科哲学方法论重点运用唯物辩证法，是具体学科的积极概括总结，是根据学科、思维的规律引出的普遍意义的方法论。学科哲学运用唯物辩证法是对学科客观规律的正确反映，人们在认识和实践学科活动中，一切从实际出发，实事求是，自觉地运用符合学科发展的辩证规律，严格地按学科客观规律办事。

　　《中国高考评价体系》中对于语文学科的世界观方法论，有明确的表述："坚持辩证唯物主义，坚持无神论，反对唯心主义。一切从实际出发，实事求是，尊重客观规律。相信科学，尊重事实，追求和传播真理。坚持唯物辩证法，反对形而上学，坚持用联系、发展、矛盾的观点观察和分析问题，善于透过现象看本质。坚持理论联系实际，在实践中检验真理、修正错误。坚持历史唯物主义，反对历史虚无主义。能够运用历史唯物主义的观点、方法观察分析社会历史现象，正确认识社会发展规律，顺应改革发展潮流。"

创意语文从语文学科、学生实情出发，实事求是，尊重学科规律，坚持唯物辩证法，通过历史唯物主义观点、方法，观察分析语文学科现象，正确认识语文学科发展规律，顺应课程改革发展潮流。

三、学科哲学的实践论

唯物主义哲学的特点之一是实践性。学科哲学的实践论以实践观点作为基础，把对学科哲学的认识和实践辩证地统一起来，系统地认识到只有能动地对待学科哲学才能有正确的实践。

重视学科哲学的实践论，就是要认真对待在学科教育教学过程中的实践，认识到教育教学过程中师生的教与学的活动是最基本的实践活动。学科哲学的实践论决定了教育教学活动实践有多种多样的形式，其中教与学的实践能给人的认知发展以深刻的影响。学科哲学实践论是认识学科的来源和推动师生对学科的认识发展的动力。只有师生的教与学的实践才是广大师生认识学科的真理性的标准。学科哲学的实践还有认识的目的。学科哲学认识教育教学的目的就是为了更好地服务和促进教与学。学科哲学的实践论，正确地认识到在实践基础上认识和发展学科的辩证过程，正确确定了学科哲学感性认识和理性认识的辩证关系。

学科哲学的实践论认为，师生对学科的认识活动，首先经历了由实践到认识的过程，及在实践基础上从感性认识上升到理性认识的过程，这是认识过程第一次能动的飞跃。经过教育教学实践得到了理性的认识，最后还是要回到实践中去，这是学科哲学认识过程的第二次能动的飞跃，也是更重要的飞跃。学科哲学实践论认为师生认识过程中，反复经过了以上两次的飞跃。对于学科哲学发展阶段内的某一个客观过程的认识，教学活动就算是完成了。但随着教与学过程的推移以及广大师生对学科的认识，教学活动还没有完成。中学阶段师生的认识发展全过程，是实践、认识，再实践、再认识，循环往复，至于无穷。这种对学科的实践和认识的每一个循环的内容，都要比较地进步到更高一级的程度，这就是学科哲学的实践论。

学科哲学实践论既是一种认识论，也是一种辩证法。学科哲学的认识论，认识到师生在学科学习过程中是一个矛盾的不断产生又不断解决的无限辩证发展的过程，实践论也认识和发展了学科哲学在学科认识领域内从量变到质变的规律，同时实践论也在学科哲学的理论上认识到，在一定的条件下实践论理论能起决定作用。学科哲学实践论，认识和论述了对于学科的认识论，科学地解决了教学过程中知行关系的问题，从而用科学的认识论，正确地对待了学科，并上升到哲学的高度，将对学科的认识和实践统一起来，形成了一定的教育教学理论。

学科哲学实践论深刻地阐明、体现了对学科实事求是的基本观点，科学地解决了教育教学过程中知和行的关系的问题。学科哲学实践论为教师提供了认识学科的基本原理和方法，需要教师在认识学科的时候不急不躁，由表面到深层，全面观察，从感性到理性了解学科的演变过程，分清学科彼此之间的区别和联系，大胆假设，小心求证，循环往复，不断加深对学科的认识。

在具体的学科实践活动当中，对于任何学科没有做出深入的了解、细致的分析的前提下，不要急于做出任何的结论。具体的实践论操作过程可以有以下几个步骤。

1. 观察学科的外在特征。尽可能地从不同的侧面观察具体学科的特征，详细地列举学科的外在特性要素，体现学科特点。

2. 观察学科的内在特征。在观察学科外在特征的基础上，进一步寻找学科的内在特征，尽可能地了解并列举具体学科的特征的内在各种要素。

3. 观察学科的实践过程，也就是探寻学科的特性，是如何随着教育教学实践变化，了解并划分学科的变化阶段，描述并分析每个学科的具体过程阶段的特征，及其变化的体现。

4. 学科的观察手段。可以从学科中具体的文字影像、交流思考等一切具体的学科细节中，提取具体的学科特性逐一进行记录。在记录和提取过程中，教师要保持客观的态度，忽略具体学科体现出来的推断性、过程性、不确定性等的描述。

5. 观察学科内在联系。了解并描述学科内部的各种要素是如何互相影响和互相依存的。

6. 观察学科外在联系。了解并描述学科与具体实践过程的联系，认识这种区别和联系，了解整体和局部之间的互动。

7. 要有一定的学科实践等技术方法。

8. 大胆假设，小心求证，循环往复，不断加深对学科的认识，了解并摸索出学科发展的规律，对学科的发展做出合理的预测。

9. 在观察实践的过程中，勇于与时俱进，敢于创新，在各阶段主动地加入创意，形成新的理论，并在实践中进行检验，然后进入新的实践与创新的循环中。

学科哲学的实践论，认识的根本就是要指导师生认识学科，实践学科，指导师生对学科的客观规律进行深入的认识，来改造和服务具体的学科。

关于语文学科的"实践论"，《义务教育语文课程标准》和《普通高中语文课程标准》强调，"语文课程是一门学习国家通用语言文字运用的综合性、实践性课程"，对语文学科哲学的"实践"特性多有论述。

创意语文突显语文学科实践中的语言文字运用，重视在教学中进行综合设计，在言语实践中使学生"学得"与"习得"，并内化成能够实践的语文核心素养。

四、学科哲学的认识论

学科哲学认识论，研究对学科的认识的本质和结构，研究认识和学科客观实在的关系。学科哲学中认识是前提和基础，认识有发生发展的过程及其规律，认识有一定的真理的标准。以上这些合起来，就是学科哲学的认识论研究的主要方向。

学科哲学认识论以辩证唯物主义为主要的原理，坚持对学科的认识是一个从物质到意识的认识路线。从物质角度看，学科是客观存在的；同时认识是教师对学科客观实在的反映，从而进一步了解学科是可以认识的。以辩证唯物主义为基础的学科哲学认识论，可以进一步把实践作为认识的基础，并把辩证法运用于认识论。认识是学科哲学的一个组成部分，是研究教师对于学科的认识的本质及其发展的过程。认识的研究方向的主要内容，包括对学科认识的本质结构，认识与客观现实的关系，认识的前提和基础，认识发生发展的过程及其规律，认识的真理性标准，等等。

学科哲学认识论与实践论息息相关，认识论对实践有以下几点看法：

学科实践是师生对待具体学科的物质性活动。学科实践具有三个特征：首先，学科实践是客观的物质性的活动；其次，学科实践是有意识的、有目的的能动性的教学活动；最后，学科实践是社会性的、历史性的活动。

从辩证唯物主义来理解学科哲学认识论原理，对待学科实践和认识要具备辩证关系：第一，学科实践是学科认识的基础，也就是说学科实践决定学科认识，决定学科意识；学科实践是学科认识的唯一来源，学科实践是学科认识发展的动力，学科实践是检验学科认识的真理性的唯一标准，学科实践是认识的目的和归宿。第二，学科认识对学科实践具有反作用力。正确的学科认识对学科实践有促进作用。

学科哲学认识论与方法论也息息相关。学科哲学方法论是关于教师认识学科、运用学科、使用学科，达成学科目标的方法的理论。学科哲学方法论是指师生用什么样的教学方式、教学方法来观察和处理教学问题。学科哲学方法论主要解决如何达成学科目标的怎么办的问题。学科哲学方法论是一种以解决教育教学问题为目标的理论体系或系统，它涉及对教学问题中的阶段、任务、工具、方法、技巧的论述。学科哲学方法论会对一系列具体的教育教学方法进行分析研究，系统总结并最终提出较为一般性的原则。

学科哲学认识论也是学科哲学中的一个概念，是师生关于学科是什么、怎么样的根本问题的认识，是一种世界观，是用这种观点去做指导，去认识学科、改造学科、达成学科，这就成了学科哲学方法论。学科哲学方法论是普遍适用于各个具体的学科，并起到了指导作用的范畴、原则、理论、方法和手段的总和。学科哲学当中对于实践论、认识论、方法论几个概念都会经常应用到。

创意语文基于对学科哲学的本质的认识，并在此基础上进行创意实践，灵活使用方法，作为工具支架，进一步在实践中推动和深化对学科的认识。

五、学科哲学的辩证法

学科哲学辩证法是对学科进行批评而求知的方法，是对学科进行思辨与实证相统一的方法。辩证法在研究中特指唯物辩证法。学科哲学辩证法是建立在唯物主义基础上的科学形态的辩证法，是关于学科的特点和发展的普遍规律的科学。它继承和采用唯物辩证法，探寻的既是对学科认识的普遍规律，也是对学科发展的普遍规律。

学科哲学辩证法具有唯物辩证法的三个基本规律。

第一，对立统一规律。学科哲学辩证法揭示了学科内部对立双方的统一和斗争是学科普遍联系的根本内容，是学科变化发展的源泉和动力。第二，质量互变规律。学科哲学辩证法揭示了具体学科变化发展的基本状态，及学科内部量变和质变以及它们之间的内在联系和规律性。第三，否定之否定规律。学科哲学辩证法揭示了学科由矛盾引起的发展，即由肯定到否定再到否定之否定的螺旋式前进运动的特点。

学科哲学辩证法还有一些相关的认识范畴，比如对于学科的本质与现象、学科的内容与形式、学科发展的原因与结果、学科必然性与偶然性、可能性与现实性等因素的认识。这些学科哲学的范畴，都是客观具体学科自身的本质关系的反映，它们从不同的侧面揭示了学科的本质，师生借助这些范畴能够正确地把握学科的本质联系。

关于语文学科的"辩证法"，《普通高中语文课程标准》的相关表述以"辩证思维、辩证分析、辩证审视"等具体的辩证法，对学生的认识和实践进行指导。

创意语文正确地认识和运用学科哲学辩证法，正确处理好教学常态与创意的认识与实践。创意语文在观察和分析学科现象时，从纷杂的表象中找寻对立统一的规律；在长期的过程性实践中发现质量互变，趋向好的方面；并在否定之否定中与时俱进，螺旋式发展。

六、学科哲学的学科观

学科观是对学科的各种认识和看法的总称，包括对学科的概念、编制、实施、评价等各个方面的认识。学科哲学学科观受各种因素的影响，包括政治、经济、文化等方面的影响。学科观包括以下几种认识：第一，学科或者是相关学科知识内容的综合，或者是预定的教学计划，或者是预期的学习结果。第二，学科以知识为本位，注意对课本之中书本知识或者间接经验的获取，注重对学科进行系统的、公共性的知识的学习。第三，无论是学科内容还是学科活动，都既可以是封闭的、固定的，也可是开放的、灵活的；学科是预成性的，以结果或者最终的成果存在。第四，学科是学习者在学习活动过程中获得的一切学习经验或体验。第五，学科以学习者的经验作为本位，注重鲜活的直接经验或者体验的获取，注重学习者个人知识、实践知识的学习。第六，无论是学科内容还是学科活动，都应该是开放的、运动的，并在一定程度上是不可预期的，学科应该是生成性的，以过程或活动形态而存在。

学科哲学学科观之下有自己的教学观特征。学科哲学的教学观主要体现在教育观、教师观、学生观三方面。学科哲学的教育观包括在素质教育的内涵以及在课程改革背景下的教学观。学科哲学教学观有以下四个特征。

第一，学科哲学的学科教学以学习者为中心。学科哲学指导下的教学，鼓励学生要主动参与教学活动过程，教师在创造和设置智力的相关操作活动过程中，要教给学生学习思维的方法，并进行加强训练。学科哲学的教学要充分调动学习者的学习积极性、主动性，使学习者主动积极地参与到教学的过程中，在这过程中充分尊重学生的主体地位，采用自主学习、合作学习、探究学习等学习方式进行教学，从而突出学生在课堂中学习者主人翁的地位，教师通过启发性教学问题进行教学引导，让学生真正地参与到课堂教学过程中。

第二，学科哲学的学科教学要教会学生学习。学科哲学教学观之下的教师，要指导学生掌握基本的学习过程，指导学生了解本学科的特征，掌握并指导学生使用学科研究的方法，从而培养学生良好的学科学习习惯。要求教师在教学过程中更要关注学生是否真正学会了学习。要学会学习，就要求学生掌握学习的方法，具备相应的学习能力。学生在学会学习的过程中，养成了良好的学习习惯，从而进一步提升学科核心素养。

第三，学科哲学的学科教学要求重视结论，更要重视过程。学科哲学的教学观对结果十分重视，对学生的学习成果、结论非常重视。对于结果结论的重视，体现了学科哲学学有所得的目标追求，在此基础上更要重视学习者的学习过程。学科哲学的教学观在评价教与学的过程中，注意对过程性评价和总结性评价进行结合，注意对定性评价和定量评价相结合。学科哲学的评价观要求充分肯定学习者的细微进步，强化学习者的学习和教师的教学的提升，要提高教与学的质量和效率。学科哲学的教学观，不仅要重视学生对知识和考试成绩的结论，更要重视精心设计的教师教的过程和学生学的过程。也就是既要注重结论，更要注重过程，从而达到更好的教学效果，使教师和学生两个主体各自提升相应的核心素养。

第四，学科哲学教学观从关注学科进一步提升到关注人。学科哲学的学科观，不仅关注了学生对于学科知识的掌握情况，进一步还要关注学生的情绪生活和情感体验，关注学生的道德生活，关注学生的人格养成，帮助学生形成积极乐观的情感体验，养成健康的人格和具有相应的道德品质素养。学科哲学的教学观还关注到了教师。学科哲学的教学观认为教师学生都是有血有肉的完整的人，而不应该只是使用知识的工具，因此要特别注重师生的情感、品德，做到师生都能全面发展，形成各自的核心素养。

学科的名称，表明了学科的性质与特点。学科文本是知识的语言物质外壳呈现，通过阅读了解事物存在、发展、变化中的形态和联系。形态各具特点，联系必有条件和根据，最后形成结构。树立学科本质观，是为了避免并克服阅读教学知识的孤立、碎片化倾向，从积极的意义上说，是以哲学思维驾驭学科。哲学的学科观为审视学科提供了认识的思想工具和方法。

关于语文学科的"学科观"，在《义务教育语文课程标准》和《普通高中语文课程标准》中都有相同的表述："语文课程是一门学习国家通用语言文字运用的综合性、实践性课程。工具性与人文性的统一，是语文课程的基本特点。"

有了正确的学科观，创意语文的定位就更加明确。创意语文坚持工具性与人文性的统一，以学生为中心，教会学生学会用语文，既重视学生语文学习结果更重视学生语文"学得""习得"过程，并将对学生语文核心素养的培育贯穿始终。

七、学科哲学的概念观

学科哲学概念观，是学科在教育教学过程当中，从感性认识上升到理性认识，把学科中的共同本质特点抽象出来，加以概括，是对学科认知意识的一种表达，从而形成概念式的思维惯性，它是学科认知的思维体系中最基本的单位。学科哲学中的概念是人脑对学科的本质的反映，这种反映需要用词汇来进行标识和记载。概念是思维活动的结果和产物，也是思维活动进行的基本单元。学科哲学中表达概念的语言形式是词或者词组。这些概念都有各自的内涵和外延，也就是有自己的含义和适用的范围，并且学科哲学中的概念会随着对学科的认识的发展而进行变化。

由此可见，学科哲学的概念观也就是学科的本质属性的思维形式，它是抽象的普遍的想法观念。学科中的概念是有具体意义的载体，它要求我们对学科中每一个复杂的过程或者事物的理解进行清晰界定。

学科哲学中的概念观，具有一个最明显的基本特征，也就是概念有内涵，也有外延。概念的内涵就是指这个概念的含义，也就是概念所反映的学科对象所特有的属性。概念的外延指的是这个概念所反映的事物对象的范围，也就是说具体的学科概念所反映的属性的事物或者对象。学科哲学中在学科范围内的概念，在内涵和外延上呈现反比关系。也就是说学科的有关概念的内涵越多，那么外延就越少；学科的概念的内涵越少，那么可以阐释的外延也就越多。

教师对学科中的概念厘清得越准确，传达给学生的相关学科概念的掌握也就更加准确。学科哲学中的概念观与学科教育教学中的审题等环节息息相关。所谓的审题就是理清相关学科具体知识的相关概念。概念是人类认识世界的成果，又是人类认识世界的种子。离开了概念，就是所谓的奇思妙想、异想天开，思想只会肤浅、浮华而贫困。

学科文本以文章为本，文章必有中心。中心可以是一句话、一个词组，或一个核心词。从思维的角度说，词就是概念，是对事物的抽象概括。概念有内涵与外延，从这个基本点出发，把概念词语置于语言环境中理解，分析彼此的联系、联系的条件和根据，就是立足文本。运用具体问题具体分析的实事求是原则对概念进行理解和对文本进行推演，才能使学科观的认知获得实现。立足于文本语境，对概念进行解读，统领全文，这是哲学的实事求是的原则，也是具体问题具体分析的哲学灵魂。

关于语文学科的"概念观"，《义务教育语文课程标准》强调："语文课程涉及的语音、文字、词汇、语法、修辞以及文体、文学等知识内容，应根据语言文字运用的实际需要，从所遇到的具体实例出发进行指导和点拨。要避免脱离实际运用，围绕相关知识的概念、定义进行系统、完整的讲授与操练。"而在《普通高中语文课程标准》中对"概念"掌握有了明确的要求："进一步精选了学科内容，重视以学科大概念为核心，使课程内容结构化，以主题为引领，使课程内容情境化，促进学科核心素养的落实。结合学生阅读和表达中遇到的实际问题，适时适度地引导学生学习必要的逻辑知识；相关知识的教学要简明、实用，能有效地帮助学生解决概念、判断、推理等方面遇到的问题；避免进行不必要的、机械的训练。"

创意语文注意准确把握概念，创新概念，阐释概念，将概念解读作为教与学的起点，用大概念统合语文整体教学设计，使抽象的概念在言语实践中得到有效的解读，并能进行具体语言应用。

八、学科哲学的思维观

什么是思维？思维是在表象、概念的基础上，进行分析、综合、判断、推理等认识活动的过程。

学科哲学的教学活动是认知活动，认知活动的本质是思维活动。认知活动必须按思维活动的逻辑过程引导、推进。随着对学科研究的深入，我们认识到，思维除了逻辑思维之外还有形象思维、顿悟思维等思维形式的存在。逻辑思维也叫抽象思维，形象思维也叫具象思维，顿悟思维也叫灵感思维。逻辑思维与形象思维活动在教学中相辅相成，它们的共同点是从观察现象到本质的抽象，但形象思维的异质特点是化抽象为具象，文学、艺术类学科强调情感与想象的参与，培养个性化的人文情怀。科学插上想象的翅膀，越出边界，推动创造性思维。课堂教学要给学生静思的时间，一切的课堂活动，最终目的是让学生学会静思，喜爱静思，更能够静思。因为灵光一现，往往来自冥思苦想。

学科哲学的思维观是对学科进行高级认识的活动。学科哲学的思维是对新输入信息与脑内存储知识经验进行一系列复杂的心智操作过程，是对学科进行逻辑推导的属性能力和过程。学科哲学思维观认为学科可以借助语言对客观事物进行概括和间接的反映过程。思维以感知为基础，又超越了感知的界限，学科哲学的思维观涉及所有认知或智力活动，它探索与发现的事物的内在本质联系和规律性，是认识过程中的高级阶段。思维观是对学科的间接反映，是指通过一些媒介的作用认识客观事物，以及借助已有的知识和经验，以已知的条件来推测未知的事物。

语文思维反映语文学科的内在规律和特点，是学科特征与学科本质的凸显，也是语文学科特有价值的积极彰显。学科教学的目的，是培养学生相应的学科思维，抓住了学科思维便是抓住了学生学习能力提升的关键点和着力点。语文教学中，要注重学科思维的提炼和运用，以对立统一的思维、共性与个性的思维、统筹兼顾的思维、整体与部分的思维、绝对运动与相对静止的思维、具体问题具体分析的思维等哲学思维统领语文学科教学，这有利于增强知识理解和知识迁移，把握学科本质，深化学科理解，促进学生学科能力的发展和学科核心素养的提升。

学科知识、学科思维、学科能力是学科教学的三大要素，也是学科体系的基本构成。其中，知识是载体，能力是核心，而思维则是架构从知识到能力的桥梁和通道，体现着学科的本质和灵魂。教学实践中，我们往往注重了学科知识的讲解与传授，而忽略了学科思维的凝练与生成，这也就导致重记忆、轻理解，重讲授、轻启发，重知识、轻思维的浅表学习的长期存在，不利于教学向更深层次的思维激发和方法引领转型，难以实现学生学习能力的提升和学科核心素养的形成。因此，要提升课堂效益，实现深度学习，真正促进学生能力和素养发展，必须紧紧抓住学科教学的本质，重视学科思维的掌握和运用。

（一）语文学科思维的界定

学科思维是指反映学科本质、体现学科特征、在学科学习和运用学科知识解决问题过程中具有普遍指导意义的认知策略、思维方式和思想观念。学科思维不仅影响到学生学科知识的理解、学科能力的提升，也关系到学科任务的实施和学科素养的形成；不仅会影响到学习效率，也会影响到学科学业质量评价。学科教学的目的，在于培养学生的学科思维，使其形成特有的思维方式，进一步发展学力，提升其知识水平与学习能力。

要抓住学生学习能力发展的关键，就是要抓住学科思维的培养。思维的培养永远是第一位的考虑。语文学科思维，指语文学科特有的思维模式和思维方法，是运用学科哲学的世界观、方法论阐述问题、分析问题和解决问题的思维方式，是对语文学科内在的知识逻辑和认知规律的集中反映，体现了语文学科知识的本质和价值。语文学科思维的外延，涵盖文、史、哲等学科思维。语文哲学思维包括在传统的对立统一的思维、共性与个性的思维、统筹兼顾的思维、整体与部分的思维、绝对运动与相对静止的思维、具体问题具体分析的思维等里面。这些是统领语文学科各知识模块教学的总体性思维，也是哲学层次的思维。掌握这些重要的哲学思维，以其来指导学科教学实践具有重要的意义。

（二）语文学科哲学思维的类型

1. 对立统一的思维

对立统一的思维，是指语文学科教学实践过程中，要看到教学矛盾双方的斗争性，又看到同一性；既看到相互区别、排斥，又看到相互联系、相互依存，甚至会在一定条件下相互转化；既看到积极面，也看到消极面；坚持在肯定与否定共存的基础上理解学科。语文学科对立统一的思维，有利于辩证地、批判地认识语文，用一分为二的思维分析问题，理解学科。

2. 共性与个性的思维

共性与个性的思维，是普遍与特殊、一般与个别的思维。学科哲学认识到学科是存在普遍性与特殊性的矛盾统一体，普遍性与特殊性互相隐藏和呈现。学科哲学在认识学科、分析问题时，坚持共性与个性的矛盾统一。这有利于更好地认识学科的本质，把握学科知识之间的内在联系与逻辑结构。

3. 统筹兼顾的思维

统筹兼顾的思维，是指在学科活动中总揽全局、科学筹划、协调发展、兼顾各方。学科哲学认为，问题与矛盾在学科活动过程中起决定作用，处于支配地位。主要矛盾与次要矛盾共存，次要矛盾处于从属地位，会影响着主要矛盾的解决。这就要统筹兼顾，处理好主次矛盾，同时又要抓好主要矛盾，从而顺利进行学科活动，推动学科发展。

4. 整体与部分的思维

整体与部分的思维，是学科活动中统一性和可分性的范畴。整体是学科诸要素的有机统一，部分是学科整体中的某个或某些要素。整体是学科的全局和发展的全过程，部分是学科的局部或发展的各个阶段。整体与部分相互影响，整体统率局部，部分制约整体。在学科教学实践中，把握整体与部分的思维，有利于把握知识的总体，也有利于把握好学科内部构成要素。

5. 绝对运动与相对静止的思维

运动与静止的思维，是学科存在状态的范畴。学科哲学认为，运动是事物固有的根本属性和存在方式，一切事物都处在运动和变化之中，是永恒发展的。绝对运动与相对静止共存，一定条件下处于稳定、平衡状态。静止是运动的一种特殊形式。一切事物都是动中有静、静中有动。绝对运动和相对静止相统一。掌握绝对运动与相对静止的思维，有利于用变化发展的眼光看待学科问题，有利于正确认识学科的性质，把握学科发展的状态和阶段。

6. 具体问题具体分析的思维

具体问题具体分析的思维，是指在矛盾普遍性原理的指导下具体分析矛盾的特殊性，并找出解决矛盾的正确方法。具体问题具体分析是正确认识学科的基础，是正确解决矛盾的关键。坚持具体问题具体分析的思维，有利于在对学科认知的前提下，把握学科在不同条件、不同阶段中可能存在的特殊状态和情形。

（三）以哲学思维统领语文学科教学的意义

语文学科思维体现了语文学科知识的本质和价值，引导着语文学科的发展和充实，是语文学科教学的核心。课堂教学中，学生对学科思维的理解和应用程度，决定了学生知识储存的效果和能力发挥的状态。从语文学科哲学思维出发，设计和实施学科教学活动，对提升学生的学习能力和教师的教学能力，都具有极其重要的现实意义。

1. 有助于增强学生对学科知识的理解，实现知识迁移

学生对学科知识的识记和理解，需要借助于一定的思维方式，伴随一定的思维过程。语文教学中，注重哲学思维的掌握和应用，能帮助学生有效理解学科知识的内在联系和逻辑结构，找出隐藏在学习内容背后的对立与统一、共性与个性、整体与部分的关系，从而系统有机地整合学习内容，构建知识网络，对学习内容灵活掌握、触类旁通。以哲学思维统领语文学科教学，学生不仅可以更为明确地掌握学习内容，而且还可以发展学生的迁移运用能力，对相互关联的未知内容做出合理的预测、判断和推理，实现知识迁移。

2. 有助于培养学生的学科能力，提升学科核心素养

学科能力的提升是学生运用学科思维、调动学科知识应对情境、解决问题的过程。语文学科能力表现为学习理解能力、实践应用能力和创新迁移能力。以哲学思维统领语文学科教学，有利于激发学生运用哲学思维方式和思维技巧，对情境问题进行描述与分类、解释与论证、预测与选择、辨析与评价，促进课堂由浅表的知识教学转向深度的思维运用和能力培养，提升学生在学习理解、实践应用和创新迁移方面的能力，让学生在发现问题、探究问题、解释问题和解决问题过程中积极建构正确的价值观念、形成关键能力、凝练必备品格，实现语文学科核心素养发展的目标。

3. 有助于提升教师对教材的处理能力，实施整合性教学

学科思维以学科的基本观念和基本方法为核心，集中体现了学科知识的内部结构，为我们理解学科知识、把握学科逻辑提供了基本条件和依据。语文教学中，教师通过挖掘蕴含于学科知识深层的学科思维方法，并以此为依据归纳和概括教材中各单元、各框架、各要素的知识结构，可以促使学生对学习内容形成整体认知和系统建构。以哲学思维统领学科知识，重构学习内容，不仅克服了学生碎片化知识学习的弊端，也大大提升了教师对教材内容的处理能力，实现了基于学科思维的整合性教学。

4. 有助于师生体认学科特征和学科本质，增强学科理解

学科本质涵盖学科的研究对象和基本问题、核心的学科概念与范畴、基本的学科方法与思维方式、核心的学科价值与精神。学科思维是学科思想方法的核心，学科思维的教学就是体现基于学科本质的教学。学科思维要体现学科知识内容的呈现与理解，也要体现学科的特征与本质。以哲学思维统领语文学科教学，在深度的思维水平之上教学，可以帮助学生深度理解和深刻把握学科知识的整体逻辑和内在结构，也实现了师生对学科特征的体认，可以更好地把握学科本质，领会学科的精髓，增强学科理解。

（四）学科哲学思维模型的四个层次图示（右图）

（五）关于语文学科的"思维观"，初高中课程标准都有多处论述。《义务教育语文课程标准》："语文课程……同时，发展思维能力，提升思维品质，形成自觉的审美意识，培养高雅的审美情趣"，"语言是重要的交际工具和思维工具，语言发展的过程也是思维发展的过程，二者相互促进。"《普通高中语文课程标准》"语文课程应引导学生在真实的语言运用情境中，通过自主的语言实践活动，积累言语经验，把握祖国语言文字的特点和运用规律，加深对祖国语言文字的理解与热爱，培养运用祖国语言文字的能力；同时，发展思辨能力，提升思维品质。"

创意语文突出了对创造性思维、创新思维的研究。在具体的言语实践过程中，通过整体设计任务活动，让学生在语言运用中发展思维，特别是发展创造性思维，培养创意；在活动中发展思辨能力，从而进一步提升语文学科思维品质。

九、学科哲学的素养观

素养以心理的先天条件为基础，以知、情、意为元结构，学生们经过以学科观、概念观、思维观为核心的智能教育，及情与意潜移默化的培育，被塑造成既有和谐与健康的心理素质，又有科学与人文的素养的人。教育心理学是基础教育基础之基础，智力与非智力因素相辅相成，不能有偏颇，只有这样，才能树立正确的素养观。素养观说到底，是语言能力的培养。如果没有把文本阅读的语言当成一种科学的传统，不对语言进行研究性学习，对语言缺乏想象，学生就没有素养可言。"三观"回归素养观，从概念观说，是对概念的概括和具体运用。

学科哲学素养观关注的是在学科教育教学过程中运用哲学思想，发展学生的核心素养，培养学生具备能够适应终身发展和社会发展需要的必备品格和关键能力。研究学生发展核心素养也是落实立德树人根本任务的重要举措。

学科哲学素养观的基本原则：第一，坚持科学性。紧密围绕立德树人的根本任务，坚持以人为本，遵循学生身心发展规律和教育规律，把学科哲学的理念和方法贯穿在研究过程当中，注意进行理论支撑和实证依据的研究。第二，注重时代性。学科哲学的素养观要和新时期全国政治经济社会发展对人才培养的新要求相关联，运用新的先进的教育思想、教学理念、哲学观念，来进行相关的研究。第三，要体现民族性。学科哲学素养观重视中华优秀传统文化的传承和发展，并与社会主义核心价值观的基本要求相结合，突出了在学科哲学的指导下对社会的责任，对国家的认同，对民族的特点的重视，具备中国特色。

学科哲学素养观，主要以发展学生的核心素养为主，以培养全面发展的人作为素养观的核心，重点包括文化基础、自主发展、社会参与三大方面，进一步综合表现为人文底蕴、科学精神、学会学习、健康生活、责任担当、实践创新六大素养。这些素养相互联系，互相补充，共同促进，在不同的情境中发挥相应的作用。

在语文学科中，语文的核心素养重点体现在"语言建构与运用""思维发展与提升""审美鉴赏与创造""文化传承与理解"四方面。

关于语文学科的"素养观"，《义务教育语文课程标准》多有论述："义务教育语文课程培养的核心素养，是学生在积极的语文实践活动中积累、建构并在真实的语言运用情境中表现出来的，是文化自信和语言运用、思维能力、审美创造的综合体现。"而在《普通高中语文课程标准》中论述较具体：学科核心素养是学科育人价值的集中体现，是学生通过学科学习而逐步形成的正确价值观、必备品格和关键能力。语文学科核心素养是学生在积极的语言实践活动中积累与构建起来，并在真实的语言运用情境中表现出来的语言能力及其品质；是学生在语文学习中获得的语言知识与语言能力，思维方法与思维品质，情感、态度与价值观的综合体现。主要包括"语言建构与运用""思维发展与提升""审美鉴赏与创造""文化传承与理解"四方面。

语文学科核心素养的四方面是一个整体。语言是重要的交际工具，也是重要的思维工具；语言的发展与思维的发展相互依存，相辅相成。语言文字是文化的载体，又是文化的重要组成部分；学习语言文字的过程也是文化获得的过程。语言文字作品是人类重要的审美对象，语文学习也是学生审美能力和审美品质发展的重要途径。语言建构与运用是语文学科核心素养的基础，在语文课程中，学生的思维发展与提升、审美鉴赏与创造、文化传承与理解，都是以语言的建构与运用为基础，并在学生个体言语经验发展过程中得以实现的。

创意语文整体设计紧扣四大核心素养要素，并以此建构专门的课堂，形成熟练而有效的教学策略。创意语文的教学环节以素养四要素进行审视，体现在每课的课程目标上，在具体教学中实践，做到外显为目标，内化为素养。

十、学科哲学的教学法则

学科哲学的教学法则，体现在教与学两方面：求新求变求道法、乐学乐思乐收获。

（一）"教"者法则：求新求变求道法

"求新"，应当从教学之外寻求新的元素加入其中；更应从教学经验中汲取精华，勇于出新。从肯定到否定，再从否定到否定，另辟蹊径，以新的实践方式、方法，使教学别开生面。"求变"，应当应时、应课、应学生之变而"变"，对应关系、条件与根据，以及学生的需要。"求道法"是从学科的本质、认知的本质、教学的本质中，掌握规律和方法、价值和意义、能力和素养，为求新、求变提供理论根据和方法论。

（二）"学"者法则：乐学乐思乐收获

学生在学科哲学的指导下，形成健康的学习心理，有学习的热情，有对知识的渴望，此为"乐学"。学生通过外因的诱发、诱导，促使内因变化，准确解读和阐释概念，积极主动地思维，日积月累形成素养，此为"乐思"。学生以刻苦勤奋获得成绩，收获的不只是每天能看到的试卷上进步的分数，还能体悟心智上的成长；掌握了必备知识，形成了关键能力，最终内化成核心素养，此为"乐收获"。

创意语文在学科哲学教学法则指导下，研究教与学，后文以"创意语文的教与学"专节论述。

十一、语文学科哲学：诠释学

诠释学从属于语文学，如同逻辑学、语法学、修辞学一般，是一门指导文本解释和理解的规则的学科。诠释学通过诠释理论，根据文本材料了解文本，忠实地诠释作者的原意，客观地把握文本。运用学科哲学方法论、概念观、学科观等内容进行语文学科理论和实践探索的学问凝聚为诠释学，是一个了解和解释文本的哲学技术。从这个角度说，语文学科哲学即诠释学。

诠释学最关注的是"文本"。"文本"的概念，可扩展为各类的跨媒介文本，包括最常见的书面文本。书面文本指书面语言的表现形式。普遍情况下是具有完整、系统含义的一个句子或多个句子，甚至文本段的组合。一个文本通常是一个句子、一个段落、一个篇章。广义"文本"指任何由媒介所固定下来的信息。狭义"文本"指语言文字组成的书面文字实体。狭义文本由一个个文字概念组成；广义文本由跨媒介信息背后的信息概念组成。可见，诠释学是一个了解和解释概念的哲学技术。

人们常说的方法特指哲学概念中的方法论、辩证法的含义；方法论和辩证法可视为广义的方法概念。诠释学作为一种方法，蕴含在哲学中。语文学科哲学的运用，即运用诠释学方法的过程；它以诠释学为方法论或以诠释学为辩证法。

语文学科哲学诠释学有两种形式：一种是人文主义的哲学诠释学。主要是运用现象学的观点对客观知识进行批判，反思文本解释的条件。另一种是分析的诠释学，也是最常见的诠释学，主要运用哲学的方法论，重点为对文本进行概念的理解和解释、呈现思维的特质。

随着科学的发展，人文科学领域和自然科学领域都需要解释。问题解释的普遍性，使得诠释学从一种理解和解释的方法论发展成为一种哲学理论。作为语文学科的哲学，诠释学对语文教育的引导作用不仅在于对语文文本的理解和解释，还在于确定了语文学科的本质属性以及课程教学的评价标准。语文学科通过阅读、理解与解释文本的意义，对学生进行语言训练与人生教育。可见诠释学是关于与文本的解释相关联的理解程序的理论。

在具体的学科哲学的创意语文理解的诠释学属于概念诠释的学说，单概念集合形成短语句子，群概念集合形成段，段概念集合丰富了文本的内涵和外延。文本诠释与文本解读关联密切，目标是真正理解文本。以学科哲学的概念观进行审视，诠释学包括单概念诠释，主要是核心概念的释义；群概念诠释，主要是多概念的融义；段概念诠释，主要是语境概念的解读。

（一）单概念诠释

单概念是意义的寄所。单概念是唯一的、单独的，反映一个特定对象的概念。词语中的专有名词都有单独概念，它的外延是独一无二的。但日常词语在具体使用过程中很难呈现单独唯一的概念，这就是普遍概念，通常有两个或多个的概念。普遍概念的外延至少要包括两个对象以上。诠释学就是要从这些多义的普遍概念中，在具体的文本语境下准确理解到符合它意义的单概念上，这也是诠释学的最大难点所在。单概念需要在日常生活中，在阅读与写作的言语活动中进行认识的内化与理解。在具体的语言环境中，潜移默化的单概念掌握与着重突显的单概念理解相辅相成。比如，2020 年福建省中考第 9 题：本文杨氏被苻家内外称为"痴姨"，她的"痴"表现在哪里？对于"痴"字的单概念诠释，是本题后期能否准确答题的关键。还有语文试卷中的语句赏析题，会对具体词汇单概念进行考查，也是"单概念诠释"的体现。

（二）群概念诠释

文字记录声音，保存史料，这就有了文本。如何诠释文本中作者留存的原意，诠释学提出诸多策略与方法，其中最重要的是群概念诠释，即对单概念组成的多概念进行的融合意义的诠释。群概念多于一个概念以上，是多概念形成的文本的集合的诠释与理解。2020 年，福建省中考第 23 题是命题作文"学习与性格"，词组是群概念的并列关系的组合。对于此群概念的诠释，是写好作文的前提。而阅读连续性文本或非连续性文本，也是对群概念的诠释。

（三）段概念诠释

段概念诠释，主要是对语境概念的解读，即文本诠释。体验作者原意，是语文教育文本诠释的起点，但不是终点。凡有理解就有不同，读者阅读观念各异，所谓作者以一致之思，而读者（师生）各以其情自得。这样段概念诠释、文本意义诠释就由一元向多元转向，诠释学也由方法论进入本体论。诠释学本体论认为阅读、理解与解释是主体（读者）对客体（文本）两个主体间的对话模式。段概念也是一个言说主体。读者向段概念发问，并在段概念中找到答案。

这个答案就是段概念的言说，两者构成了对话关系。语文教育进入高年级阶段，学生主体意识增长，具有了独立判断能力；期望超越，追求创造，是这一年龄段学生的生命特征。教师应以开放、宽容的态度，让学生说出属于自己的见解。然后师生、生生之间展开碰撞式对话，相互诘难与接纳，清理偏见，迈向理解。语文教育对段概念文本的拓展、引申释义，目的在于应用。就是把文本转化为自己所期望的文本，把其中的思想转化为自己所向往的思想。教师与学习者都期待能超越作者原意或文本旧说，拓展、引申出新理念、新认识，为我所用。段概念诠释，创造性阅读是其必然的选择。

段概念诠释的浅层应用是引用与借鉴。引用是借他人之言为我所用。中层应用是注入与发掘。注入是在文本未尽言、尽意的空白处，填补己见，扩展、丰富其内涵，为我所用。段概念诠释，对每个时代的每个读者来说，都是现时的、新鲜的，可以随自己心境做出不同解释。注入是顺着作者思路拓展、引申，而发掘则是读者自开门户，读出连作者自己也不知道的意义。深层应用是解构与批判。解构是颠覆作者原意，批判是清算旧的传统观念。树立批判的辩证法意识，也是语文教育需要悉心培养的一种能力。段概念诠释对文本拓展、引申释义，由于各自的生活环境、思想观念不同，往往也不同。师生、生生要展开对话，清除偏见，寻求共识，也不必强求一致。

作为语文学科的哲学、诠释学，是语文教育学习个体成长的重要释义方式。诠释学对语文教育的引导作用在于它确定了语文学科的本质属性以及课程教学的评价标准。诠释学关注语言自身的属性，回到课程，语文就是语文，语言性是其本质属性。世间事物在语言中得到显现，又通过语言得到理解。可见语文教育就是语言训练。语言性是语文的本质自然属性。诠释学在语言训练中实现人文性与工具性。

语文课程教学的评价标准，其核心是文本的意义诠释。每一堂课，无论是日常课还是观摩课、公开课，评价标准有不同，但最重要的一个标准，应该在于文本诠释是否精准到位。诠释学对文本意义的诠释标准应有确定的程序，既不能是简单以作者为中心的一元理解，也不能是放任读者（师生）为中心的多元理解，必须遵守一个原则，让作者过去的思想与读者现代的思维相沟通，然后师生、生生之间展开对话，认同一个相对确定的意义，即文本当下的现实意义。这样文本诠释才精准，才能保持文本诠释的客观性、真实性与真理性。做到这点尤其困难。

诠释学从方法论走向本体论，最终转向实践论。创意语文就这样通过语文学科哲学诠释学进行解读和整合。创意语文具有综合性，在诠释学的理念中，将前面的学科哲学的各项要素进行融合，清晰而无痕地融合在语文言语实践中。

十二、语文学科哲学教学实践应用

学科哲学的学科教学实践应用，从概念观开始。概念观，是以方法论解读概念。概念有二重属性，一方面，它是对事物概括抽象的结果，具有思想的内涵；另一方面，它是事物的外化，形成词语概念，也是交流的工具。概念在思想性与工具性上的结合，形成了概念的二重属性。用语言来概括各种事物、现象、符号、原理等，以之为工具表达意思，形成思想内核。学科哲学把语言概念作为思考研究的对象，并以此为工具进行使用。

概念解读法，一是对对象的语言概念作内涵、外延研究；二是在具体的语境中为概念的生成、存在进行逻辑解析与解构。对概念进行解读，认知教育与思维训练同时进行，形成准确的深度阅读与解构，并指向最终的重构的表达。思维一旦形成词语概念，或触发生成新的概念，概念形成思想，表达的语境就有了思想核心。

概念的解读过程形成是思维观的体现，存在于语言物质外壳之内的是思想。思维从根本上说是语言思维活动。从思维到形成思想，必须遵循语言的本质与规范，有序地进行。思维观，是在深度阅读中，逻辑学与辩证法的综合运用。学科哲学的思维观，运用概念解读方法，符合学科本质观、价值观，从而进一步培育学生的核心素养。汉语的词语概念，因为有表意特点与强大的造词功能，成为多民族家庭的文化基因。概念的解读，也有利于继承和发扬传统文化。

（一）学科哲学教学实践应用总体思路

首先研究文本文体语言表达的共性和个性特点，其次研究认知活动中语言与思维活动的辩证关系，进而从文本的关键词语、核心概念与语境的有机生成，研究完整、准确、科学的表达必须遵循的原则：语言概念一旦确立，就必须从语境中寻找发现其确立的对象、关系、条件和根据，这就把认知性阅读带入并提升到语言的形式逻辑与思维的辩证法训练。概言之，应用研究的思路初始点是"概念分析与解读"，过程点是"思维批判与创造"，归结点是"深度阅读与表达"。

（二）学科哲学教学实践应用过程方法

1. 概念解读应用三步法

①标题：开启文体阅读的钥匙。学科文章标题是对文章内容的浓缩、概括，

文学作品虽另具特点也大致如此。开始阅读，注意力即驻留于对标题进行审视：标题语言单位的语法分析、语义分析；其次是从语言逻辑学角度分析，即概念的内涵与外延分析。

②从文章学角度，思考标题所提供的题材，表达的内容范围、目的意图以及阅读对象的针对性等。

③以标题中的核心词语为问题源，在解析与解构后，进入正文阅读，阅读后回归标题，以验证文章表达效果。

概念解读三步法，是教师讲读具体学科具体问题的三步法，又可以是学生解题的三步法。

2. 语境中的概念建构生态研究

概念在表达中才能产生审美的品位、思想的力量。语境是概念的生态环境。所谓词不离句，句不离群，众群汇聚核心，表达始有主题中心、精神灵魂。好的表达，既有封闭性，又有开放性，能给读者留足启悟与想象的空间。

概念生态的内部机制由内涵表述、认知的规律决定，即由世界观、方法论、辩证法、思维观之间的结构关系和运行方式决定。词语概念是文字符号、数字公式、图形以及其他的文字符号等的抽象思维的言语载体，也是表达各种现象的抽象概念。概念置于表达的语境中，更有本身价值的根据、理由和生命。人类既有思维的抽象概括能力，又能使思维内在语境化为外在语境，表达才有理性之美与抽象之美。就这样人类才有了无限的创造力、想象力。

3. 知识的系统与结构

世界各有系统，又以各类核心组成繁多的结构。知识日积月累，认知活动需要系统、结构意识。通过概念内涵的挖掘与外延的划分，阅读要完成知识系统的梳理与条理的建构。由此引入提纲的编写，从阅读提纲到表达提纲，思维活动在概念的推动下，进入二次思考升级，这既是思维规则的训练，又能在融合有机结构中修正、完善思想。

4. 概念观的建立、解读方法和学科哲学工具的使用

概念观建立的根据来自思维与语言的辩证法，汉语具有表意性与强大的造词功能。解读好一个核心概念，一个核心词语，有助于准确地把握问题的关键，且可以推演出新思想、新见解。概念观的建立、解读方法，需要运用方法论，寻找工具。随着概念解构、建构、重构能力的提升，师生将善于使用工具，善于寻找工具。工具有通用工具、各类学科专业工具，最重要的是思想工具：哲学。概念解读，正是学科哲学进行工具使用的方法论的显性呈现。

　　而在语文学科哲学中进行概念解读法的理论与实践研究，已经形成了诠释学、文本解读学等多门下属分支学科。运用哲学为工具的学科研究，将更接近深度学习的内涵。

（三）学科哲学概念解读法的语文教学实践

　　以 2020 年福建省中考语文作文题目《学习与性格》为例，学科哲学概念解读法的语文写作教学实践如下。

　　读书学习，塑造着我们的性格。哲学家培根说："读史使人明智，读诗使人灵秀，数学使人周密，科学使人深刻……凡有所学，皆成性格。"

　　生活充满着酸甜苦辣，蕴藏着学问与智慧，就像一本无字的书。从生活中学到的，也能影响、改变我们的性格。

　　为此，你有怎样的经历、体验和思考？以"学习与性格"为标题，写一篇不少于 600 字的文章，在主题班会上与同学交流分享。

　　要求：自定立意，不要套作，不得抄袭，文中不要出现真实的人名、地名、校名等。

　　本作文题，属于给材料的情境任务命题作文，核心概念是"学习与性格"。

　　1. 对概念进行辩证思考

　　①什么是学习？学习这一概念的内涵与外延如何较精确地定位？

　　学习，是通过阅读、听讲、思考、研究、实践等途径获得知识和技能的过程，分为狭义与广义两种，狭义：通过阅读、听讲、研究、观察、理解、探索、实验、实践等手段获得知识或技能的过程，是一种使个体可以得到持续变化（知识和技能、方法与过程、情感态度价值观的改善和升华）的行为方式，例如，通过学校教育获得知识的过程。广义：是人在生活过程中，通过获得经验而产生的行为或行为潜能的相对持久方式。上述作文题的文本，定位在广义学习。

　　②什么是性格？性格这一概念的内涵与外延如何界定？

　　性格是一个人对现实的稳定的态度，以及与这种态度相应的，习惯化了的行为方式中表现出来的人格特征。性格一经形成便比较稳定，但是并非一成不变，而是可塑性的。性格更多体现了人格的社会属性，个体之间的人格差异的核心是性格的差异。

　　性是脾性、性情，格是品格、格调。脾性、性情能改变吗？怎样改变？品格、格调通过学习一定能提升吗？如何提升？问题：学习什么？有什么性？什么格？

③"学习"为词语一，"性格"为词语二，中间加的连接词语"和"为词语三，由此在中心词前加前缀词，附加前缀词语为第三级词语，其数量可以说几乎无限，这就给予了学生广阔发挥的空间。

④"学习"和"性格"之间可以加多少个词语？正方向——养成；改变；决定；固化；成就；促进……反方向——影响；阻碍；逆反；耗损双向关系——互为因果；互不为因果。

⑤概念内涵之间的辩证协调。

广义的学习千变万化，相对稳定的性格如何在学习之后即"可塑"？快与慢、变与稳等思维概念之间，如何形成有效的逻辑联系？

2. 对概念进行深度解构

①学习与性格，概念解读影响写作定位

作文文本素材来自课本内容，第一则材料出自九年级下册第13课《短文两篇》中的《谈读书》，价值导向十分积极。"学习与性格"由两个词语通过并列关系组合而成，属于关系型作文。审题时要先进行概念解读，弄清"学习""性格"这两个词的概念，并投射到可选材范围。

导写文本中与"学习"有关的表述有"读史、读诗、数学、科学、生活……是一本无字的书"，"学习"的概念从狭义拓展到广义层面，生活中的经验、启示、领悟等是符合"学习"概念的写作素材。导写文本中与"性格"有关的表述有"明智、灵秀、周密、深刻"等，可见符合概念内涵的写作内容有：对现实和对自己的态度特征，如诚实、谦逊等；意志特征，如勇敢、果断等；情绪特征，如热情、开朗等；情绪的理智特征，如思维敏捷、深刻、逻辑性强等。

通过以上两个作文题目关键词的概念解读可知，进行表达时需要进行文字表达概念建构与重构，即要把握学习与性格之间的关系，兼顾两个概念要素，辨清两者关系。关系辨明了，思维就有了方向，审题立意的任务也就基本完成了。常见的关系有并列、对立、从属、因果和递进等，"和"字就是呈现概念之间的并列关系。

导写文本中的"凡是所学，皆成性格""生活中所学到的，也会影响和改变我们的性格"，提示了"学习"与"性格"的关系：学习会影响或改变性格。当然，若从思辨的角度探讨性格对学习带来的作用，也是合题之作。

导写文本中的"在主题班会上与同学交流分享"，说明对写作的情境要求开始凸显。在写作情境方面有了规定，学生行文时要有读者意识。

②认真审题，概念解读影响文章出彩

审题就是概念解读的过程。说明概念解读既是语文教师应该传授给学生的技能，也应该是学生在长期语文学习过程中形成的关键能力。要写好文章，学生必须认真审题。

该篇中考作文的导写文本是培根在《论求知》中的论述，深刻阐述读书的作用。"明智、灵秀、周密、深刻"等特质均来自广博读书。解读"读书"的概念，包含生活中的无字与有字之书。发生在自己或是身边的无字之书塑造了人的各种性格特质。而有字之书，即文学、科技、哲学、数学等书籍对塑造学生的性格一样会产生作用。指向生活的"无字之书"，还可以重在抒写对感性生活的实践认知。可见认真审题，快速而准确的概念解读，会直接影响文章的出彩程度。

概念解读还影响体裁的选择。写作要求语提示了"经历、体验和思考"都可以写，指向两种文体的写作。

学生可以在行文中生动地讲述自身经历和体验，写成记叙文（散文）。概念解读影响素材的选择。学生可抒写自己参加一次或几次生活中的劳动锻炼、体育运动、学习绘画音乐等艰辛经历；也可以记叙一次或几次困难挫折使"我"锻造了坚强的意志、乐观的性格。记叙文必须抒发真情实感，跌宕起伏才能感动人。还应注重抒情、议论详略得当，从文章体现"我"学习塑造性格的经历、体验和思考。

学生也可以旁征博引、阐述道理表达自己的思考和观点，写成议论文。写议论文时应直接点明读书学习可以塑造人的性格，从道理论据和事实论据上阐述"读书学习为什么可以塑造人的性格"。概念解读影响论证事例的选择。抓住历史名人的事例，从现象到本质，从个别到一般，从局部到整体展开分析，找出读书学习的种种益处，比如增强知识、扩大视野、提高专业水平和理论知识、提高审美情趣等，从这些方面展开论述，就可以写成具有说服力的文章。

3. 写作过程是对概念的重构过程

①重构题目概念，迈向深度思考

作文延续福建中考的命题主张，关键词概念富有弹性与张力，给学生足够的写作维度和拓展空间。"学习"一词意蕴丰富，可以从狭义、广义两个角度进行理解。既指狭义的书本知识，又指生活的大舞台。生活中的酸甜苦辣，学问智慧，都是学习。世事洞明，人情练达，皆可成文。

重构题目概念：从具体写作来看，该题目是并列短语，要写出学习和性格的辩证关系。浅层重构，学生既可以写体现性格决定学习的方式和知识的掌握，也可以写不同的性格对日常生活学习习惯的影响；可以写在学习中不断磨砺性格、改变性格，也可以写生活中的人和事教会"我"智慧，促"我"成长，让"我"拥有更好的性格去面对人生的挑战……深层重构，学生可以在有所侧重的情况下关注学习和性格之间的辩证转换关系，体现知识学习和生活历练与性格养成或改变的相互作用，突出两者之间的相辅相成，可以使文章更具思辨性和深度。

②重构思辨性思维，突出思维品质

中考作文题目既贴近生活又更注重思辨性，具备写实，更多理性，说明对学生的理性思维要求提高了。从往年偏线型思维到关系式思维，要求考生关注两者之间的关系，展现思维的广度与深度；同时写作要求将作文与主题班会结合，更直接体现了文以载道的文化传统。本次作文题目可以从五个层次来重构思辨性思维，审题立意，突出思维品质。

第一，课内学习对性格的影响。第二，课外学习对性格的影响。第三，一个人的耳闻目睹、所思所想，都是生活。生活有多么广阔，语文的外延就有多么广阔。第四，人的性格不断成熟、丰富，一生都在成长。第五，学习与性格，展现的不只是学习对性格的影响，还有性格对于学习的反作用。

③重构写作过程，在建构优秀作文中增强情境意识

中考作文应该为学生高中阶段的语文学习作准备与过渡，有明显的导向作用，更突出初高衔接的特征。

重构两段提示语，给写作提供了明确的写作中心。可"读书学习塑造着性格"，也可生活塑造性格。塑造怎样的性格，提示语也提供了思考的方向或思路：读的学的可以是史、诗、数、理……学科知识，也可以是"充满酸甜苦辣"的生活故事；塑造的性格，可以是"明智、灵秀、周密、深刻"，也可以是其他独特性格。但这些塑造的性格应具有正能量，表现积极向上的人生态度。

重构写作过程，给写作加入个人色彩。利用提示语中的关键词作为切入点，写自己的经历、体验和思考，也可找寻学习或生活中对自己有影响的独特经历，思考其他的学习方面与性格特点，再以此作为切入点进行写作。

重构文体，给写作以典型的文体特征。最好采用记叙文，分享成长故事与生活体验，用多种表达方式来体现"读"到的内容与"学习"对自己性格的影响，要有出彩的细节。若是写议论文，要论述好"学习与性格"之间的关键联

系，确定中心论点，论点要明确；再由浅入深展开论述，或根据论点从若干个不同的方面进行探讨。注意分论点的使用。同时摆出事实，讲明道理。

重构情境意识，给写作以具体的情境语境。注意文题中要求的"主题班会"情境，进行适合学生情境的研究，并在重构中理解写作中的情境里面的读者意识。

（四）在批判性思维中进行深度概念解读

概念批判一，作文题目文本表述之间逻辑不够严密。哲学家培根说："读史使人明智，读诗使人灵秀，数学使人周密，科学使人深刻……凡有所学，皆成性格。"要想想表示性格的词语有哪些，明智、灵秀、周密、深刻不是性格。

用于表示性格的词语是这样的。性格的态度特征，好的表现是忠于祖国、热爱集体、关心他人、乐于助人、大公无私、正直、诚恳、文明礼貌、勤劳节俭、认真负责、谦虚谨慎，等等；不好的表现是没有民族气节、对集体和他人漠不关心、自私自利、损人利己、奸诈狡猾、蛮横粗暴、懒惰挥霍、敷衍了事、不负责任、狂妄自大，等等。

概念批判二，概念的逻辑联系应当通顺。"凡有所学，皆成性格"，这句话的前后概念逻辑是有问题的。"皆"字概念过于绝对，有可能是翻译表述的因素。

概念批判三，概念的吻合度与偷换概念。材料第二段命题者本意在于拓展"学习"的内涵，说明是广义的"学习"，但在上下文的语境中有画蛇添足之感。

创意语文呈现语文学科哲学概念解读法的实践应用，诠释学不仅存在于写作中，还存在于阅读等语文的各个环节中。对概念解读的熟练应用，是师生应具备的工具能力，也是其本身核心素养的体现。

第二章

创意语文理论建构

第一节　创意语文

创意语文是运用学科哲学理念，进行言语实践，培育创意的教学主张。从概念观入手，应准确把握"创意"的概念。"创意"一词在中国文献中多次出现。"创意"即"刱意"。汉朝王充《论衡·超奇》："孔子得史记以作《春秋》，及其立义创意，褒贬赏诛，不复因史记者，眇思自出于胸中也。"宋朝程大昌《演繁露·纳粟拜爵》："秦始皇四年，令民纳粟千石，拜爵一级，按此即晁错之所祖效，非错刱意也。"王国维《人间词话·三三》："美成深远之致不及欧秦，唯言情体物，穷极工巧，故不失为第一流之作者。但恨创调之才多，创意之才少耳。"这些都可理解为创造新意。《汉语大词典》将"创意"解释为：有创造性的想法、构思；提出有创造性的想法、构思等。

"创意"的英语词汇是"creative"。牛津词典解释，作为形容词意思是：创造（性）的；创作的；有创造力的；创作的（指艺术作品）；表现创造力的。作为名词意思是：富于创造力的人；搞创作的人；创意；创作素材。"创意"一词从一个统摄性的大概念词语的角度理解，包含创造、创造性、创意、创新、创新性等多个词汇的意思；也可以理解为创新意识或创造意识的简称。或者说，"创意"一词概念的广义内涵，就包含着这些词汇的意思。这属于大概念的范畴。

大概念是一个教育观念，内涵复杂；位于学科知识的顶端，具有抽象性、概括性、包容性。大概念可以以各种形式体现——一个词、一个短语、一个句子或者一个问题……相关概念、主题、观点、话题都可以充当大概念，表征形式各不一样。因此在创意语文的研究范围内，大概念里统合了创新语文、创新性语文、创造性语文等词汇的概念。创意语文的理论表达的大概念语境里，创新、创造、创意、创新性、创造性、创意性之类的词汇，在概念上是相同的。为了方便表述，在创意语文的理论与实践建构中，将以创意、创意性、创意性思维等词作为主要的表述词汇；在具体语境中，仍会使用创新、创造等词汇。相似内涵，不同表述。《普通高中语文课程标准》中提出，"重视以学科大概念为核心，使课程内容结构化，以主题为引领，使课程内容情境化，促进学科核心素养的落实"。

创意语文就是以语文学科的"创意"大概念为核心，以学科哲学为方法，使语文课程创意内容结构化，以主题创意学习为引领，使语文课程创意内容情境化，最终要促进语文学科的核心素养得以落实。创意语文就是学科哲学在言语方面的实践场域。

一、创意语文研究的缘起及意义

学科哲学是属于统领性的深层的理论领域，以此关照语文学科的各个领域，富有指导意义。创意是教学的灵魂，富有创意的教学更是一种教与学双向共生的艺术，它不仅影响着教师的教学品质，更对教师的教学生命力发展具有重要意义。当前，新的全球学习格局正在形成，我们需要重新审视教育的目的和教育评价的内容。正是有以下的重新审视，语文学科对"创意、创新、创造"等进行目的与评价的批判思考才有了再认识，这是创意语文产生的宏观背景。

（一）创意语文研究的全球背景

经济合作与发展组织，简称经合组织（OECD），一直致力于对学习进行全面的评估，并不断改善、扩大和丰富相关的评估工具，尝试超越传统的学术学习领域，构建更加全面的评估框架。2010 年发布的《OECD 创新战略：从明日起抢占先机》报告，指出全球迫切需要依靠创造性思维不断创新和创造知识来应对各种新挑战。2019 年 4 月，经合组织发布《PISA2021 创造性思维框架（第三版）》，在 2021 年 PISA 测评中再增一个新的评估领域——"创造性思维（Creative Thinking）"，通过提供 15 岁学生创造性思维能力状况的国际比较数据，以期激发全球教育政策与教学法的积极变革。PISA2021 首次引入创造性思维测评，从文字表达、视觉表达、社会知识创造和问题解决、科学知识创造和问题解决四个内容维度考查学生在生成多样化的想法、生成创造性的想法、评估和改进想法三个能力维度上的表现。

我国对于创造性思维，强调其为多种思维方式结合的思维活动，为一种思维品质，强调创造性的过程、产品和个性。PISA将创造性思维视作多种思维方式的整合，并坚持对能力和素养的侧重，将创造性思维定义为：有效地参与想法产生、评价和改进，从而形成原创且有效的解决方案，促进知识提升和想象力有效表达的能力。创造性思维研究正是来源于对"创新"或"创造"的关注。

创意语文基于语文学科进行教学领域内的"创新"或"创造"的研究。创意语文对创造性思维的研究与实践，就是创意语文的研究与实践。

（二）创意语文研究的《义务教育语文课程标准》背景

《义务教育语文课程标准》对"创新"的表述有：

语文课程致力于全体学生核心素养的形成与发展，为学生学好其他课程打下基础；为学生形成正确的世界观、人生观、价值观，形成良好个性和健全人格打下基础；为培养学生求真创新的精神、实践能力和合作交流能力，促进德智体美劳全面发展及学生的终身发展打下基础。

（三）创意语文研究的《普通高中语文课程标准》背景

《普通高中语文课程标准》对"创新"的表述有：

语文课程还应当适应当代社会的发展需要，为培养创新人才发挥重要作用。要引导学生在语言文字运用的过程中发现问题，培养探究意识和发现问题的敏感性，探求解决问题和语言表达的创新路径。

结合学生年龄特点和学科特征，课程内容落实习近平新时代中国特色社会主义思想，有机融入社会主义核心价值观，中华优秀传统文化、革命文化和社会主义先进文化教育内容，努力呈现经济、政治、文化、科技、社会、生态等发展的新成就、新成果，充实丰富培养学生社会责任感、创新精神、实践能力相关内容。

坚持立德树人，增强文化自信，充分发挥语文课程的育人功能。祖国语文是中华儿女的精神家园，语文课程对继承和弘扬中华优秀传统文化、革命文化、社会主义先进文化，培养文化自信，推动文化的创新发展，具有不可替代的优势。

美的表达与创造。能运用祖国语言文字表达自己的审美体验，表达自己的情感、态度和观念，表现和创造自己心中的美好形象；讲究语言文字表达的效果及美感，具有创新意识。

（四）创意语文研究的《中国高考评价体系》背景

《中国高考评价体系》对"创新"的表述有：

高考评价体系通过创新评价方式、优化评价手段、深化命题实践改革。

在"学科素养"指标体系中，有明确的指标表现的表述：创新思维是运用开放性、创新性的思维方式应对问题情境，组织相关的知识与能力，注重独立性、批判性、发散性的思考。综合运用直觉的、顿悟的、灵感的、形象的、逻辑的方法，提出新视角、新观点、新方法、新设想，创新性地解决生活实践或学习探索情境中的各种问题。

在第四章"四翼——高考考查要求"中，第（四）点对"创新性"这样表述：素质教育的突出特征之一是对创新性的强调。德智体美劳全面培养的教育体系突出对创新思维的培养，国家科教兴国和人才强国战略也将创新型人才培养作为重要方向。发散思维、逆向思维、批判性思维等思维品质是创新思维的重要特征。具备良好创新思维的学生能够摆脱思维定式的束缚，善于独立思考，大胆创新创造。他们具备敏锐发现旧事物缺陷、捕捉新事物萌芽的能力，具备推测、设想并周密论证的能力，具备探索新方法、积极主动解决问题的能力。

创新性要求创设合理情境，设置新颖的试题呈现方式和设问方式，要求对即将进入高等学校的学习者在新颖或陌生的情境中主动思考，完成开放性或探究性的任务，发现新问题、找到新规律、得出新结论的水平进行测量与评价。

（五）创意语文研究的《中国高考评价体系说明》背景

《中国高考评价体系说明》对"创新"的表述：

高考要努力构建德智体美劳全面覆盖的评价体系，引导学生培养高尚的品德、创新的思维、健康的体魄、良好的审美情趣以及崇尚劳动的品质，促进学生全面发展；

高考必须始终准确把握党和国家事业发展对高等教育人才选拔的要求，充分适应新形势下经济社会发展对多样化高素质人才的需求，注重对实践能力、创新精神等综合素养的全面体现，从而助力高等教育创新型、复合型、应用型人才的培养。

服务选才功能坚持科学的选拔标准和选拔方式，通过"以考促学"更好地引导教学，提升基础教育教学质量；引导教学功能充分发挥高考积极的导向作用，推进基础教育改革，更好地培养学生的社会责任感、创新精神和实践能力，使高考选拔出的人才更加符合高校的需求。

对创新性专门在第（四）点进行了表述："创新性：高考强调创新意识和创新思维"。

素质教育中的智育和以往教育理念中的智育最大的不同，在于其对创新性的强调。高考关注与创新密切相关的能力和素养，比如独立思考能力、发散思维、逆向思维等，考查学生敏锐发觉旧事物缺陷、捕捉新事物萌芽的能力，考查学生进行新颖的推测和设想并周密论证的能力，考查学生探索新方法、积极主动解决问题的能力，鼓励学生摆脱思维定式的束缚，勇于大胆创新。因此，高考试题应合理呈现情境，设置新颖的试题呈现方式和设问方式，促使学生主动思考，善于发现新问题、找到新规律、得出新结论。例如，化学学科的创新思维形式包括研究新物质的结构、发现或合成新物质、发明新反应或合成方法、构建新理论或新机理、探索新技术或新方法等。因此，高考对化学创新思维能力的考查就包括推测反应现象或物质性质、设计物质合成或分离路线、阐释机理或总结规律等。

学生在解决这类情境中的问题时，必须启动已有知识开展智力活动，同时在解决问题的过程中运用创新的思维方式。

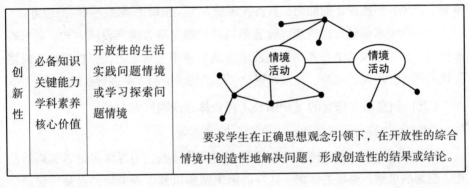

创新性	必备知识 关键能力 学科素养 核心价值	开放性的生活实践问题情境或学习探索问题情境	要求学生在正确思想观念引领下，在开放性的综合情境中创造性地解决问题，形成创造性的结果或结论。

......

四是创新性为主的试题。当今时代，社会经济迅猛发展、科学技术日新月异，新产品、新技术层出不穷。创新性试题命制要紧密结合我国社会亟待解决的紧迫问题、科学技术前沿理论、工程技术领域的重大项目等进行编拟，使试题具有浓厚的时代气息和鲜明的中国特色。此类问题情境与社会实际密切相关，具有现实意义和价值引领作用，要求学生多角度、开放式地思考问题。这类试题旨在考查学生独立思考、对问题或观点提出不同看法并进行论证的能力，考查学生敢于质疑、敢于批判的思维能力，考查学生创新性地运用知识去发现新规律、研发新理论、开发新技术，为制定新政策、开拓新领域提供支撑的能力。总体而言，这种类型的试题考查的是学生的创新思维和意识的"创新性"。

由此可见，语文的学科特性决定了要进行有创意的教学，以此来培养适合时代发展的有创新精神和创造活力的学生。

"创意语文"的理论意义，是形成的语文创意教学理念和策略，据此可以开展一系列语文创意教学实践。在倡导新课程改革的今天，对"学科哲学指导下的创意语文"理论进行探索和研究，有利于丰富语文学科研究的理论库。

"创意语文"的实践意义，是对阅读和作文等创意教学的实践，对于追求创意语文的教师们有指导和启发意义。同时，对于研究老师的专业成长、教学理念和教学实践有促进作用，有利于教师专业知识的学习和专业能力的提升，也具有一定的现实意义。

所以，"创意语文——学科哲学的言语践域"的教育思想和教学实践的研究，具有理论和实践双重指导意义。

二、创意语文的研究现状

截止到 2022 年 6 月，在中国知网上，围绕关键词"创意"的相关衍义进行分析，发现：包含各个学科，搜索"创意"，有 111605 条内容，可见众学科对于本学科内的"创意"的关注度颇高。对"创意课堂"研究的条目有 149 条，对"创意教学"研究的条目有 918 条，对"语文创意"研究的条目有 48 条。但在"创意语文"的条目里只有 8 篇论文。其中有位江苏镇江的老师写有论文《创意语文再出发》，他的教学主张也是"创意语文"，但论文内涵与本研究内容和方向不同。故笔者仍确定将"创意语文"作为教学主张进行研究。

对"创意"的研究，长期以来，主要集中于"创意课堂、创意教学"。我国台湾地区对此研究比较早，近年来大陆地区对于创意教学的研究也逐渐增多。在创意教学研究方面，主要是从教师教学的角度进行探讨。围绕教学方法、教学内容、教学设计和教学活动等方面进行分析，更多的是从学生学习能力和思维能力的提升、学习态度的培养和学习兴趣的激发来进行创意教学，是站在宏观的角度进行整体的创意教学方法性的探讨，创意教学的研究范围涉及教育教学的各个学科。

在语文创意教学研究方面，研究内容大多零散地分布在对阅读和写作教学方法的探寻上，大多是对于某一篇课文的创意教学探索和思考，缺少系统而全面的理论总结和实践探索。对于教师个案的研究，主要集中在对全国著名教师的研究，研究内容包括其教学艺术、教学智慧、教学思想和理念以及教学改革等方面。

"创意语文"继承"创意"研究的现状，更进一步深入语文学科中，从理论到实践进行整体地架构，力争在语文学科研究中有新的发展。

三、创意语文的概念与内涵

在学校众多科目中，语文的地位不可忽视，语文成绩的好坏直接影响着各种升学考试的通过率。传统语文教学中，其课堂教学无疑是枯燥乏味的，导致教学质量不高，学生产生厌学情绪，最终影响语文成绩。为了改变这一现状，我国的语文工作者殚精竭虑，为促进我国语文教学事业的发展做出了巨大贡献。

创意语文重点关注教师的研，从"教"的主体指向"学"的主体进行研究。语文教师"研"有创意，才能带动"教"的创意，才能在"学"的指向上有创意。创意语文课堂提高了学生对于语文学习的兴趣，还在某种程度上提升了语文的教学效果，对语文教育事业的展开与发展起到了积极的促进作用。

（一）《语文课程标准》中"创意"的概念观

1.《义务教育语文课程标准》

引导学生借助信息技术等多种方式汇总、梳理自己积累的语言材料，建立自己的创意语言资料库，并能学以致用。

阅读表现人与社会的优秀文学作品，走进广阔的文学艺术世界，学习品味作品语言、欣赏艺术形象，复述印象深刻的故事情节，积累多样的情感体验，学习联想与想象，尝试富有创意地表达。在主题情境中，开展文学阅读和创意表达活动，引导学生感受文学之美、表达自己的独特感受，促进学生的精神成长。

第四学段，侧重考察学生对语言、形象、情感、主题的领悟程度和体验，评价学生文学作品的欣赏水平，关注研讨、交流以及创意表达能力。尝试运用科学、艺术、信息科技等相关知识和技能，富有创意地设计并主动参与朗诵会、故事会、戏剧节等校园活动。

能针对学习和生活中的问题，开展跨学科学习，根据需要策划创意活动，从相关学科材料中搜集资料，整合信息，发现解决问题的线索；要合理安排不同类型作业的比例，增强作业的可选择性，除写字、阅读、日记、习作等作业外，还应紧密结合课堂所学，关注学生校内外个人生活和社会发展中的热点问题，设计主题考察、跨媒介创意表达等多种类型的作业，培养学生自主学习和综合学习的能力。

文学体验情境侧重强调学生在文学作品阅读中体验丰富的情感，尝试用不同的方式进行创意表达；写作要有真情实感，表达自己对自然、社会、人生的感受、体验和思考，力求有创意。

2.《普通高中语文课程标准》

自主写作，自由表达，以负责的态度陈述自己的看法，表达真情实感，培育科学理性精神。书面表达观点明确，内容充实，感情真实健康；思路清晰连贯，能围绕中心选取材料，合理安排结构；进一步提高运用记叙、说明、描写、议论、抒情等表达方式的能力，并努力学习综合运用多种表达方式，力求有个性、有创意地表达。

（二）创意语文的渊源以及发展

创意语文，可以关联到我国古代孔子的教育思想，关联到国外的发现学习，关联到我国陶行知的创造教育等；在20多年来我国基础教育课程改革的背景下，创意语文是创新教育在语文教学中的实践。

创意语文总结了前人在教学方面的经验教训，结合我国古代"寓教于乐"传统教育思想，又将现代信息化、多媒体教学融入其中，贯彻"教师会研、会教、创造性地教；学生会学、活学、创造性地学"的教学思路，把发现、创造教育带入教学实践中，引入情景教学、活动教学等思想，从而使语文教学的内容变得更加清晰明了，又将知识延伸到日常生活中，使学生学到的知识不再是理论化的，局限于书本的产物，而是更具生活化，能够灵活应用在实际生活中的内容。

我国目前的语文教学采用了一些创意教学法，向学生传授语文知识，得到了一些明显效果。它对教师具有明确的想象力及创造力要求，其目的是便于丰富教学内容，吸引学生的学习兴趣；再加以多媒体等教学手段，采取情景教学的方式设置情境，引导学生自主地进行语文相关知识的学习。创意教学中包含了先进的教学理念、创新的教学方法，使语文的价值不仅仅是一门获得高分的工具，而成为生活中必不可少的工具。创意教学极大地促进了我国语文教学事业的发展。

核心素养时代，语文创意教学需要进一步发展成创意语文，从学科课程层面进行架构。

（三）创意语文的核心概念及界定

创意语文通过语文学科哲学的指导，从创意思维的方向探索语文学科活动的应用，一方面从语文教师角度看，可以提高语文教师的研究视角、教育理念、教学能力、语言能力等，促进语文教师教学方法的转变；另一方面从学生的角度看，会进一步发展学生自主学习的能力，进一步发展学生的多项思维，如批判性思维、创造性思维等，从而进一步提升学生的语文核心素养。

创意语文是在语文学科哲学的指导下，进一步发展传统语文。正是对于语文原有的旧的东西进行创造，因此它是一种思维的发展，是一种智慧的提升，具有新颖性和创造性的特点，要求要有不同于传统的旧的解决的方法，是一种有创造性的想法或构思。

创意语文，放在大语文视野里，追求有创意的教科研、有创意的阅读和写作；重视激活师生思维，有创意地研、教、学；鼓励有创意地投入语文综合实践活动，在生活、在交际、在研究中体验语文；强调教科研热情、教学潜能和激发学习，尊重师生的创意教与学。创意语文，研究的是语文学科核心素养，是学生发展核心素养的重要组成部分，是学生综合素质的具体体现，反映了社会主义核心价值观下学科育人的基本要求，全面展现了学生从语文学科课程学习中应获得的学科特质的必备品格和关键能力。

创意语文是创新教育在语文教学中的实践，是运用创造意识或创新意识对语文学科进行理论和实践的认识和理解，并进一步创意衍生出具有某种或某点新的思维和行为潜能的语文。创意语文通过创意意识、创新思维进一步挖掘和激活语文学科的相关资源，并通过对于语文学科的相关要素进行创意应用，进一步提升语文相关要素的价值。

（四）创意语文的内涵

创意语文有三种最基本的内涵：

一是创新语文意愿。包括教与学创新的意念、意向、意趣、意识、理念，主要是指尝试有新意的创造性教学的动机和动力。

二是创新语文意味。指师生对语文创新活动的感悟、体味、反省。创新意味可以积累成功体验，发展教学特色和学习个性，提升语文教学素养和学习品位。

三是创新语文意境。是由富含创新价值的教学材料、意蕴生动的思维场景、优美和谐的学习情调等组成的教学生态，不仅指教学创新的氛围、环境，而且指师生创新潜能的自我开发活动，特别是学习创新能力生长、创新学习意志发展的过程。

总之，创意语文就是通过教师的会研、会教、活教、创造性地教引导学生会学、活学、创造性地学；用教师的有创意地教来引导学生有创意地学，是教师和学生共同进行的双边创意活动，从而达到语文的个性化教学目标，培养学生的创造性思维，提高学生语文学习能力，培育学生的语文核心素养。

创意语文中的"创、意"二字，还包含以下一些概念的内涵：

"创"：

原创：最早的，第一个创作的，独立完成的创作。

微创：即小创造力，指微小的创新。

独创：独自创造，独特的创造。

创造：有意识地，有探索地产生新的事物。

创新：指创立，或者创造新的事物。

"意"：

主意：指主见；办法；用意，用心。

意思：如思想；心思，意义，道理；意图，用意；意志；神情；情趣；趣味，等等。

意念：即冥想（包含显意识，潜意识），两者称呼不同，实为一体。

意味：指含蓄的意思；情调；兴趣；趣味。

意境：指文艺作品中描绘的生活图景与所表现的思想情感融为一体而形成的艺术境界。

四、创意语文的理论基础与依据

（一）创意语文的理论基础

1. 学科哲学

语文学科哲学，站在学科哲学的高度，重新认识语文学科的知识体系和学科的教育教学行为，进一步建构语文学科的思想观念、学科思维方法、学科精神文化，并有机地融入语文学科的教学实践当中，全面提升语文学科教学的深度、高度和品质，进一步引领学生形成基于学科哲学的本质、价值和文化的持久的内在的学科核心素养。学科哲学指导下的语文学科的本质观决定着学科教育的价值观和教学的目的观。广义的本质观决定着语文教育的价值观；狭义的本质观决定着语文学科教学的目的观。当然，不同阶段的教学有着不同的目的。

2. 创意学理论

创意学是研究创意的学说，是运用创意思维进行研究和创造的学说。创意学是一门跨学科的研究体系，注重将理论与实践相结合。创意学的基础理论，创意思维的内涵、创意规则、构思流程、思维方法等，都可以较好地融合在语文学科中，为语文学科的核心素养培育助益甚多。创意学是从创意的整体出发，通过创意思维和创意行为来研究创意的内涵、功能、产生、发展规律的综合性学科，是一门新兴的边缘性交叉学科。创意学是打破常规的哲学；是对传统的背叛；是一种导引递进的升华；是一种智能的拓展；是一种文化的底蕴；是毁灭的循环与破旧立新的创造；是超越自我、超越常规的导引；是神奇组合的魔方；是思想、智囊的能量释放；是深度情感与理性的思考与实践；是思维碰撞、智慧对接；是创造性的系统工程；是投资未来、创造未来的过程。

（二）创意语文的理论依据

对语文课程性质的认知和感悟，决定创意语文对教学内容的选择和教学价值的追求，对课堂师生关系的定位，决定创意语文实施的课堂展现面貌和课堂教学行为的构建方向。

创意语文，特指在语文学科哲学指导下，立足于语文课程的来自课前创意理解、课堂创意教学操作、课后创意素养培育的概念。创意语文，选择重点研究一线教师立足课堂实施课程教学的问题。不同的课程性质认知带来对教学内容和教学价值的追求迥异，就会产生不同的课堂教学，课堂教学的创意会产生截然相异的选择方向。师生关系的定位是有关"人"的问题。师生关系是主次轻重还是并列融合对课堂面貌的展现和课堂行为的进程起着制约作用。

《义务教育语文课程标准》如此描绘语文课程性质："语言文字是人类社会最重要的交际工具和信息载体，是人类文化的重要组成部分。语文课程是一门学习国家通用语言文字运用的综合性、实践性课程。工具性与人文性的统一，是语文课程的基本特点。"创意语文的教学理念和创意，突出了语文的工具性，工具也是创意的一种途径；同时也兼顾人文性。在兼容科学主义、工具为用的观点中，工具性体现了很重要的作用；而在人文性上，因主张创"意"，加速了简单的知识与技能授受主义的瓦解。创意语文立足课堂实施课程，具有较强探索意义和创意意识，在教学模式和课题研究中高举人文性的同时，坚持工具性并举。

创意语文对于师生关系的定位认识，从学生主体看是"生本观"；从双主体看是"教师主导、学生主体说"；从主体融合看是"师生相互主体渐变关系说"。创意语文注重教学中学生学习的"转化"，注重教学中学生学的"过程"等说法或教学模式，对课堂师生地位关系进行不断地调整、整合和定位。从实践的角度讲，创意语文主张语文课程的性质应该是"创意教学"。创意语文在概念观、方法论学科观、素养观上的看法，对语文课程性质的认知，对一线教学有指导意义。言语训练、思维过程训练、语文素养浸透，这些创意语文的教学实践，在一线教学中已经逐渐成为大家自觉努力的方向。

五、创意语文的原则

创意语文要有一定的操作规律，遵循这些规律可以更有效地使创意本身与实际情况相结合，使创意更加高效、更有针对性。

（一）冒险性原则

创意语文是创造性思维活动，必然会受到来自教学实际的各种阻碍。创意语文的主要品质是要敢于承担风险，勇于面对困难，乐于接受挑战。创意语文要求有冒险性的心理准备，甚至敢于面对失败，有奉献性的精神追求，只有这样才能承受挫折所造成的心理打击和物质损失。

（二）交合性原则

在教学实践中，人们的大脑容易被现成的事物和习惯的做法所束缚。思维力和想象力被禁锢，创造性思维受到极大损害。创意语文为使人们走出思维定式，就有必要进行多元的信息相互交换，培养信息增值的能力，进行多方位的、跨领域的信息交合。

（三）独特性原则

良好的创意是新颖而独特的，从不同寻常的角度和不依常规的思路思考问题。创意语文正是这样不复制他人，也不重复自己，体现出方法论上的区别，体现出一种独特的风格。

（四）批判性原则

创意语文敢于对当前的现象提出疑问，敢于批判地思考一些常见的、约定俗成的现象，敢于否定被视为"正确"的理论。从辩证法的观点出发，敢于怀疑、敢于批判是创意语文的本质特点。好的创意，就是在表面正确无误之上，大胆批判，提出自己的设想。

（五）比较性原则

创意语文，往往是没有最好的，而是拥有一个相对来说更加适合的。在比较中选择，在选择中突出更有优势的创意。

（六）辩证性原则

创意语文不只是一个"创意点"，而应是一个完整的系统。在创意语文的活动中，要多角度辩证思考问题，包括正面与反面创新法和系统辩证创新法两个方面。从正面与反面、正向与反向、有利与不利的多重思维角度看问题，是创意语文应该遵循的科学有效的思维模式。

（七）实践性原则

在创意语文中，思维要能够灵活而创造性地运用于实际。语文学科的创意方案，要具备可操作性。创新语文活动，要能够为师生、教学带来价值。

（八）非唯美原则

语文教学，有人认为过程或结果应当是唯美的。但囿于各种条件，教师或学生的认识、具体整合的跨理论都是会有局限性的。创意语文以创意为指向，而非以唯美为指向。不断试图用更新颖的、更有突破性的想法去做尝试。有取有舍，大胆创意。

（九）简单性原则

创意语文不追求复杂，而是追求简单、实用。创意越简单可行，就越是抓住了本质、抓住了关键、抓住了要害，就越是有效的。越便于理解和实施就越简单、高效。

六、创意语文的实施法则和方向

创意语文的教学创意是指教学中富于新意，对学生学习有意义的主意、想法。教学创意实施是指这些主意和想法在教学中的具体落实过程。创意语文的教学创意应该从日常教学中延伸出来，根据自己所见、所闻、所思，对旧的教学方法进行改造以适应我们的教学需要。教学创意指尽量创造出与原有的教学（传统教学）所不同的，但有联系（继承）而又富于新意和雅趣（发展）的，对学生学习有意义的主意、想法。创意语文的教学创意实施强调的是主意和想法的具体落实过程，由于许多教师对新的课程理念没有能真正理解就匆忙上阵，也有教师受名师的影响，形式化地向名师学习，不顾实际地照搬一些课堂理念和模式，导致语文教学的实施出现符号化、标签化的倾向。创意语文的深化研究能减少这种方向的出现。

（一）创意语文实施的法则

创意语文实施法则，是对当前创意语文教学创意实施中错误的做法进行拨正的有力武器。创意语文实施的方向探求，是对其方向可能性的预示，实施法则可以验证教学创意的有效性。

1. 模仿法则

语文教学过程中，独特、原创的创意毕竟是少数。大部分创意都是由模仿和求异模仿而产生。求异模仿要求有积极求变的观念和精神，模仿的目的是"再创造"，而非抄袭和仿冒。求异模仿是通过了解他人创意，再根据自身条件和项目要求等重组、改良，以产生不同功能、价值的"新"东西。

2. 组合法则

将两种或两种以上的学说、技术的某部分或全部进行适当组合，形成新原理、新产品。创意的产生是旧元素的新组合，两个已经为人熟知的观念或事物合并在一起成为全新的观念。组合法则包括移植和重组，移植是指把现有技术应用到另外一个产品，或由一个东西引申出其他的东西。移植包括原理、技术、方法、结构和功能等的移植。而重组是指交换零件、变换次序、调整结构、改变因果关系等，这些都是产生新方案的手段。可以把不同的单元、功能、结构组合在一起而产生新的产品，把不同的构思拼合在一起产生新的方案。

3. 改变法则

改变法则不仅是指放大、缩小、倒置等具体的手段，更重要的是认识上的改变，"认知的改变"是重要的创意来源。创意有时候只是"概念"的转换，换一个方式被了解，或换一个方式被应用，新的创意就产生了。改变认知，改变用途。重新定义事物，就能产生创意。我们总是用习惯的方式看待身边已有的事物，给事物贴标签，却忘记了它最初的样子。如果一切回归本真，创意自然而然就发生了。具体方法就是扩大定义容纳的范围，直到视野完全改变。

4. 逆反法则

逆向思维是超越常规的思维方式之一，它是用与原来想法相对立或表面上看起来似乎不可能解决问题的方法，打破常规，从相反的角度来思考问题，从而获得创造性灵感的思维方法。由于其反传统、反常规的特点，故其表现出的创造性和开拓性十分直接。逆向思维可分为逆转性思维、换位思考性思维和缺点性思维。逆转性思维法是从与正向思维相反的方向思考，从与事件的结果相反的角度思考。换位思考性思维是换位思考，是设身处地为他人着想，即想人所想、理解至上的一种处理人际关系的思考方式。缺点性思维是通过发现事物的缺陷，变不好为好，变无用为有用，化腐朽为神奇，创意便随之产生。

（二）创意语文实施的方向

创意语文实施遵循以上四个法则。语文课堂是一个整体，语文课堂创意要素对象复杂，因此论者大都认为它无法用严格意义上的规律来描述。创意语文的创意是无限的，因此更无法像一些中学理科类学科那样以前所未有的清晰程度，让人们加以把握。它是含混的、允许直觉的存在，这都是有其道理且不可否认的。但实践中的学习和学习中的实践告诉我们：创意语文实施的过程本身其实就是一种内在思维过程，各种融合、含混、冲突、矛盾交织在一起的因素，本身就构成了一个有行进方向的课堂教学创意实施历程。

创意语文实施的方向说明：创意语文实施含义定性、目标定向、教学定序。创意语文实施中教学设计新颖；学习过程教学相长；学习方法习惯熏陶到位；语文语言要素充分；学习所得有效、扎实。

创意语文实施的方向可以细化为以下三点。

1. 创意选择合适的教学角度

语文中包含的内容较为丰富，其中课文的形式也各不相同，有文言文、古诗、名著等。针对不同的课文题材，可以采用不同的教学角度来切入教学。例如在进行名著课文的讲解时，可以从名著中的人物、情节以及历史角度来对课文进行分析，教师在对这类课文进行讲解的过程中，要注意为学生开辟一个全新的视角，应用合理的情境，让学生深入到名著设置的相关情境中，从而使得学生能够清楚地了解到名著中所讲授的重点，加深学生的记忆，从而提高课堂教学的效果。教师在讲授的过程中，也要注意与学生进行相关人物的探讨，在探讨中解答学生的疑问，使得学生对于名著中人物的设定意义更加地了解。教师采用不同的视角来进行教学的切入，不仅使得教学的沉闷气氛被打破，也提高了学生的学习兴趣，从而使得教学的效果得到提升。

2. 创意设置好的教学专题

专题教学是语文教学的一个重要内容，选择和设计一个好的专题就能开启一个好的创意。例如，在讲解《送元二使安西》为代表的离别诗时，可以设计"从《送元二使安西》走进古代送别诗"的专题课，教师和学生一起收集并交流以《送元二使安西》为主的众多离别诗，总结长亭、古道、折柳、饮酒等常见送别意象，分析现代人"轻离别"和古人"重离别"的心态，最后在一句"愿天下有情人永不分别"中结课。通过这样的专题课，学生的综合分析能力和思维鉴赏能力都得到了提高。

3. 创意采取适宜的教学方式

创意语文将先进的教学手法应用到语文教学中，使得语文教学的创意性得到凸显。创意语文突出强调对语文教学课堂气氛的提高，利用各种创意手段，不断地活跃课堂教学气氛，使得语文的课堂教学效果得到提升。就古代诗文的讲授来说，采用创意语文教学，比如《陋室铭》一课，可以将古代诗文的美感与书法美感相融合，教师可以让学生通过书法的形式将所学的古诗文书写出来，通过书法比赛的方式，加深学生对课文的记忆。另外，要想使得学生对古诗文的理解得到加深，教师可通过各种书法艺术的展示，来进行在文中可以欣赏并仿写赵孟頫的同名书法作品，使学生得到锻炼，学生在充分理解古诗文含义的基础上，提高书法水平，这样可以提升古诗文教学的效果。

在创意语文实际教学应用时，不仅要遵守相应的原则，还要根据具体的课文内容采取适当的教学方法，只有通过各方面的有效配合，才能使创意语文教学达到满意的效果。开展创意语文教学的根本目的，一方面是激发学生对学习语文的兴趣，深入地了解我国传统文化，将其发扬光大；另一方面就是活跃课堂气氛，提升课堂效果，促使我国语文教学事业朝着更广阔的方向发展。

七、创意语文的基本特征

创意，主要包括下列两项要素。一是新奇和原创性行为：行为无法从某个人那里明确地习得。二是一种生产性的结果：一种有用的产品或有效地解决问题的策略。因此从原初角度看，创意是一种独创性行为，也是一种生产性的结果。但从过程角度看，创意的独创性、原创性已经是极尽稀缺的资源。因此创意还应包括微创等部分创新的行为。所以，创意是知识的基础，有了创意，才能有创新的作为。一位教师有创新的教学行为，就可以使教学效果大大提高。

创意语文，即语文教师在教学过程中，采用求新求变、多元灵活的教学方式和多样丰富的教学内容，激发学生内在的学习兴趣，以培养学生乐于学习的态度和提升学生的学习能力，达成培育语文核心素养的目标。创意语文具有以下几种特征：

1. 求新求变

创意语文是多元灵活的，不是一成不变，教学具有弹性，提供学生多元的学习方法和学习材料，将学习空间妥为规划，表现出创意和与众不同。所以，创意语文的教学除了教学方法的多样化之外，学习内容和空间设计的多样化，亦是很重要的一环。教师为了展现创意语文，需要将知、心、思三者相结合。换言之，创意语文中教师必须以知能为基础，充分运用巧思，而且用心去做，才能在教学过程中推陈出新，增强学生的学习效果。因此，求新求变可以被视为创意语文的本质。

2. 意愿驱动

创意语文不是指教师被动地设计教学，传授知识，而是教师在创意意愿的主动驱动下，鼓励自身进行语文教科研，与学生一起积极参与教学活动。一则让师生有独立思考的机会，一则让学生在参与中培养学习能力。为了激发师生主动参与的意愿，教师除了主动进行语文研究、提供丰富的学习内容之外，也要了解每位学生的个性，对较内向者多鼓励，参与过程中容许学生犯错误，多鼓励和赞美学生，少责备和批评学生，让学生能够有信心地学习。创意语文，如果缺乏师生主动参与的意愿，将无法展现其功能。因此，意愿驱动是创意语文不可或缺的条件之一。

3. 趋上动机

动机是师生持续不断研究和学习的原动力。创意语文关注师生双主体，首先是语文教师要有趋上动机。教师有创意意识、趋上动机，才能影响和达成学生的创意意识和趋上动机。很多情况下，重点关注学生的动机是对的，但同样也要关注教师的动机。教师主导性的趋上动机才能带动学生主体的趋上动机。最后仍然重点指向学生的内在学习动机。趋上动机是判断学生学习效果的关键。因此，创意语文要顾及教师的学科研究动机、学生的学习需求和动机，促使教师研究、学生学习更持久，而且能够进行有意义的双向共同进步。

4. 多元资源

创意语文中教师应当与时俱进，主动配合适应国家提出的"教育现代化2.0"等要求，能适应"互联网+"的时代背景，熟练应用网络资源，收集语文教学资材，有组织地编排整理，以组织的系统方式呈现。通过现代教育技术进行语文教科研，使用教材，设计教法，激起学生的求知欲。所以，多元资源是创意语文的重要元素。

5. 互动沉浸

教学是一种师生互动的双主体行为，良好的师生互动和生生互动，有助于营造民主、温馨和开放的学习气氛。语文教师要实施创意语文教学，学习气氛是相当重要的。良好的师生互动与沉浸学习，能滋润创意语文的学习环境。因此，创意语文鼓励师生之间和同学之间相互了解、沟通和关怀。师生一起沉浸于语文学习的情境中，可有利于创意语文教学实施。

6. 问题教学

在语文教学情境中，总会有一些问题存在。教师要有问题意识，围绕问题展开研究。针对问题进行创意思考，既凭已有经验法则加以处理，又需要运用创意方法进行解决。教师在教学环境或学生学习环境中，可能遇到一些问题，所以教师在教学过程中，不能利用已有标准答案的素材来传授学生知识，否则学生习得的将是一些缺少活用的知识，无益于生活经验。因此，创意语文需要教师提供给学生问题解决的情境，刺激学生扩散性思考，让学生具有解决问题的技巧和能力。

综上，创意语文的目的在于让语文求新求变，教学多元灵活，富有创意，以激发教师研究、学生学习兴趣。

八、创意语文的教与学

创意语文主要是指在语文教学过程中具有创意性的教学设计或临场发挥，有两大特点：一是可以感知和达到的教学行为。无论是宏观的教学风格和特色，还是中观的程序设计和方法运用，或者是微观的临场发挥和机智，尽管都反映了教师个人的教育理念和思想，但创意最终都必须外在化，在具体的实践行为中凸现出来，让人看得见、摸得着。二是没有定规的独特表现。它没有规律性，是个人智慧在特定情境下的自然迸发，它与一个教师的思维品质、心理状态、生活质量密切相关，它是教师职业素养累积而成的"势能"的瞬间释放。

要进行创意语文，要有现代意义的创意，就要具有新颖性和创造性的想法。每个人都有创造的潜能，其创造能力表现的高低，主要看后天环境和教育的影响。创造力虽然是每个人的潜质，但并不等于每个人的创造力都会自然地产生和发展。人的创造力往往是在日常生活、工作、学习中以初级的、不明显的方式存在而不为人们注意。这种创造潜能不等于没有创造力，只是创造力没有得到有效的开发而已。

创造力的高低，是先天素质与后天开发的综合结果。人的创造潜能是通过创造教育或专门学习训练来开发的。创意的获得含有相当高的习得性技术，但经过教育仍可予以增进。专家学者们均一致同意获得创意的能力是可以经由后天加以培养习得的，只要对儿童、青少年施以适时适当的教育，他们的创造力就会得到发展和提升。小学、中学阶段是儿童及青少年智力成长的关键时期，如果我们能够适时地对儿童及青少年施予适当的教育和培养，将有利儿童及青少年创造力的早期开发，对日后创造力的发展有深远的影响。

因此，在目前瞬息万变的时代中，如何培养学生具有创造力是非常重要的。近几年来，创新与创造性思维成为教育学研究的热点之一，各种"创意"不时见诸各大教育媒体，已经有不少学者和教育家将创意的概念融入教学中，创新型人才的培养已经受到社会各界的重视。对教育而言，要有效地培养学生创新意识和创造能力，教师是关键。需要教师发挥其创意，以建立良好的教学环境，施以创造性的教学。

正是在这样的时代背景下，创意语文应运而生。它要求教师将创意融入教学各个环节，教师因地制宜，变化其教学方式。其目的在于能够采用多元活泼的教学方式和多样丰富的教学内容，激发学生内在的学习兴趣，以培养学生乐于学习的态度和提升学生的学习能力，并在潜移默化中提升学生的创造力。从培养人才的观点来说，创意语文是培养创意人才的教学；从开发人类能力的观点来说，创意语文是开发人的创造力的教学；从问题解决的观点来说，创意语文是培养一个人面对问题时，能创造性解决问题的能力。

在知识型的经济时代，教育的核心是培养人的创造性思维和创新能力。要使学生具备敢于创新的能力，必须先让教师对创意教育多些了解，明白每个学生都有享受创造教育的权利，即教师首先得是一个敢于创新者。创意语文不同于传统的教学方式，在教学内容和方式，以及教学目的等方面都有所区别，清楚了解创意语文不同于一般的教学模式，并对它们进行对比分析，将有助于更清楚地把握创意语文。

创意语文要求教师全身心投入，运用心智与现代技术，教学过程生动活泼、富有创意，更强调学生的学习兴趣，这一点从概念上比较容易理解。另外，我们也可以看出，创意语文与传统教学并非冲突矛盾，而是互为补充的，创意语文并非强调特殊或标新立异的教学方法，而是互为效果的，形成、获得创意能力的因素有很多，了解并对这些因素进行细致研究，将十分有助于创意语文实践的开展。

对创意语文而言其影响因素有很多，主要有七大因素，包括教学知识及技能、思维能力、思考习性、教学内在动机、创意人格、环境因素、教学信念和其他背景等因素。也有研究者将之界定为一种历程，或创造者所具有的人格特质，从这个角度提出，青少年个人的创造行为，不但源自其认知能力和技巧，也涉及其性格、动机和策略等因素，并且与其本身的发展进程有一定的关联。

这些影响创意语文的因素，可以归纳为创意态度和创意能力两方面，这些因素不仅仅直接影响学生的学习效果，也同时影响了教师的教学效果。提高创意语文的效果可以从这两方面入手。

态度决定一切，创意语文也不例外，教师必须注重学生对创意的态度，在教学过程中激发学生的积极态度。

（一）从创意态度角度思考"教与学"

1. 创意语文中的"教"

教师作为创意语文的主体，其自身的创新态度和创新能力至关重要。创意语文能否推动和成功，具备开拓、创新精神，掌握创新学习理论和方法的教师是关键。

社会对教师的影响方面：首先，应多推行培训，同时多鼓励教师重视创意。要使教学有创意，必先教师具备创意，开阔眼光是其中一种培养创意的途径，应多给予空间让老师去扩展个人的眼光。除了培训之外，亦应多给予老师时间、空间及资源去施行教学创新。此外，有人指出，必先由整体社会文化着手，或从全民教育入手，改变整体的社会观念，才能有效地进行创意教育。

对教师自身而言，努力提高自身教学技巧也可以推进创意语文。经过多年的教育实践，总结教学经验，证明下列七点有利于教师培养创造能力：教师注重启发学生的思维，鼓励学生自己发现问题和提出假设；教师放弃权威态度，较平等地与学生相处，并在班上倡导学生相互合作；教师鼓励学生广泛涉猎，开阔视野，使学生对知识加深理解，灵活运用；教师对学生进行专门的创造性思维训练，譬如鼓励学生回忆和自由联想；教师帮助学生学会从不同角度看待、分析和理解问题，而不墨守成规；教师鼓励学生独立评价，即用自己的标准评价别人的想法；教师对学生的提问表现出浓厚的兴趣，并认真对待相关提问等。

2. 创意语文中的"学"

检验创意语文在学生"学"中的创意表现，可以从以下五方面进行：富好奇心、善于想象、勇于冒险、敢于质疑、创新动机强烈。

富好奇心，是指面对问题或感兴趣的事物，会主动追寻根由，仔细地进行调查或探究，以寻根究底的精神去找出问题的源头或事物的特性，以满足其求知欲。好奇心是可贵的创造性个性心理品质之一。在认识过程中，好奇心可以使人们孜孜不倦地对某些事物进行观察，使认识不断深化。

善于想象，是指善用直觉去思维，能够联想出不同种类的意象，并将之具体化，能超越感官及现实的限制，产生新颖的意念。想象力所构想出来的东西，变化可以很多和很大。善于想象的人，往往能提供较不同的意念。所以，善于想象是有助激发创造力的一种态度。

勇于冒险，是指具有猜测、尝试、实验或面对批判的勇气，包含勇于应付未知情况的态度；亦可说是乐于接受新事物，做出新尝试，显现勇于探索的精神。在创造过程中，成果大多是不可预见的，而却需承担一定的风险，故勇敢比其他品质重要；因为任何聪明才智离开了勇敢，就不能创造新的意念、产品或成果。

敢于质疑，是指在复杂紊乱的情境中，能保持冷静、临危不乱，质疑常见或容易被人忽视的地方，找出问题的核心及从多角度去寻求解决的方案。不会因遇上难题而退缩，反而敢于接受挑战。

创新动机强烈：创造活动大多是开拓性工作，以新事物代替旧事物，动机越强烈，创新的思维和实践的过程才会越强烈。

（二）从创意能力角度思考"教与学"

创意语文"教与学"的效果，除了考查师生的创意态度，还考查师生的创意能力。创意能力包括：智力、敏锐力、流畅力、变通力、独创力、精进力等。

智力是指人认识、理解客观事物并运用知识、经验等解决问题的能力。智力是创意的基本因素。

敏锐力是一种综合能力，体现了师生对事物的领悟能力、学习能力、判断能力，以及直觉感知能力。具备敏锐力的人一定是思想与时俱进的人，具有很强的创新意识和能力。

流畅力是指在限定时间内产生观念数量的多少的一种能力。在短时间内产生的观念多，思维流畅性就大。思维流畅性分为四种形式：用词的流畅性，是指一定时间内产生含有规定的字母或字母组合的词汇量的多少；联想的流畅性，是指在限定的时间内能够从一个指定的词当中产生同义词（或反义词）数量的多少；表达的流畅性，是指按照句子结构要求能够排列词汇的数量的多少；观念的流畅性，亦即能够在限定的时间内产生满足一定要求的观念的多少，也就是提出解决问题答案的多少。前三种流畅必须依靠语言，后一种既可借助语言也可借助动作。

变通力是指摒弃以往的习惯思维方式，开创不同方向的那种能力。富有创造力的人的思维比一般人的思维出现的想法散布的方面广、范围大，而缺乏创造力的人的思维通常只想到一个方向而缺乏灵活性。

独创力是指产生不寻常的反应和打破常规的那种能力，此外还有重新定义或按新的方式对我们的所见所闻加以组织的能力。富有创造力的人给出的题目较为独特，而缺乏创造力的人常常被禁锢在常规思维之中。

精进力，"进"是进取，"精"则包括精益求精，百尺竿头更进一步等，既要毫不松懈、精益求精、不达目标誓不休，又要不断超越。精进首先是"不退"，无论是遇到外在还是内在的挑战，都得有一种"狠劲"；其次，要保证精进力，必须强化"意焦"，即意愿、意志、意识三者的焦距；最后，精进力不仅包括追求目标中的百折不回，也包括对已实现目标的超越，即"告别力"。

上述创意能力的获得有遗传的因素，也可以是后天习得的。创意能力的获得需要学习者敢于质疑，善于提出问题、分析问题、解决问题，大胆探索、灵活思维，从多种媒体中获取信息并做出判断。教学过程中，教师应将上述因素融入教学内容以及解决问题的方式等各个环节当中，让学生在潜移默化中形成不拘泥、不守旧、勇于尝试、打破框框的精神，更好地促进和提高学生的创造力。

第二节　创意语文思维工具

创意语文运用学科哲学诠释学进行言语实践，基于语文学科观，在正确认识语文学科的基础上，运用方法，进行实践，特别是要用思维作为工具，才能更好地培育创意思维，培育语文核心素养。以下提供三大类创意语文思维工具。

一、十二聪明法

十二聪明法是我国创造协会研究者许立言、张福奎，还有上海市和田路小学在具体的实践中总结出来的思维创新的方法，其成果后来以《潜能与创造力开发》出版。十二聪明法的语言表述比较简洁，容易记忆，方便对创意进行开发和实际应用。十二聪明法共包含 12 句 36 个字。由于简单易记、方便操作，得到广为流传和使用，并得到了美国创造教育基金会和日本创造学会的承认。

作为创意语文思维工具的十二聪明法有以下 12 个类型：

（一）加一加

可以考虑在语文要素的基础上加些什么，加些新的理论、不一样的内容，增加一些材料，增加一些方法，增加一些环节，等等，采用加一加的方法可以产生一定的创意。

比如，教学《与朱元思书》时，加入《与施从事书》《与顾章书》进行群文阅读，产生创意。

比如，将统编初中语文教材加入在线教学进行思考、设计、实践，产生新的创意。

（二）减一减

进行语文创意思维的时候，可以有意识地采用减一减的方法，减去一些环节，减去一些材料，减去一些方法，减去一些时间……可能减一减之后，聚焦更加集中，方法更加准确，材料更加突出，效果更加到位，创意更有新意。

比如教学朱自清《春》的时候，遵从单元说明要求，去除内容景物描写分析，减一减，主要突出进行朗读朗诵的学习。

（三）扩一扩

进行语文创意思维时，可以将语文要素进行适当的扩展放大，将一些时间、材料、环节、方法适当地扩一扩，或者加深一下，也许可以产生不一样的效果。

比如教学八年级下册苏轼《卜算子·黄州定慧院寓居作》时，扩大阅读，联系八年级上册的《记承天寺夜游》，对苏轼黄州诗文进行群文阅读，以把握人物思想情感。

（四）缩一缩

进行语文创意思维的时候，可以适当地缩小一下语文要素的材料、方法、时间、要素，让另外一些环节更加精准到位，使教学效果更加突出。

比如教学《社戏》时，对文章的语言赏析，缩减范围，聚集在对童真童趣的心理描写上。

（五）变一变

在语文创意思维过程中可以改变语文要素中的文本、图片、方法等，也许会有新的创意出现。

比如教学《木兰诗》时，将统编版课本插图，变为以前的人教版、语文版的插图，进行比较分析，深入理解课文。

（六）改一改

在语文创意思维过程中，可能还存在着一些缺点，对于这些不足的地方怎样加以改进呢？可以采用改一改的方法。

比如教学《文言断句》时，课堂过程中进行断句类型分析占时较多，此时可以改一改课堂结构，将课内拓展改为课外拓展，这样不仅可以抵消前面用时过多的弊病，又可以将节约出来的时间用在闽南民居家风语句的教学中。

（七）联一联

在语文创意思维过程当中将语文的一些要素进行有针对性的联系，通过联系，找出相应的语文创意思路。

比如，在初三教学苏轼《江城子·密州出猎》时，联系八年级的苏轼在黄州期间的婉约词，在联系学前学中的作品中产生群文阅读创意。

比如，八下《饮酒（其五）》从"悠然见南山"联系到"望南山"赏析。

"望"字执着刻意,有心而为;"见"字从容自若,无意得之。

比如,王湾《次北固山下》,从"潮平两岸阔"联系到"潮平两岸失"赏析,各有千秋。"失"描摹江岸因春潮高涨而与水面平齐似乎消失了的主观视觉形象。"阔"字表达春潮把江面变得邈远无际,因而视野十分开阔的强烈感受,与"悬"一横一纵两相对应,声调响亮。

比如。李白《闻王昌龄左迁龙标遥有此寄》,从"随君"联系到"随风",进行辨析。

比如,常建《题破山寺后禅院》,从"初日照高林"联系到"初日朗高林";从"曲径通幽处"联系到"竹径通幽处",进行辨析。

比如,周敦颐《爱莲说》从"世人甚爱牡丹",联系到"世人盛爱牡丹"。"甚"与"盛"相较,前者仅能表示程度,"甚爱"不过"很爱""极爱""非常爱""特别爱"而已;而后者则除了同样能表示很深很高的程度之外,还有"繁盛""旺盛""隆重""丰厚""普遍"的意思,一个"盛"字甚至可以让人联想到熙熙攘攘的人群围观追捧牡丹的盛大热烈场面,其内涵和给人的想象空间恐怕不是"甚"字所能比拟的。

比如,文天祥《过零丁洋》,从"辛苦遭逢起一经,干戈寥落四周星。山河破碎风飘絮,身世浮沉雨打萍"联系到"辛苦遭逢起一经,干戈落落四周星。山河破碎风抛絮,身世飘摇雨打萍"。"落落"和"抛":"落落"有"众多"义,"干戈落落"意即"战火频仍",诗人自述其四年来轰轰烈烈的抗元经历,慷慨悲壮;作"寥落"则是哀叹兵力消耗殆尽,作为首联,悲观失落,气势全泄。而"抛"较之"飘"更有力,足见狂风之肆虐,以此形容时局之残酷、世变之剧烈,可谓恰如其分,作"飘"则让人联想起"枝上柳绵吹又少"之类,柔弱似小儿女语。

(八)学一学

在语文创意思维过程中可以适当地模仿学习其他的学科,进行跨学科的教学创意,或者模仿名家、优秀教师的课型课例,学习他们的内容、结构、表达等方面。通过学一学,进行跨学科跨媒介的融合研究,在学一学当中,可以产生新的语文创意。

比如学一学特级教师黄厚江、余映潮、肖培东等名师经典课例。

比如教学《雨的四季》时,学一学思维导图,用思维导图解读文本思路。

（九）代一代

在语文创意思维过程中，可以对语文要素进行相应的代替，通过替换，在语文要素、语文结构等方面产生新的创意。

在小说写作训练中，引入优作的结构，让学生在本人作品基础上，用优作结构代替原作结构，体验并发现效果优劣，从而提升作文结构设计的水平，产生创意。教学七下蒲松龄《狼》时，联系美剧《格林》，该剧按取材于《格林童话》，以作者格林兄弟能见隐藏于世间的格林怪物为思路，让学生以蒲松龄的门徒弟子发现隐藏于世间的异史怪物为借鉴，如《狼》。采取美剧悬念开头的结构，用代一代的创意方法，进行《异史志怪·蒲门》小说创意写作。

（十）搬一搬

在语文创意思维过程中，把语文的部分相关要素搬到其他地方，或者从其他地方搬到需要用的语文要素当中。通过搬一搬，可以听取不同的意见或建议，可以借用不一样的智慧，从而产生新的创意。

比如，教学《我三十万大军胜利南渡长江》一课，可以搬来历史教材中的相关文本与图片，组成群文阅读，理解新闻与史料的异同，在问题教学中深度理解。

（十一）反一反

在语文创意思维过程中，将语文要素的上下、前后、左右、内外、正反等方面，进行反向颠倒，也许能产生新的结果、新的创意。

比如，进行八年级下册《唐诗三首》的故事新编写作时，可以采用反一反的方法。在《卖炭翁》教学中不采用卖炭翁的视角，而采用黄衣使者、商户等的视角，反向立意思考，产生创意。

（十二）定一定

在语文创意思维过程中，为了提高语文学习的效率，解决某个语文问题，可以进行适当的规定，如与学生、与老师制定相关的规则、标准等。这样语文流程就做到了标准化，有章可循。制度化之后，效率更高，从而产生新的创意。

比如，初三中考前的复习阶段，阅读复习可以采用定一定的方法，确定课堂当场读、当场做、当场讲评，当场复习的复习规则，提高阅读训练的效率。进行词句赏析时，采用定一定的方法，确定应答套路，提高效率与准确性。

二、发散思维法

创造性思维能力是多元的，其中包含一些独特的认知过程和心理现象。发散思维可看作是创造性思维的基础。发散思维又叫多项思维、扩散思维、求异思维，是从一个目标出发，从不同的途径进行思考，寻求多种不同的答案的一种思维方式。发散思维，广度是必不可少的，这样才能更有利于进行创新。思维的广度是指大脑思考一个观念、一个问题过程中，可以在更大的范围内联想起其他的事物、观念、问题等。思维的宽广程度是发散思维、创意思维的主要特点。

语文创意思维过程中，发散思维是大脑在思维中表现出一种扩散性的思维模式，思维的视野更广阔，思维体现出多维的发散点，可以从不同的方面思考同一个问题，这样的创意思维更有可行性。

发散思维法，包括以下几种情况：

（1）立体思维。是在对语文要素进行创意思维过程中，注意从多方面、多角度，尽量多地进行思考，使语文的相关环节呈现出立体、多层次的特点，使语文教师可以进行筛选使用，从中找出更具创意的内容。

比如，进行《孔乙己》的教学时，可以从人大复印、知网等权威网站中了解名家或高质量的《孔乙己》的研究角度，多角度地进行学习与借鉴，从而立体地、多层次地把握该篇文章的特点，从中进行筛选使用，就能进一步生发出有创意的教学角度。

（2）逆向思维。是在进行语文创意思维过程中，为了创新或解决问题，采用反向思维的方式，寻求解决问题，从而产生出新的创意。

比如，对于《马说》一课主题的理解，就可以采用逆向思维的方式。"不知马"贯穿全文，可以创意设计以文末"不知马"的原因为探寻，从全文的十一处"不"字的关注词语，进行翻译和理解，并在理解的基础上进行分析，简述全文的论述思路。深度领悟否定词在语境中从反面立意的效果，并进一步以逆向思维来达成创意。这样的教学创意聚集一点，易于出新，创意效果较好。

（3）组合思维。语文创意思维过程中，可以将多项关联点，不是特别明显的要素，进行组合联系，使它转化为一种新的思维方式，从而达到创意目的。

比如，设计《梦回繁华》一课的教学时，围绕"梦"字，组合文中的"梦"进行教学突破。或者以"繁华"作为组合点，既是宋之"繁华"，也是当代中国之"繁华梦"，最后收拢为"中国梦"。

三、头脑风暴法

头脑风暴法，在语文创意过程中是一种比较常见的思维工具，是借助语文教师集体创造，达到创意思维的结果。语文教师一个人或者一群人，运用脑力进行创意思考，在较短的时间内，对具体的问题提出各自不同的创意，在大量创意的基础上进行筛选，增加组合变形，从而达成创意语文的目的。

头脑风暴法是一种比较大胆的，忽略一些常规，大胆进行创意开发的思维工具。它能够大胆地摆脱传统的束缚，进行无限制的联想和想象，从而激发新的创意设想。

头脑风暴法最常见的就是在语文教研组、备课组、工作室等环境中进行，语文教师在合适的气氛中大胆思考，各抒己见，从而产生出创意思想的火花，并进行相互碰撞。在创意火花碰撞过程中，进一步产生新的创意，一步一步地达到目标。在这个头脑风暴法的环节过程中，并不对具体的意见设想进行评论，不去考虑它的适当与可行性。在一种自由的氛围中，激发语文教师提出各种更大胆的想法，从而产生新的创意。头脑风暴法是一种比较有效的思维工具，在语文教科研环节过程当中，经常进行应用，并取得了较为成功的结果。

第三节　创意语文开发方法

创意语文倡导运用学科哲学认识论、方法论，讲究更实用高效的实践论、思维观。通过创意开发方法，有益地辅助诠释学、概念解读学的具体应用实效。语文教师教学创意是语文教师根据学生的知识结构情况、知识特性、学生心理需求，运用联想、直觉、移植等创造性思维方法，提出新颖的教学主题设想，设计独特的教学意境和表现情节的构思过程。为了更方便进行创意语文开发应用，以下整理出 6 种开发方法类型。

一、语文模仿创意法

语文模仿创意法，是语文创意的重要来源，是语文创意构思技法中最常用的一种方法。创意语文从模仿开始，是最有效、最可以看得到结果的一种方式。语文模仿创意法在语文创意方法中具有重要的地位，它的特点是通过模仿已知的相关项目来创建新的项目，从而达到语文创意教学的目的。

语文模仿创意法就借鉴模仿的程度可以分为三种层次：

第一，机械式模仿产生语文创意。语文机械式模仿，属于直接的模仿，独创的东西比较少。它是将其他教师比较成功的语文做法或者语文教学经验，直接吸收采用过来进行模仿借用。在实际教学环节中模仿的对象、模仿的痕迹比较明显。采用语文机械式模仿创意比较多出现在新教师身上。新教师经验不足，可以大量地机械式模仿优秀的教师或者名师；优秀教师的课型课例在一定阶段的机械性模仿过程中，可以让新教师快速掌握语文的教学方法，熟悉语文教学的规律，开始积累创意教学的经验，并逐渐形成自己的创意教学风格。

第二，启发式模仿产生语文创意。语文启发式模仿是在机械式模仿的基础上，进一步在名师、优秀教师的语文课型课例的启发之下，将其模仿借用过来进行适当的创造。优秀的课例扩大了语文教师语文创意的视野和语文模仿的领域，让教师从中获得启发式思维，也产生了新的创意，从而形成新的教学设计等语文成果。

第三，突破式模仿产生语文创意。语文突破是一种综合性的模仿。创意，是语文教师针对同一对象或者几种不同的对象有机地进行选择、运用，甚至借用到自己的语文创意当中。借用的元素，达到了一种突破式的质的变化，就形成了语文教师自己的独特的东西。它是在模仿的基础上进行，但痕迹已经弱化淡化，从外形来看是一种比较新的创意，这一般是名师级别的、高阶的创意思维。

比如，有教师到外地听了某名师《答谢中书书》一课，回来之后，直接模仿采用课前让四名学生上前台黑板进行默写板书的方法。默写后，教师针对书写错字，联系课文文本进行分析讲解。此环节，既训练了学生的背诵，又训练了默写；既找到了学生的知识缺漏处，又有针对性地进行分析理解。创意甚好，效率甚高，直接模仿，形成课堂创意。

二、语文类比创意法

语文类比创意法，就是选择两个或多个语文元素的相关对象，包括同类或者异类，对这些语文元素进行相似性或相异性的比较，从而产生创意。语文类比创意法的核心是异中求同，或者同中求异，从而取得语文创意的突破，寻求一定的语文创造性，产生新的项目，取得一定的有所创意的结果。

语文类比创意法的关键是通过已知的语文元素与新的语文元素之间进行比

较。相关的语文元素具备一定的相同或相异的属性。语文类比创意法在思维过程中有一定的不确定性。它可以帮助语文教师突破习惯的语文思维逻辑，在教学创意的逻辑思维上突破相关的局限性，寻找一种更新的有创造性的逻辑链，从而产生创意。

语文类比创意法要求教师应该具备较强的联想力，寻求已知和未知之间相关的联系。教师应该具备一定的联想甚至想象的能力。联想能力、想象能力越强的教师，越容易发现语文元素之间的关联性，从而更容易寻求语文创意的突破，从而达到解决问题的目标。

比如，前几年的文言文比较阅读，或者近几年方兴未艾的群文阅读，就是属于语文类比创意法开发语文创意的典型。

再比如，教学《孔乙己》时，根据课后练习五"积累拓展"，类比《药》等鲁迅的文章，探讨"看客"形象，产生教学创意。

三、语文逆向创意法

语文逆向创意法，是一种对传统语文教学思路、传统语文教学模式进行逆向思维产生创意的思维方法。它要求语文教师从反面倒推，进行创意开发，是一种反其道而行之的思维方法，可以让教师快速摆脱惯性思维的困境。

在以常规传统语文思维进行教学设计、教学实践出现思路堵塞的时候，可以运用逆向创意法进行创意开发，争取达到意想不到的教学效果。

比如，在九年级进行阅读文本"教学点"确定的教学设计思路，创意构思时，即可采用逆向创意法。我们习惯在语文检测过程中教学生怎么解题怎么答题，但部分学生在长期的训练中，语文解题能力并没有取得突破。此时可以采用逆向创意法进行教学设计，让学生进行自主命题，根据命题拟制答案，并写出解题的思路，从命题者的角度去体验命题的过程，从而了解反向答题的整个流程，加深和加强答题的深度与准度。

四、语文转移创意法

语文转移创意法，就是在语文教学过程当中，将解决语文问题的途径，采用转换的方法进行。通过另谋他途换向思维产生新的创意，从而达到解决问题、掌握语文知识的结果。语文转移创意法具有思维的灵活性和变通性，灵活使用可以达到事半功倍的效果。

要达成语文学习的目的，在教学过程当中往往不是只有一种教学方式。语文学习具备多种可能性，要达到掌握语文学习目的，运用学习手段也有多种途径，这就为语文转移创意法提供了方法上的可能。换一种思路，转移一种创意，也许更能让学生达到学习掌握的目的，能让语文教师的教育教学成果更加显著。

比如，针对部分学生写作期间对选材把握不准的情况，针对国家进行劳动教育的新时代的育人要求，可以进行语文综合性学习的活动创意设计。创意进行学生周末参与图书馆整理图书的志愿者活动。在活动中体验，在活动中培育精神。在项目活动转移过程时，又兼顾学好写作、体验劳动，一举两得。

五、语文移植创意法

语文移植创意法，是一种跨领域、跨学科的创意方法，它是借用某一领域的相关原理方法或者技术，将此当中的构思移植到语文学科当中，从而采用新的研究方法手段，或者产生新的观念的创意开发方法。

目前的语文学科已经特别重视其他领域、其他学科的理论等跨学科研究对语文学科的影响。语文教学进行创意开发的时候可以灵活地使用移植的方法进行。

比如，采用项目式学习，将语文的学科活动根据活动目标设计成一个项目进行研究和实施开发成果。

再比如，针对这几年国家提倡的劳动教育、五育并举立德树人的培养人的目标等要求，就有专家和教师借用心理学领域的认知理论，用来研究语文和身体劳动之间的关联性，这就是移植创意开发的一种体现。

以八年级上册第一单元"新闻单元"为例，学新闻、写新闻、读新闻、用新闻，可以将其创意设计成一个项目式学习的活动，并进一步有机形成一项"学习任务群"，增强对情境的学习理解。

六、语文组合创意法

语文组合创意法的应用比较广泛，是一种常用的语文创意构思方法，属于具有加法特性的一种创意方法。创意组合的基本要求是要将组成的语文要素结成某种关联性，并成为一个具有联系性的整体，从而达到辅助语文教学、提升学生语文核心素养的培育目的。

语文组合创意法根据组合开发的难易程度、繁简程度，以及组合的创意，可以有三个层次：

第一层次，非切割性的组合创意法。

语文非切割性组合创意法，是在现有的语文要素的基础上，不加太多的改造，只是适当进行结构内容等方面的组合改变，让原来的功能经过组合可以直接进行应用。比如将统编初中语文教材中的插图，直接与课文相关文本进行组合，就可以形成非连续性文本阅读的教学。这种组合并没有进行特意的切割，而是直接拿来进行组合，就可以达到较好的创意目的。

第二层次，切割性的组合创意法。

语文切割性的组合创意法，需要将现有的语文要素中的部分内容或部分结构要素进行切割，重新组合，从而形成新的教学系统，是一种比较典型的加法组合，也就是将几项要素加在一起进行组合，从而产生新的创意。比如，将记叙类的文章与话剧表演进行切割创意组合，产生了课本剧这样一种符合学校学生实际的话剧形式。

第三层次，飞跃性的组合创意法。

语文飞跃性组合创意法，是指语文教师运用长期积累的语文理论、经验和拥有的语文知识，在一定信息的触发之下，产生了一种创意性思维的变革，达到了飞跃性的语文创意，产生了与传统的语文要素不同的新事物，这是一种比较高层次的组合创意开发。比如，创意语文，就是对哲学、思维科学、心理学、教育学、语文学科等进行重新整合，产生新的飞跃性的理论和实践的教学主张。

在进行九年级中考复习的写作训练时，与学生一起进行2019年福建省中考语文作文题目"最好的作品"的概念解读，就是使用学科哲学的概念观进行解读，再组合辩证法，从"最好的"与"最不好的"正反两面组合理解概念，并对"作品"一词的概念进行本义理解，比喻义、引申义理解。把握好作文标题的概念的内涵与外延，再与学生日常写作训练中积累的素材进行组合，这样就可以产生新的写作创意，提高作文的质量。

第四节　创意语文课堂教学模式

教学模式是在学科哲学学科观认识论的基础上，对方法论实践论进行具体可操作化的流程设置，是对语文学科辩证法、思维观、素养观的一种实用性整合。它是学科哲学教学理论的具体化，是教学实践的概括化的形式和系统，具有多样性和可操作性。因此教师对教学模式的选择和运用是有一定的要求的，教学模式必须与教学目标相契合，要考虑实际的教学条件，针对不同的教学内容来选择教学模式，当然首先还是要了解有哪些教学模式，它们的特点是什么。学生的认知水平和学科素养是动态发展的，所以在教学中要随时根据学生的学习状况灵活调整教学方式、方法及教学策略。

创意语文的课堂教学模式，是由学科哲学的课堂教学模式五步骤：审题导入、概念推演、素养建模、探寻价值、反馈检验，进行语文学科化整合，调整为以下五步骤：创意设计、概念推演、素养建模、目标探寻、反馈检验。

第一步，创意设计。

一要审明题意与范围，二要明确立意或立论，三要明确体裁与表达方法。综合考量后，形成并确定课堂创意，进行激学。创意设计课堂教学内容，从唤起学习的角度进行课堂导入。

第二步，概念推演。

处理概念与内容的关系。以概念观统摄教学设计与教学实践。以概念、创意为出发点，以概念、创意为设计点，以概念、设计的达成为成果点。首先，发现创意点，确定核心词语并理解；其次，探究创意点概念被支撑的根据、关系、条件；然后，把创意点概念从抽象的概括还原为具象的丰富；最后，总结创意点认知规律与方法。

第三步，素养建模。

一是要以"是什么，怎么样，为什么"构建问题式认知；二是保持开放性，以不断的追问，赞赏每一个追问的念头都有非凡的价值；三是追求创新性，以创意综摄课堂教与学的建构，培育学生学科核心素养。

第四步，目标探寻。

以语文核心素养的四大方面作为主要目标进行探寻。学科的语言目标：语言的建构和运用；学科的思维目标：思维的发展和提升；学科的审美目标：审美的鉴赏和创造；学科的文化目标：文化的理解和传承。课堂教学目标的达成是关键，探寻过程是达成目标的保障。目标的探寻依教学创意点确定。

第五步，反馈检验。

一要评价目标探寻的达成效果，有效学习、高效学习是重点。二是要留出课堂时间检测教学效果。运用学科哲学指导下的创意语文的课堂教学模式五步骤时，要注意三点：一要把符号、图形、公理、定律、公式、方程等作为大的语文概念来解读（在具体言语实践中属于非连续性文本范畴）；二要通过激发创意，培养学生自学能力，培养学生创新能力；三是不论什么科别、课型，不论采取什么教法、学法，都要按照课堂教学模式五步骤程序灵活操作。

第五节 创意语文教学法

学科哲学的理论，要将抽象的方法论、实践论结合学科实践进行转化，转化为具体可操作的教学法。全国初中已经全部使用统编语文教材。从教材看，统编版教材采取"双线组元"，有很多新的教育教学的要求。从选文来看，统编初中语文教材有一些新篇目，怎样教好新篇目？还有一大半是传统经典篇目，怎样在老经典上教出新的味道来？这些都成为语文老师面临的一个新挑战。如何对统编课文进行新的教学探索？在"教读+自读+课外阅读"的单元课文类型的排列基础上，新的教学探索可以尝试对统编语文教材进行创新使用。创意语文探寻名师案例，归纳出新的教材教学使用的教学流程。从教学流程中，进一步混合使用多种教学方法，最后凝聚成新的教学法。

创意语文教学法，力求在教学中达到新的思考、实践、创新的效果。用温儒敏先生的话来说，"不要老是一套固定程式，应当根据课文内容、文体以及单元要求的教学目标，来设计不同的教案程序，突出每一课的特点和重点"。

传统语文教材教学法，主要为讲授法。流程模式如下：

介绍作者；时代背景；音字词义；朗读快读；

划分结构；逐层讲解；品析语言；人物分析；

写法归纳；主题概括；拓展阅读；布置作业。

创意语文教学法，是"整体型"教学法，是统编初中语文教材创新使用的教学法，流程模式如下：

活用教材要素，创意整体设计；教前研单元语，依文确定内容；

取舍依据学情，隐含评测考点；精创设主问题，导学生深思考；

教学评一体化，高效化繁为简；鼓励多元想法，语用读写连动。

目的：每课有得，推至一类。

教学流程特征：针对课文具体文体，从学生实情出发，进行创意的课堂教学设计，充分考虑单元说明、导语、旁批、课后阅读提示、作业系统等要素，精心设计能让学生参与、深入思考的主问题，带动问题群，层层思辨。从而提升学生思维的品质，达到高效学习，深度学习的目标。

创意语文教学法，是注重教师主导性，整体设计，实施创意教学，运用各种教学手段，激发学生创造性思维，从而积极主动地掌握学科知识，形成能力，提升核心素养的教学法。教师创意设计，设置情境任务，提供多元资源，在师生交互生成中，促进学生分析、综合、抽象、概括等活动，最后产生创意成果。

创意语文教学法特征：在多元资源中学习；在情境任务中生成；鼓励积极语用表达；敢于产生不同看法；追求产生新想法或激发创新。

第三章

创意语文教学策略及案例

学科哲学是统领性的教育理论，也是对具体教学实践的抽象研究。在创意语文学科观的指引下，言语实践需要运用认识论，进行方法论实践论指导，将辩证法概念观、思维观、素养观融合为具体的教学策略。创意语文进行"整体型"教学策略的研究。

一、创意语文"整体型"教学策略的提出

传统的语文教学策略，一般是以一篇课文或是以一堂教学课为单位，进行备课或教学活动。这种教学策略具有教学范围局部化的弊病，缺乏建立在教材、学生基础上的整体教学观。由于在课的内容的设计上过于单一，难以全面、持续地贯彻《义务教育语文课程标准》提出的"语文课程致力于全体学生核心素养的形成与发展，为学生学好其他课程打下基础；为学生形成正确的世界观、人生观、价值观，形成良好个性和健全人格打下基础；为培养学生求真创新的精神、实践能力和合作交流能力，促进德智体美劳全面发展及学生的终身发展打下基础"。同时，统编教材倡导"教读—自读—课外阅读"的教学体系的实施，为了能全面地在教师与学生、新课标与新教材之间找到一种创意语文教学策略，全面培育和发展学生的语文核心素养，创意语文提出并实践"整体型"教学策略。

二、创意语文"整体型"教学策略的特点

"整体型"教学策略，是根据语文课程标准，遵循语文教学规律，以及学生身心发展规律，整体建构教学课程的一种策略。它包括两个层次：

宏观层次："整体型"教学策略要求教师以整个初中或高中阶段的语文为一个整体，构建教师个体的初中或高中创意语文教学体系。同时教师以学生的初中或高中阶段为一个整体，构建学生个体的知识掌握、能力培养、个性形成的

发展体系。

微观层次："整体型"教学策略以语文课文每一册为一个大整体，每一册有六个教学单元，以每个单元为一个小整体，统筹建构授课内容。与此相符合的是，在教学时间上，将一个学期的教学时间分成六个有机组成部分。

在课的结构上，打破传统的课时特点，一方面在单元小整体内，构建教师"统—列—构—启—创—测—评—拓"的教学结构，也同时构建学生"审—寻—读—思—疑—写—改—移"的学法结构；另一方面在教学内容上，整合教科书知识，串讲合讲；在课型上，同时将以前属于课外活动课的学习方法指导课、语文活动课、阅读名著课、批改课等构建进教学课堂，使之成为"整体型"教学策略的一个组成部分。

在"整体型"教学策略中，教师在教学设计上须体现出整体建构的特点，既要整体地设计好教师的教学活动，又要设计好学生主体参与的活动；既整体地设计知识的传授，又要设计能力的培养，更要整体地设计出学生发展健康个性、发展健康人格、关注情感态度价值观、全面提高素质的逐步形成过程。

三、创意语文"整体型"教学策略遵循的原则

教学策略是先进教育教学理论与教学实践之间的一种中介，包括教学思想、教学方法、结构整体设计等。"整体型"教学策略遵循以下原则：

1. 整体性原则

整体性原则是指教学任务和教学活动必须具有整体性。在教学任务上，培养青少年学生在德、智、体、美、劳几方面得到发展，具有高尚的道德品质，掌握和现代科学技术发展水平相适应的知识体系，培养综合素质，成为充满个性的"人"。在教学活动上，教学策略由一系列教学要素（包括课型、课时、课堂结构等）构成一个完整系统，这要求教师在整体教学过程各个环节，必须协调好教学诸要素之间的关系，使各种教学要素有机配合起来，在共同达成教学目标的过程中产生良好的整体效果。

2. 民主性与开放性原则

民主性原则是指教师发挥主导作用的同时，还应充分调动学生学习的积极性和主动性，重视学生情感、意志、动机、信念等人格因素的价值，在民主气氛中，使教学过程完全处于师生协同活动、相互促进的状态之中，促进学生人格的健全发展。

开放性原则是指在教学活动中，打破课堂教学的时间与空间的限制，实现

课堂与社会生活的结合，在课堂教学中激发学生的活力，不断引起学生理解、认知、探索、发现，以及想象和表现的欲望；同时建立教学的多元化和多向联系，师生之间和生生之间有多向交流，教师、学生与教学环境和教学设备有多向联系等。

3. 活动性与创造性的原则

活动性原则指学生在课堂教学活动中有足够的能动性，确立学生在教学活动中的主体地位，同时教师精心设计和具体实施教学活动，使学生通过多种活动和充分的活动时间、空间，既能够实现理解、认知、探索和创造，又能够得到体验、交流和表现。将学生参与活动的时间、空间、方法、内容等都构建进课堂教学中。

创造性原则指在模式中，要以素质教育创新思想为指导，教给学生创造性思维方法，引导学生参与创造性活动，培养学生创造力，树立每个学生都是有创造潜力的人的观念，特别是珍惜学生创造性思维的萌芽。

四、创意语文"整体型"教学策略的基本框架

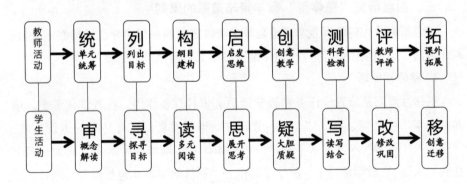

五、创意语文"整体型"教学策略五章程

只有坚持学生的主体地位，才能充分发挥学生学习的积极主动性。教师要为学生创设课堂教学策略，有效提升学生的学科素养，培养他们的实践能力。创意语文采用学科哲学教学策略五章程：统筹性备课、思辨性设计、纲目式建构、创造性教学、科学性检验。

统筹性备课：通盘考虑教材研究、教法研究和教学目的。做好教材解读、课标剖析、学情了解（学生问题）、材料精选，完善知识的接驳点，旧知新知的过渡处，难点的障碍跨越，重点的深刻记忆。

思辨性设计：运用辩证思维能力，创设情境，制造思维冲突，思辨设疑，师生互动。少而精、讲与练、阅读与表达、解惑与存疑，种种的对立统一法则为思辨性设计指明方向。

纲目式建构：从课程核心出发，按认知规律、能力训练、课程进度、活动方式重构概要或细则，确定教学主题，厘清核心概念，进行学法指导，绘制思维导图。

创造性教学：深入教材获得真谛，浅出教材高屋建瓴，人无我有，人有我优。既有宏观，也可以微观。大到教学主题的确立，小到一则材料、一道习题的选取，都要有创造性。

科学性检验：主要是发展性评价和综合性评价。

六、创意语文"整体型"教学策略实践

课程改革理念给语文教师的课堂教学带来了新的思维。如何灵活运用教学策略，既夯实学生的基础知识技能，又构建一个充满活力的课堂？广大教师带着这个问题，进行了大量的教学实践。"整体型"教学策略在教学设计上，以单元为一个整体，设计了几种以学生为本、以活动为载体的课堂教学模式。现在就编教材教学单元为例，谈谈"整体型"大单元教学中的教学策略实践。

（一）采用经验先行的方法，尝试先读后教

七年级上册第一单元是一个承前启后的单元，它特别注意和小学课程的衔接。为了让学生更快地适应和熟悉初中语文学习，应充分地考虑调动学生已有的经验。因为只有学生自己的经验，才是学生自己感受最深的地方。第一单元"单元说明"中写道："学习本单元，要重视朗读课文，想象文中描绘的情景，领略景物之美；把握好重音与停连，感受汉语声韵之美。还要注意揣摩和品味语言，体会比喻和拟人等修辞手法的表达效果。"《春》《济南的冬天》都要在课堂上重点进行重音和停连的朗读；个人读，小组读，全班齐读。出声读、默读相结合。到了第二单元，对《秋天的怀念》《散步》"继续重视朗读，把握文章的感情基调，注意语气、节奏的变化"。来到第三单元，对《从百草园到三味书屋》《再塑生命的人》进行"学习默读。不出声，不动唇，不指读，不回看，一气读完全文，保证阅读感知的完整性和一定的阅读速度"。

（二）采用诵读促学的方法，尝试先诵后学

在课文的诗歌教学中，要求每个学生再准备一首同一诗人的诗作，或同一

题材的诗作。在班级教学中，以接力形式，先诵读，后学习。和学生一起学习并了解"诵读的要求"，让学生了解诵读时要注意音量、音准、语速、轻重音、熟练程度、表情等要素。学生上讲台朗诵，教师学生在台下倾听、评价。这样，既教给学生朗读的方法，又培养了学生揣摩语言文字的语感。

如教九年级上下册的第一单元时，有学生由艾青的《我爱这土地》，选择了《雪落在中国的土地上》进行诵读。也有学生选择了同属于爱国诗的舒婷的《祖国啊，我亲爱的祖国》。这既可以增加学生阅读诗歌作品，也可以开拓学生搜集诗歌的范围。学生先诵后学的经验，也让教师在诗歌教学中显得更从容。诵读促学式教法，为学生诗文的积累，提供了一定的情境，它让学生可以依据文本，讲究诵读方式，运用多变的读法，在诵读中不断积累语言和语感，进一步提高语文素养。

（三）采用读写一体的方法，尝试先写后教

生活中有些事情会引起你的兴趣，给你以某种启示，使你久久难以忘怀。这些事情触动了你，会使你情不自禁地拿起笔，把它们记下来。在采用学生读写一体的思路下，可以设计这样的课堂教学方式：发言稿导入法。在《风筝》中"第五段里谈到'游戏是儿童的最正当的行为，玩具是儿童的天使'一句，结合全文说说'我'原来的看法，并谈谈你对儿童玩游戏的看法"。设计发言稿题目为《我印象最深刻的一件玩具》。结合冰心的《忆读书》，让学生谈谈《我印象最深刻的一篇文章（或一本书）》，结合丰子恺的《山中避雨》中"乐以教和"的主题，让学生谈谈《我印象最深刻的一首歌曲》；结合马克·吐温的《我的第一次文学尝试》，让学生谈谈《我的第一次_____》。

以上几篇文章，作为学生的发言稿，先引导学生进行回忆，唤起经验，尝试创作，形成一篇发言稿。每节新课前，组织一部分学生进行发言。这样学生在阅读语文作品时，就有了一种想说话的感觉，对于初中语文，不再感到畏惧。先写后教，既让学生更关注教材内容，也引导学生唤起经验，以经验进入新课，这样可以进一步加深学生的语文感悟能力，强化学生的综合运用能力。

（四）采用二次创作的方法，尝试先学后编

在以"想象"为主的七年级上册第六单元整体备课中发现，这几篇文章特别适合改编为剧本。在整体教学设计上就可围绕剧本创作来进行。同时单元里的几篇文章也很适合进行续写。为此教学重点在整体设计中可有所区别。一个班级，围绕《皇帝的新装》这篇文章组织学生自由组成续写小组，以小组为单位，互相交流学习心得，统一续写的篇目。发挥联想、想象，相互补充，续写剧情内容。另一个班级，可围绕《女娲造人》，将其改编为课本剧展开教学。本文场景相对比较集中，特别适合改编为课本剧，可以让学生带着创作剧本的任务来阅读课文。学生以小组为单位，自由组成一个创作课本剧的小组，他们边学边联想、想象，结合话剧的特点，确定剧中人物、道具、背景、旁白等，对课文进行二次创作，适当改编。二次创作，是学生根据文本，结合自己的经验，融入了思想感情，插上了联想想象的翅膀的一种再构思，它包括如编写课本剧、学演话剧小品、讲故事、续写、扩写，等等。

学生在二次创作中，潜能得到了释放，思路得到了开拓。他们的创作是对课文活学活用的过程。在这个过程中，学生对所学知识加以选择、判断、解释、演绎、运用，从而有所发现，有所创新。学生的创新意识和能力得到了提高。

（五）采用感悟摹仿的方法，尝试先教后仿

七年级下册第四单元里有几篇古文佳作，如《爱莲说》《陋室铭》等。七年级学生对于文言文还比较陌生，因而采用先教学，后仿写的方法。组织学生先期尝试翻译，了解其意思，弄清内容，讨论文章的主旨。这样，学生在熟悉课文后，可引导他们进行仿写。仿写以紧扣原文结构为主，培养学生文言文的语感，感悟文言文语言的精练。学生经过系统学习，反复讨论，集体合作，根据范文模仿创作出如《爱梅说》《爱兰说》《教室铭》《寝室铭》《卧室铭》等仿写习作。

感悟模仿式，重在让学生感悟比较生疏的文言文的特点，在熟读、背诵的基础上，进一步让学生结合原文进行模仿。先教后仿，解决了学生的理解障碍，活跃了学生的思维。

（六）采用活动体验的方法，尝试先访后写

八年级上册第二单元是传记单元。结合单元后面的《写作：学写传记》和第一单元的《活动·探究——任务二：新闻采访》《口语交际：讲述》，将这三项活动整合在一起，设计了"采访家长，为家长立传"的活动。活动要做好，要先做好采访任务。学生与家长在一起生活了这么多年，有些学生对于自己家长的事迹知道甚少。我们应开展这样一项活动，让学生通过采访，及时地与家长进行沟通，在沟通中进行适当地记录。整理出家长的姓名、生年、籍贯、家庭、爱好和主要经历。同时也要了解传记的一些特点。做好了这两步搜集积累的工作之后，就可以开始进行创作。家长传记的内容，要有所筛选，教会学生突出家长重点事迹，力争反映出令子女骄傲的事件。同时可以在传记中写出自己的理想，也可以写出对人生和社会的看法。活动体验的设计要从学生的实际出发，活动内容要能联系农村学生的现实情况。活动过程让学生参与其中，开口采访，动手操作，忙在其中，乐在其中。学生在活动中有了体验，进一步激发了其学习兴趣，调动了积极性，又让学生有了真实的亲情感受。

上述几种语文单元教学策略不是孤立存在，而是根据课文内容灵活安排，在教学上显得生动盎然，深受学生的喜爱。通过设计这样的课型，能最大限度地调动学生的积极性，让学生喜欢语文、爱上语文，从而调动自身的语文学习进取状态，在潜移默化中提高语文素养。

七、创意语文"整体型"教学策略的实践和效果

在"整体型"教学策略中，根据每学期的课时安排，将每单元的教学时间控制在15个课时左右，统筹构建好教学过程的各个环节。经过一个阶段的实践，产生了以下效果：

（1）师生对课文的构建是以语文科为一个大整体，以每一单元为一个小整体；而不再是单一的课堂、零碎的课文，不再是各篇课文的"各自为政"，这便于知识讲授中的能力培养。在构建初中第一册"大整体"时，应先整体地使学生认识学习语文和生活的关系，构建师生语文是用来反映生活、服务生活的"语文观"。这样联系生活地学习语文，既"导流"，又"开源"，有利于学生生动活泼地、主动地学习，也有利于学以致用和学文育人。以此来构建第二单元"小整体"时，我们就可以围绕"学校生活"这一主题，整体感受中外的不同课堂，并使学生同时感受自己的学校生活。

（2）"整体型"教学策略拓展了课堂内只讲授教科书的范围，将课外文章和语文活动引进课堂内，扩大语文的范围，建立"大语文"的观念，将"大语文"活动安排在课堂内进行。

由于模式对教学时间的整体构建，我们可以将和教材相配套的《语文读本》，以及课外文章等引入课堂教学，让学生把课内学到的阅读方法迁移到课外，举一反三，养成阅读习惯，获得自读文章的能力。如学完朱自清的《背影》，为进一步感受父爱，可以迁移地学习美国作家艾尔玛·邦贝克的《父亲的爱》。另外，可将语文活动课程纳入创意语文教学的内容中来，每一单元结合书后的"实践活动"，安排一定的语文活动，如阅读活动、演讲活动、辩论活动等。如上完《愚公移山》后，可以组织一场"面对面：愚公移山好还是搬家

好"的辩论课。在课外可以组织学生进行"研究性学习"，或搞社会调查，参加课外的积累生活和积累语言的活动，从而把课内学习的内容引向更深层次的思考，又把社会问题引入课内。课内外学习互相结合，相得益彰，让语文与生活同在。

（3）"整体型"教学策略要求整合教科书的内容，开拓知识点的学法，运用串讲、合讲的教学方法，提高教学效率。

师生在单元学习前先利用一课时进行学习方法指导，接着进行全单元的课文预习课，扫清字词障碍，这样就贯通了单元内容，读活了文章。然后引导学生串读，启发思维。鼓励学生善于提出问题、分析问题、解决问题，触动创造性思维的萌芽。教师则善于指导学生归纳学习中质疑的重点、难点、疑点，同时展开师生讨论，实现思维互动。

比如，七年级上册第一单元在通读前三篇文章后，可以以"大自然四季美景"中的"人"这一条线索，横向合讲三篇文章，以人为核心，以四季美景为辐射点，体味各具特色的四季。接着再对三篇文章中的精彩之处，细细品读。再如新教材的课文包括两类：一类是"选文"，包括名家名篇、优秀时文等；二是进行基础知识能力训练的"短文"。在"整体型"教学策略中，可以采取用"选文"教学，再引进"短文"巩固提高；也可以用"短文"训练技能，再带动"选文"学习的办法。比如，九年级下册单元的训练重点是筛选信息，可以让学生学习课文之后结合"短文"归纳出方法。而学习到下一单元时，先学习和训练"短文"，把握文意的方法，再学习"选文"，加以领会，强化能力训练。

（4）说读写改在课堂中完成，提高学生素质，减轻学生负担。

"读写"这两种能力的培养在传统教学策略中就一直是重中之重，在"整体型"教学策略中，更是注重"读写"的能力培养，并在此基础上，引入"说改"能力的培养，同时将其放到与"读写"相等的地位。其中最有创新的一点就是批改课的增设。在批改课中，除了对作文的批改外，更主要的是包括了学生的自我检查，教师或学生的结果评价，师生结合起来处理遗留问题，构想新的任务，等等。批改课与口语课、阅读课、写作课的并驾齐驱，发挥了学生的自我意识，促进了学生个性的健康发展，使学生除在接受由教师进行的外部反馈外，还学会了自我反馈。

结合统编语文教材的教学实践，以下对创意语文在具体教学方向上的八种教学策略类型进行分析。

第一节 求精：教读课作业系统课程化教学策略

2019年11月教育部印发《关于加强初中学业水平考试命题工作的意见》后，各省陆续取消了考试大纲，严格依据《义务教育语文课程标准》命题，将依据考试大纲进行的"考什么，教什么"的错误倾向，纠正为"学什么，考什么"的正确方向。但是，《课程标准》规定的教学内容指令性强而操作性不够具体，落实《课程标准》要求的教学过程与备考路径也很模糊。统编初中语文教材依据《课程标准》编写，就成了中考语文命题的重要依据。统编语文教材是《课程标准》内容和目标的分解，是课程内容和目标的具体化。教材与课标的紧密关系，使语文教学进入了"以本为本"的时期。作为精教精学的教读课，成为重要的学习范本。而教读课后的作业系统，成了沟通课标和教材的重要的教学方向，也是创意语文落实质量的重要"教学点"。

创意语文教读课作业系统课程化，是对教材教学内容在学生素养培育上的能力迁移的纽带，也是教师呈现教学创意、培养学生创意素养的重要途径。现以统编教材文言诗文《木兰诗》的教学为例，谈谈作业系统课程化课堂化创意教学的策略。

一、教读课作业系统创意教学要课程化设计

统编初中语文教材应用新形势。国家基于立德树人根本任务等人才培养的设计框架，开启了统编初中语文教材的编订工作，并于2017年秋季在全国统一使用同一套初中语文教材。这套教材中的选文、作业系统、助学系统、读写系统等充分体现了国家的意志，体现了教育的目标。可见教读课作业系统的设计是一项科学而谨慎的工作，是国家和教育的目标载体。而中考考点是国家意志、语文核心素养等要素在学生检测中的体现。统编教材教读课作业系统的题型与福建省中考考点的题型非常接近，二者有必然的联系。可见教学作业系统就是对中考考点的贯彻。

基于传统语文课堂教学策略的弊端。传统语文课堂教学策略，无论是一课时还是两课时，大体依照以下流程：新课导入、作者介绍、时代背景、正音字词、结构划分、文章解读、人物形象、写作手法、情感主题、拓展延伸、布置作业。传统课堂策略，便于操作，求多求全，很多语文教师依赖于此。但是新的教育形势已经说明这种教学策略有点滞后、低效。比如，时代背景、作者介

绍已经不再成为福建省中考考点，从这个角度看应该淡化。虽然这些也是文本解读的一个组成部分，但只需随文解读即可，不一定作为必备的一个部分进行。再如一篇文章的写作手法，方向较多，而作业系统中的语句赏析只针对一个部分，有聚焦点。求多求全的学法解读容易分散注意力。

由此，对统编初中语文教材教读课作业系统进行课程化课堂化的重新建构很有必要，应成为语文课程中的必然部分，而且值得进行教学实践。教读课作业系统课程化设计，指以教读课作业系统进行创意设计教学完整流程，占用主要的教学时间，在教学课程中进行实践，并成为持续的教学组成部分。

《木兰诗》可融合读后"思考探究、积累拓展"四道题进行课程化教学设计，注意进行内容的充实和深化，抛弃旧有设计思维。

二、教读课作业系统创意要课堂化教学

作业系统课堂化，指的是对作业系统中的练习题，不是停留于与学生进行问题的解答、分析问题校对答案的程度，而是在对作业系统问题研究的基础上，考虑学生的学，从学生的学和学的过程的角度，最终指向学生的"学得"。

课堂化也就是说作业系统应该在课堂中进行教学，围绕作业系统，教师创意进行研、进行教，学生进行学。在教与学的交互中，在课堂的时间空间的环境中，达到更有效学习的目的。

三、教读课作业系统创意教学要问题式推进

统编教材作业系统大多是三个部分五道试题。整体的体量不多，可以按一篇课文两节课的时间安排三五道试题讲两节课。从旧有的教学习惯看，五道试题似乎二三十分钟就能解决，原因是教师停留于简单教学与对答案。学生的学和学的过程没有呈现出来。此时可以对作业系统进行问题化设计，围绕每道课后试题作为主问题进行教学设计，在主问题之下进一步设计一系列的子问题，或者问题群，通过其间相互的联系，对主问题进行逐渐深入的思考和解答。学生在问题群的有层次的思考和解答过程中，逐渐培养问题思考的深度，逐渐形成问题解答的准确度，从而提升学生问题思维的品质。

以《木兰诗》为例，在练习三"千百年来，木兰的形象一直深受人们喜爱。读完课文后，你认为原因是什么？木兰的哪些品格最让你感动？"关于木兰形象的理解和分析，本课设计了"我从文中＿＿＿＿读出了木兰是个＿＿＿＿女子"的句子助学。在主问题之下，形成问题群，对课内文本层层分析加以突破。

四、教读课作业系统创意教学要深度化学习

作业系统针对问题进行教与学。通过主问题和问题群的设计，逐步引导学生对于问题进行深度化学习，问题思维的品质在问题群的思考过程中得到了培养和提升。

华东师范大学课程与教学研究所所长崔允漷教授说过，有质量的学习都是深度学习。对于一个问题，比如，最常见的语句赏析中的表达方式的学习，不仅仅要了解它为什么使用叙述的表达方式，还要知道这种表达方式体现在哪里，并进一步思考作者这样使用的好处在哪里，这样才能真正学习和掌握这种表达方式。

《木兰诗》一课，在分析人物形象之后，创设的"千百年来，木兰的形象一直深受人们喜爱的原因是什么?"这一问题有深度学习的意味，不仅在于它要求做人物形象分析，也在于其要求深度思考人物内涵。

五、教读课作业系统创意教学要固化方法

作业系统的设计是系统性的，初中六册教科书统一设计。以教读课每篇课后练习都出现的语句赏析为例，六册教材的课后练习中没有出现重复的知识点。在八年级上册《社戏》一课课后练习中，对于表达方式"叙事、抒情、议论"的知识点学习也不会在另外一篇课文中出现。这说明对于作业系统的每个题目题型，问题的方法解读、方法掌握，都要最后固化方法，让学生真正掌握方法。语文知识技能的学习，不再是反复学，劳而无功地耗时费力地学习，而是追求有效率有效果的知识和方法技能的掌握。

《木兰诗》练习四，侧重对"互文"的学习，题目提示"上下句的意思是相互交错、补充的"，本课设计时可以以"互文"为知识点，结合练习在课堂上进行分析讲解，关键点是要学生掌握这些知识，固化对"互文"理解的方法。

六、教读课作业系统创意教学要大单元协调

统编初中语文教材对作业系统问题的设计也体现了大单元教学的特色。问题设计不再出现重复交叉的现象。前一篇课文学过的知识点，没有掌握，还需要在下一篇课文问题中进行学习掌握这种费时费力的现象不再出现，而是通过六册课本全学段的整合进行有机设计，体现了一种全覆盖和整体性。因此也要求语文教师对初中六册全单元进行大单元教学整合，统一协调，这样才能清楚地知道哪些语文知识、语文技能在哪些篇目中出现，并在教学设计中加以凸显

和强化。

《木兰诗》突出了对作业系统的学习，文言文的其他知识技能，需要在大单元的设计中，在其他课文进行学习，取得相应的关联性。比如，在学习七下古诗文《河中石兽》时，要根据成语找到相应的留存，就可以联系《木兰诗》中的"扑朔"等词进行。

七、教读课作业系统创意教学要随文知识点

作业系统课程化课堂化教学设计之后，知识点的安排呈现碎片化、随机化的特点。一方面是突出主问题、主教学点、主考点，另外一方面次要的知识点、次要的教学点要加以随文化，也就是在教学过程中随时随机地穿插其中。

比如，作者介绍、时代背景，可以在讲练习一"《木兰诗》是一首叙事诗，叙述了一个传奇的故事"时进行以上两个随文的环节穿插讲解。

八、教读课作业系统创意教学要确定教学点

从以上分析角度看，最后落实的还是对语文教学的思考："教什么"和"怎么教"，哪个更重要。应该说"教什么"比"怎么教"来得重要，也就是说"教什么"这个"什么"就是指"教学点"，教学点确定好，教学目标才更明确，教学才更高效。作业系统课程化课堂化，就是在新形势之下对教学点的进一步确定。

统编教材、新的中考背景、高考高中要求的新形势，决定了对于教读课的教学设计，要展开新的思维，要用创意语文的思维工具进行设计。

总结《木兰诗》的设计过程，就是走过了从传统教学设计向创意语文作业系统课程化课堂化教学设计的实践过程，并且较好地体现了创意语文对课堂教学内容的追求。作为一堂指向教学质量的创意语文课，也存在一些商榷点，比如各个环节之间过渡如何更自然；在主问题、问题群设计当中如何体现出层次性，让学生达到深度学习的目的；学生对这些教学点的学习，最后是否真正地掌握并固化了这些知识和技能，这些都应该在今后进一步的教学实践中，进行思考和探究，我们将继续坚定地追寻下去。

创意语文的课堂教学追求"精"。精选教学内容，精致创意地组合教学材料，让课堂教学内容精练、思路清楚、步骤清晰、结构精当。精练学习主题，"教学点"集中，精细地进行教学训练。创意语文追求"精"，能够让教学达到一定的深度，让学生的学习更加高效。

创意语文从统编教材创新使用的角度，使教学内容更精练：可以精选一个点，突出主问题，抓住并凸显课文某个方面的特点，深入品析；可以精读一处

文，运用问题群，把握好文意，品析课文中的精彩环节，在"活动型"任务中培养学生的品析能力、阐释能力。创意语文的课堂教学追求"精"的策略，主要可用在教读课的教学中，形成普遍的教学设计的基本形式：文意把握，选点精读。

《社戏》作业系统课程化教学课例

创意说明：本课注意围绕"友爱无私"的概念进行立德树人根本任务的落实。对于"表达方式"中的"叙述、抒情、议论"的概念，在解读中引导学生结合课文文本进行实例掌握。课堂创意点是对教读课后作业系统进行课程化课堂化教学实践。创意语文审视本文，可教读范围较广，采用思维工具"定一定"的方式进行确定。对统编初中语文教材的"教学点"，结合福建省中考考点进行思考，进一步触发了强化作业系统课程化实践的思路，并在《社戏》中得到体现。本课教学课时为二课时，以主问题推动问题群深入学习作业系统中的知识技能点，在"整体型"大单元教学设计中，做到教学时间充分，互相补充，分析课文的一些未讲解之处。

【课程目标】

1. 语言目标：掌握相关文学、文化常识，概括主要事件，学习围绕中心选材的写法。

2. 思维目标：通过揣摩语句的含义，体会叙述、描写、抒情、议论等多种表达方式综合运用的表达效果。

3. 审美目标：分析人物形象，感受童真童趣以及劳动人民的纯朴善良、友爱无私的美好品质。

4. 文化目标：体会作者对美好童年生活的回忆和眷念之情，理解传统民俗的价值和意义。

【核心概念】

友爱无私。

【创意点】

作业系统课程化教学。

【问题思辨】

1. 文章在叙述事件的过程中，如何融合描写、抒情、议论等多种表达方式？

2. 这篇小说人物众多，谁是贯穿始终的人物？谁是本文的主要人物？六一公公是怎样的一个老人？你是从哪些地方看出来的？

3. "真的，一直到现在，我实在再没有吃到那夜似的好豆——也不再看到那夜似的好戏了。"你对这句话怎样理解?

4. 对比《社戏》原文开头部分对作者成年后在剧场看中国戏的两段经历,体会作者通过写不同的看戏经历,表达了一种怎样的情思?

【课堂教学五步骤】

1. 创意设计:以"作业系统课程化教学"为创意点,在学习过程中进行贯彻。

2. 概念推演:通过本课问题思辨性设计,推演解读"友爱无私"概念。

3. 素养建模:在课堂创造性教学中,完成对"友爱无私"的素养建模。

4. 目标探寻:通过统筹性备课与创造性教学,在本课渗透达成四个目标。

5. 反馈检验:在课堂和课后作业布置中,进行科学性检验。

【教学过程】

统筹性备课:

所教两个班级,生情不平衡,成绩有高低。虽然有尖子生,但中等生是全班学生的主力军,差生比例占全班比例在 10% 以上。因此当前要下大力气培养尖子生,树立榜样作用。重视中游学生,调动他们的积极性,不仅教会他们知识,更要提高他们的能力。带动下游学生,减少差生,善于发现他们身上的闪光点,予以表扬,增强其自信心,鼓励他们在原有的基础上不断进步。本课对初二学生而言,理解上有一定难度。

思辨性设计:

第一课时

一、导入新课

按八年级下册第一单元要求:"感受到多样的生活方式和多彩的地域文化,更好地理解民俗的价值和意义"。

(一)回忆并背诵陆游《游山西村》

莫笑农家腊酒浑,丰年留客足鸡豚。山重水复疑无路,柳暗花明又一村。

箫鼓追随春社近,衣冠简朴古风存。从今若许闲乘月,拄杖无时夜叩门。

"春社"二字,写的是春天人们拜祭社公,也就是土地神,以祈求风调雨顺、五谷丰登的事。"社戏"即与此相关。

(二)欣赏"社戏"视频

社戏指庙或祭祀土地神的活动中进行的有关宗教、风俗的戏艺活动。在绍兴，社日演戏是由来已久的。南宋时，陆游的"社日"诗中就已经有"太平处处是戏场，社日儿童喜欲狂"的题咏。至清代，社戏成为戏剧的主要演出形式。

（三）进一步了解闽南民俗

闽南农村一带，历来崇尚祖祀，尤重视先祖宗亲祠堂和家庙的兴建与修缮。每逢农历岁末年底，农村便盛行家庙的重建、重修落成庆典。这些民间的风情民俗活动大都与年祀祭祖一起举办。每逢这个日子，村里都搭戏台，办宴席，延请剧团来村子里唱社戏。如"歌仔戏""高甲戏"，是闽南地区群众喜闻乐见的地方戏。按照传统民间信仰中祭祀的习惯，祠堂家庙前的戏台的朝向都是坐南朝北，因为在这里演出来的"戏"，其实是要演给神佛祖宗看的。

戏台通常在春秋两祭的时候演出，显得更加隆重。有时候一演就演一两个月。泉州戏台上通常演出的是高甲、梨园、提线木偶、南音、打城、芗剧等传统的地方戏曲。主要内容主题是关于忠孝节义的故事。泉州话包含了古汉语的留存，演传统地方戏剧是最佳选择。

二、学生了解本节课学习目标

1. 课文文本阅读，文意理解。

2. 体会作者对风景、风俗、人情的感情。

3. 把握本文的情节。

4. 了解表达方式并掌握其作用。

三、随文知识

从鲁迅的《从百草园到三味书屋》至今，我们一直记得美女蛇的传说以及寿镜吾老先生。今天我们随着《社戏》再一次走近鲁迅，去感受儿时的快乐。

（1）再见作者。鲁迅，原名周树人，字豫才。浙江绍兴人，中国现代伟大的无产阶级文学家、思想家和革命家。

（2）写作背景。《社戏》写于 1922 年 10 月，当时社会黑暗，农民痛苦，唤起作者心中保留的一块净土——平桥村。那里有外祖母的慈爱，也有淳朴善良农民的抚爱，更有热情能干小伙伴的友爱。那里还有一片可以摆脱封建教育和封建伦理观念的自由天地。作者热爱农村，热爱劳动人民，热爱农村孩子，向往美好自由的生活，他把这种思想感触完全融于作品之中。鲁迅在童年时代，曾随母亲到农村居住过，间或和许多农民亲近。《社戏》取材于鲁迅自己的童年生活，采用回忆的形式，用第一人称写就。但已不是作者的自传，而是在生活基础上的艺术概括，所以不能把"我"看成就是鲁迅。原文写了"我"二十年来三次看戏的经历：两次是辛亥革命后在北京看戏，一次是少年时代在浙江绍兴小村看社戏。课文节选的是看社戏部分。

四、思考探究

（一）整体感知，情节梳理

主问题一：通读全文，仿照示例，用四字短语概括本文所写的几件事。

问题群支架，辅助理解：

1. 这篇文章共讲了哪些事情？请按照时间顺序予以划分。

2. 分别为这几部分概括出一个小标题。

3. 请用四字短语进行概括。

明确：

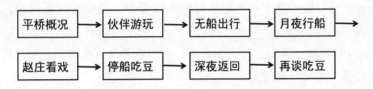

（二）表达方式，判断作用

主问题二：作者在叙述事件的过程中，融合了描写、抒情、议论等多种表达方式。以本文所写的某件事为例，具体分析这些表达方式各自的作用。

问题群支架，辅助理解：

1. 知识呈现。了解表达方式：描写、抒情、议论。

2. 知识迁移。小组合作，寻找文中所用表达方式。

3. 思考作用。联系文本，深入思考这些表达方式的作用。

明确：

1. 第1段文本：但在我是乐土：因为我在这里不但得到优待，又可以免念"秩秩斯干幽幽南山"了。

这是充满感情的议论语句，尤其是"乐土"二字分外醒目，表达了"我"对平桥村的热爱和怀念，以及对自己在城里读书生活的厌倦。

2. 第11段文本：两岸的豆麦和河底的水草所发散出来的清香，夹杂在水气中扑面的吹来；月色便朦胧在这水气里。淡黑的起伏的连山，仿佛是踊跃的铁的兽脊似的，都远远地向船尾跑去了。

这一环境描写，从视觉、嗅觉、触觉角度写出了两岸迷人的景象和月色。

景中有情；抒情，情景交融。

3. 第12~14段文本：两岸的豆麦和河底的水草所发散出来的清香……

那声音大概是横笛，宛转，悠扬，使我的心也沉静，然而又自失起来，觉得要和他弥散在含着豆麦蕴藻之香的夜气里。

那火接近了，果然是渔火……于是赵庄便真在眼前了。

这些景物描写写出了江南水乡夜景的清新，写出了小朋友的行船之快，也很好地烘托出了"我"急于看到社戏的迫切心情。情景交融，抒发了作者热爱农村的感情。

4. 第39段文本：待到母亲叫我回去吃晚饭的时候……但我吃了豆，却并没有昨夜的豆那么好。

叙述了"我"再次吃豆的经历和感觉。六一公公不仅不指责孩子们偷豆，反而给"我"家送来新豆，并且夸奖"我"有见识，说明他这个人除了心地善良外，还有一些可爱的虚荣心，想博得他人的夸赞。最后一句是议论，谈吃豆的情感体验。

5. 第40段文本：真的，一直到现在，我实在再没有吃到那夜似的好豆——也不再看到那夜似的好戏了。

最后一段抒情，对吃豆进行议论，是全文的总结性议论，表达了"我"内心的想法："我"觉得那夜的豆好吃，觉得那夜的戏好看，是因为有那种特殊的经历，让"我"感到新鲜、愉快。这一议论句起着点明主旨的作用。

教师总结：叙述、描写、议论、抒情等多种表达方式，往往是综合运用，穿插使用的。描写可以使文章更生动饱满，议论可以起到画龙点睛的作用，使文章的中心更加突出。抒情分为直接抒情和间接抒情两种，间接抒情是一种寓情于事、寓情于景、寓情于理的表达方式，把强烈的感情渗透在叙述、描写、议论之中，使感情同记人、叙事、写景、状物、议论融合在一起而自然流露出来。我们写作文也要注意灵活运用多种表达方式。

（三）文意理解，对比分析

主问题三：豆是很普通的豆，戏也是让"我"昏昏欲睡的戏，但是文章最后却说是"好豆""好戏"，对此你是怎样理解的？

问题群支架，辅助理解：

1. 哪些段落具体写看戏？读一读，说说戏好看吗？

2. 哪些段落具体写吃豆？读一读，说说豆好吃吗？

3. "我"为什么觉得戏好看、豆好吃？其实令"我"难忘的是什么呢？

明确：时间已经久远，早年在平桥村短暂的生活片段，留下的不仅是一些记忆，更是一种情感。俗话说，距离产生美。时间越久，这种记忆中的影像就越珍贵，所以作者赞之以"好豆""好戏"。说"好戏"还有一个原因，就是《社戏》开头讲述"我"在大都市看戏，感觉非常不好，于是怀念早年在外婆家的"社戏"。乡村社戏或许俗些，但是"我"感觉很好。另一方面，"我"最难忘的是平桥村的环境和乡民。此地有美丽的风光、自由的空气，还有朴实、率真的老人和孩子，人与人之间有着亲密和谐的关系。"我"还目睹了他们的劳动本领、办事能力。这一切都是"我"童年在时城镇未曾见到过的，在后来的人生路途中也很少再见到。由于这种心理的、情感的因素，让"我"觉得那晚的戏是"好戏"，那晚吃的豆是"好豆"。

五、布置作业

第二课时

一、前课复习

短篇小说《社戏》写于 1922 年 10 月，当时社会黑暗，农民困苦，使迅哥儿自然回忆起心中保留的一块净土——平桥村。那里有外祖母的慈爱，也有纯朴善良农民的抚爱，更有热情能干的小伙伴们的友爱，那里还有一片可以摆脱封建教育和封建伦礼观念的自由天地。他热爱农村，热爱劳动人民，热爱农村孩子，向往美好自由的生活，这种思想感情被融于作品中。

二、本节课学习目标

1. 掌握语句赏析的方法，并准确分析其作用。
2. 拓展阅读，针对阅读目标进行文本分析。
3. 对文本进行感情主题的分析。

三、积累拓展

（一）语句赏析，心理作用

主问题：结合上下文，揣摩下列语句，体会"我"的心理，感受其中的童真童趣。

问题群支架，辅助理解：

1. 从"我"的心理出发揣摩语句。

2. 理解什么是"童真童趣"。

3. 在具体情境下从心理角度理解"童真童趣"。

文本1：到下午，我的朋友都去了，戏已经开场了，我似乎听到锣鼓的声音，而且知道他们在戏台下买豆浆喝。

明确："我"非常想去看社戏，但又不能去，于是想象社戏表演的情景，以及看戏人喝豆浆的情景，表现了一个孩子悲伤、失落的情绪。

文本2：我的很重的心忽而轻松了，身体也似乎舒展到说不出的大。

明确："我"既然可以出门看社戏了，心情就变好了。"忽而"表明孩子的心情易于突变，"轻松""舒展"与前面看戏不成而沮丧的心情完全不同。"身体也似乎舒展到说不出的大"是运用了夸张手法，非常形象地表明"我"的心情无限之好。

文本3：淡黑的起伏的连山，仿佛是踊跃的铁的兽脊似的，都远远地向船尾跑去了，但我却还以为船慢。

明确：这是一个儿童眼中的景物描写，非常富有诗意。"仿佛是踊跃的铁的兽脊似的"是儿童才有的想象；"但我却还以为船慢"表明"我"非常急于到赵庄看社戏，这也是儿童心理的表现。

文本4：我不喝水，支撑着仍然看，也说不出见了些什么，只觉得戏子的脸都渐渐的有些稀奇了，那五官渐不明显，似乎融成一片的再没有什么高低。

明确：儿童对看戏很有兴趣，但在夜间容易犯困，所以台上戏子的形象变得模糊，这里真切地描写出了儿童看戏时的精神状态，富有奇趣。

文本5：那航船，就像一条大白鱼背着一群孩子在浪花里蹿，……

明确：这是半想象、半纪实的描写。大鱼驮着一群孩子在浪花里蹿，是童话里才有的情景，反映出"我"当时愉悦的心情，也表现了孩子极富浪漫色彩的想象力。

（二）课外拓展，思想感情

主问题：《社戏》原文开头部分写的是"我"成年后在剧场看中国戏的两段经历。课后阅读这些文字，体会一下，作者通过写不同的看戏经历，表达了一种怎样的情思？

问题群支架，辅助理解：

1. 快速阅读《社戏》原文开头部分（略）。

2. 圈点勾画，概括作者两次不同的看戏经历。

3. 请分析两次不同经历带来的不同情思。

明确：原文开头部分的内容要点，即"我"当时在北京，对看戏本无兴趣；在北京第一次看戏，因为人太多，声音嘈杂，且无合适座位，便"不由得毛骨悚然地走出了"；在北京第二次因为募捐，看谭叫天的戏，可是到了很晚谭叫天还不出场，只好失望地离去；反思中国的戏剧，"大敲，大叫，大跳，使看客头昏脑眩"，不适合剧场观看，只适合在野外观看，远观反而有风致。在北京看戏的挫败经历，使"我"怀念小时候在外祖母家乡所看的"社戏"。虽然过去几十年，但是当时的难忘经历如在眼前。如此对比地写来，眼前的戏不适合看，过去的戏永生难忘，一贬一褒尽在文中。以眼前的戏为写作的由头，反衬早年"社戏"的好看；其实未必真好看，主要是当时当地的民风民俗让"我"神往，"我"在心里的一角永远保持着对家乡的爱、对乡民的爱、对乡村文化的爱。

（三）人物形象，性格分析

主问题：文章塑造了多个生动、形象的人物，请结合课文，分析双喜、六一公公的人物性格。

问题群支架，辅助理解：

1. 快速阅读，梳理相关人物的事迹。

2. 围绕人物情节进行性格概括，注意表达上的提炼。

明确：双喜形象：

（1）当我看社戏受到波折时，双喜大悟似的提议，说明他聪明。

（2）当外祖母担心都是孩子们时，双喜大声打包票，理由有三：船又大；迅哥儿向来不乱跑；我们又都是识水性的，说明他反应灵敏、考虑周到、善解人意、办事果断。

（3）看戏时双喜分析铁头老生不翻筋斗的原因，说明他聪明、细心。

（4）归航偷豆时征求豆主人阿发的意见；双喜以为再多偷，倘给阿发的娘知道是要挨骂的，说明他考虑事情周到。

（5）吃完豆，双喜所虑的是用了八公公船上的盐和柴，并考虑好对策，说明他考虑事情周到。

（6）双喜送我回到家，"都回来了！那里会错。我原说过写包票的！"说明他做事有始有终。

（7）双喜回答六一公公的问话，说明他反应灵敏。

六一公公形象：

（1）"双喜，你们这班小鬼，昨天偷了我的豆了罢？又不肯好好地摘，踏坏了不少。"证实双喜他们确实偷了豆，重在指责他们踏坏了庄稼。说明他善良宽厚、爱惜劳动果实。

（2）六一公公看见我，便停了楫，笑道，"请客？——这是应该的。"还问"迅哥儿，昨天的戏可好么？""豆可中吃呢？"说明他淳朴、好客。

（3）六一公公夸自己的豆好，"我的豆种是粒粒挑选过的"，说明他淳朴、好客。

（4）六一公公送豆给母亲和我吃，说明他淳朴、好客、热诚。

四、科学性检验（布置作业）
完成练习册作业。

五、纲目式建构（板书设计）

社戏

多种表达方式：描写、抒情、议论

人物形象分析：

双喜：聪明、反应灵敏、考虑周到、善解人意、办事果断、做事有始有终

六一公公：善良宽厚、爱惜劳动果实、淳朴、好客、热诚

人情美（民风淳朴）→赞美与向往

第二节　求丰：教读课后课外阅读题课程化创意教学策略

统编初中语文教材在部分教读课后设置"积累拓展"板块，试图在课堂上构建"教读、自读、课外阅读"体系。温儒敏教授提出，"语文课要注重往课外阅读延伸，重视阅读技能的习得"。创意语文从学科观出发，将在教读课后课外阅读题进行课程化课堂化教学，在课内聚焦核心素养。

一、教读课课外阅读题教学课时的保证
传统课外阅读用的是课外时间，创意语文的课外阅读打通课内外。特别是将教读课后"积累拓展"板块的课外阅读题中的相关阅读，"整体型"教学建构到课堂上，长期坚持，进行课程化的教学课时保证。让课外阅读进入课内，教师要创意使用教材，整合重组，统筹安排时间，保证课外阅读。

二、教读课课外阅读题教学课型的转变

教读课课外阅读题中的选文都是独立成篇的组合文章，因此在教学课型上，要从单篇课文的文本解读教学，转变为群文阅读的方式。如八年级上册《回忆我的母亲》课外阅读题拓展到邹韬奋《我的母亲》、老舍《我的母亲》，文章不长，可开展群文阅读。

三、教读课课外阅读题阅读速度的训练

《语文课程标准》对阅读速度有要求。要推动教读课课外阅读题的实践就要做到快速阅读。速读时由视觉中枢把看到的文字传递给大脑。要提高阅读速度，就要减少"回视"。教师在平时阅读教学中要训练学生养成整体认识的习惯，采用限时阅读，加快阅读速度。阅读速度快才能积累阅读量。书越读越多，阅读速度越来越快，形成良性循环。

四、教读课课外阅读题教学流程

教读课课外阅读题课程化操作：突破单与散，走向群与整。课外阅读题课程化需要"整体型"大单元设计，教学要"班本化""课堂化"。

1. 制订计划。教师要把教读课课外阅读题纳入教学计划，安排阅读与教学的时间，进行阅读指导与教学落实。

2. 课时保证。教师要把教读课课外阅读题每周的阅读课时、教学课时设计好。专课专用，提供良好的读书与教学的环境，营造浓厚的阅读氛围。

3. 编订教材。在推进课外阅读题课程化的过程中，编订了《初中语文教读课后课外阅读题群文阅读课程》等校本教材。

4. 创设氛围。借助晚读、生活作文、作业等学境，创设课程化教学的氛围。

5. 阅读评价。多读书，少做题。多用阅读思维导图本，理清思路，固化知识。

五、教读课课外阅读题的课型

教读课课外阅读题的教学，要有计划、有目的、有组织。为了落实好课外阅读教学，可以实践以下三种课型。

（一）教读课"教学点"延续式指导课

教读课"教学点"延续式指导课是让学生承接教读课、收获"教学点"的知识能力延续的一种课型，它有利于巩固提高教读课的教学效果，还有利于培

养良好的知识能力迁移意识。此课型以教读课本文与课后课外阅读的对接为主，联系较为紧密，阅读效果更佳。教师围绕教材课外阅读题目所在的教读课的单元说明，教读课本文的教学点，结合题目的阅读要求，注重前后的关联，围绕题目进行思考解答，并在课堂进行教学落实。

比如，七年级上册《纪念白求恩》，根据第四单元说明——"从不同方面诠释了人生的意义和价值"，在教学中，课程化教学作业系统"思考探究"练习二"通过对比手法，突出了白求恩同志的高贵品质"，在接下来的课后"积累拓展"练习五中，课外阅读朱德的《纪念白求恩同志》、宋庆龄《我们时代的英雄》、聂荣臻的《"要拿我当一挺机关枪使用"——纪念白求恩同志》等文章，快速阅读之后在课堂进行小组交流，思考概括"白求恩大夫身上有哪些优秀品质?"

这种课型体现了教师的指导性以及学生的主体性。目的不在于获得正确答案，而是通过课堂学习交流，让学生的阅读既能"走进去"（懂得文本内容），又能"跳出来"（进行理性的分析），最终多角度地、有创意地阅读，体验阅读的实质。

(二) 联想式"求同"指导课

联想式"求同"指导课是教读课"教学点"延续式指导课的延伸与深化。联想式"求同"指导课是针对课外阅读题题目要求指向，按照"求同"聚合思维要求进行阅读指导课。

比如，七年级下册第五单元《紫藤萝瀑布》，拓展出《丁香结》《燕园树寻》《好一朵木槿花》等文，"进行比较，看看这些作品有什么共同特点"。再由课内向课外的"写景状物的散文"进行联想式"求同"阅读。此外还有八年级下册《小石潭记》，课外阅读《始得西山宴游记》《钴𬭰潭西小丘记》，课内进行"体会柳宗元山水游记的特色"的联想"求同"教学。

联想式"求同"是聚合思维。学生掌握方法后，应进一步运用所学方法进行阅读实践，以加深认识，巩固所学，形成技能。

(三) 赏析式"求异"指导课

赏析式"求异"阅读课是教读课"教学点"延续式指导课的延伸与深化。针对课外阅读题题目要求指向，按照"求异"发散思维要求进行阅读指导课。

比如，八年级上册《回忆我的母亲》，教读课理解"母亲的'勤劳'是通过哪些事例体现出来的? 从文中还可以看出母亲具有怎样的品格?"之后，在课外阅读邹韬奋《我的母亲》、老舍《我的母亲》，进行课内"求异"赏析，小组合作课堂交流"比较阅读，看看不同作者笔下的母亲形象、文章的写作手法、作品的语言风格等方面各有什么不同"。此外还有八年级下册《小石潭记》，课外阅读袁宏道《满井游记》、袁枚《峡江寺飞泉亭记》，体会这些后世游记文章与柳宗元游记文章风格的不同之处。

以上三种课型的核心都是群文阅读，经过"整体型"大单元教学规划下的教读课后课外阅读题的课程化课堂化实践将更加丰实、有效。

创意语文的课堂教学追求"丰"，丰实的课堂教学有容量、有厚度，学生有大收获。"整体型"教学建构的课堂教学内容丰富，教学方法丰厚。在对教读课课后作业系统进行课程化课堂化的同时，其中的课外阅读题的课堂化就是求"丰"的体现。创意语文的"丰"可以利用课文蕴含的教学资源，一课多用；可以利用课文中的片段，整体多角度地设计教学活动；可以从课文延伸，多形式联读；可以一课多篇，群文阅读，深化素养；可以专题探析，多点开花；可以读写一体，以写带读……求"丰"的课堂，创意使用好教材，创意使用好教学方法。

《小石潭记》课外阅读题课程化教学课例

创意说明：关于游记发展的理解，本课放在对"游记"核心概念的理解和突破上。在比较深度阅读中，可加强学生求同求异思维的培养。在认识游记的发展变化中，辩证了解游记。关于统编初中语文教材教读课后课外阅读题，在进行县域问题调查之后发现教学实践并不多。创意语文认为应对课外阅读题进行课程化课堂化教学设计与实践，通过类比创意法激发本课创意。

【课程目标】

1. 语言目标：借助注释和工具书读通课文，随文理解和积累文言常用词语，在此基础上反复诵读，阅读古代游记名篇，体会游记中营造的美好境界。

2. 思维目标：围绕柳宗元前后的游记发展，进行比较阅读，在对比中进行批判性思维，把握异同，分析演变，深度阅读，把握游记的丰富内涵。

3. 审美目标：自然美景，人所向往，体味景色与语言之美，受到美的熏陶和感染。

4. 文化目标：了解古人游记的思想、情趣，体会不同作家不同的游记风格，感受其智慧。

【核心概念】

游记。

【创意点】

教读课课外阅读题课程化课堂化。

【问题思辨】

1. 如何从柳宗元山水游记的群文中体会其特色？

2. 体会并思考柳宗元与袁宏道、袁枚游记文章风格的不同。

【课堂教学五步骤】

1. 创意设计：以"教读课课外阅读题课程化课堂化"为创意点设计教学，在学习目标中导入。

2. 概念推演：通过本课问题思辨性设计，推演解读"游记"概念。

3. 素养建模：在课堂创造性教学中，完成对"游记特点与风格"的素养建模。

4. 目标探寻：通过统筹性备课与创造性教学，在本课探寻学习实践中渗透达成四个目标。

5. 反馈检验：在课堂和课后作业布置中，进行科学性检验。

【课时安排】

一课时

【教学过程】

课前预备环节：

课前通过中小学教师网络空间平台（简称"省平台"）以及"人人通空间"手机应用，将柳宗元《始得西山宴游记》《钴鉧潭西小丘记》，袁宏道《满井游记》、袁枚《峡江寺飞泉亭记》的原文与文言助学材料，以"课前导学"形式推送给学生课外阅读。

一、统筹性备课

本课为统编初中语文教材八年级下册教读课《小石潭记》课后课外阅读题，类型为游记。对初二学生而言，理解上有一定难度。尝试实践阅读材料、阅读时间、课外阅读的课堂教学等语文课程的内容。

二、创造性教学

（一）新课导入

明代文学家茅坤说："夫古之善记山川，莫如柳子厚。"可见柳宗元在游记江湖中的地位。在中国文学史的游记发展中，柳宗元起到了承上启下的作用，深深影响了后代的游记创作。

（二）"1+X"迁移练习

1. 实词积累"+"

皆若空游无所依（《小石潭记》）游动

然后知吾向之未始游（《始得西山宴游记》）游玩

夫不能以游堕事而潇然于山石草木之间者（《满井游记》）游玩

以其境过清（《小石潭记》）凄清

则清泠之状与目谋（《钴鉧潭西小丘记》）清静

日光下澈（《小石潭记》）穿透

清澈见底（《满井游记》）穿透

参差披拂（《小石潭记》）参差不齐

参错并奏（《峡江寺飞泉亭记》）参差不齐

2. 断句迁移"+"

以为凡是州之山水有异态者/皆我有也/而未始知西山之怪特（《始得西山宴游记》）

其石之突怒偃蹇/负土而出/争为奇状者/殆不可数（《钴鉧潭西小丘记》）

游人虽未盛/泉而茗者/罍而歌者/红装而蹇者/亦时时有（《满井游记》）

凡人之情/其目悦/其体不适/势不能久留（《峡江寺飞泉亭记》）

3. 文言翻译"+"

苍然暮色，自远而至，至无所见，而犹不欲归。

灰暗的暮色，由远而至，直到看不见什么了，还不想返回。

嘉木立，美竹露，奇石显。

美好的树木树立起来了，秀美的竹子显露出来了，奇峭的石头呈现出来了。

始知郊田之外未始无春，而城居者未之知也。

我这才知道郊外未尝没有春天，然而住在城里的人却不知道。

凡树皆根合而枝分，此独根分而枝合，奇已。

凡是树都是根合在一起而枝叶分叉，唯独这三棵树根部分开而枝叶汇合在一起，真是奇怪了！

（三）合作探究

小组合作，深度探究两份群文阅读任务单学习表格。

（四）思辨性学习

柳宗元的山水游记上承郦道元《水经注》的成就，又有突破性的发展。

示范比较思辨一：体会柳宗元山水游记的发展

郦道元《三峡》（略），柳宗元《小石潭记》（略）。

群文任务	郦道元《三峡》	柳宗元《小石潭记》
析语言	语言简练。	语言简洁、优美，文笔简练。语言清新峻洁。
析描写	"两岸连山，略无阙处。重岩叠嶂，隐天蔽日。" 粗线勾勒。凝练生动的笔墨，有张力的粗重线条来勾画山水。	"全石以为底，近岸，卷石底以出，为坻，为屿，为嵁，为岩。" 描写细致生动。写出自然景观的千差万别。
析句子特点	"悬泉瀑布，飞漱其间，清荣峻茂，良多趣味。" 四字词语，较齐整，有节奏感。多散句表达。	"怡然不动，俶尔远逝，往来翕忽。" 四字词语，较齐整。多长短句交错。
析写作手法	"乘奔御风，故渔者歌曰。" 对比、夸张、引用。	"皆若空游无所依，斗折蛇行，以其境过清。" 比喻、拟人、象征手法。
析景色	"春冬之时，则素湍绿潭，回清倒影。" 着重摹写山川，而不在记游。以地理记录的角度，客观写景。描写上还不够细腻。	"潭中鱼可百许头，……俶尔远逝，往来翕忽。" 善于捕捉景色特征，突出表现景色的独特性。肖物传神。细致地掌握景物的特征。
析情感	"故渔者歌曰。" 没有直接写出作者个人的感情。记录风土人情，包含一定的情感。	"寂寥无人，凄神寒骨，悄怆幽邃。以其境过清。" 在描写中贯注了一股浓烈的寂寥意绪。
析情感与景色关系	"故渔者歌曰。" 景物描写与作家个人情感表达，还没有成为相互融合的关系。	"寂寥无人，凄神寒骨，悄怆幽邃。以其境过清。" 寓情于景，情景交融，把山水的美丽与自己内心所要表达的情感相结合。
提炼归纳：柳宗元山水游记的发展	柳宗元之前的人如郦道元，多用比较有张力的粗重线条来勾画山水的景象，在描写上还不够细腻。 而柳宗元却不同，他把山水的美丽与自己内心所要表达的情感相结合，丰富了对山水景色的描写。对山水在描写中贯注了一股浓烈的寂寥意绪，表现出一种永恒的悲悯情怀。	

比较思辨二：体会柳宗元山水游记的特色

群文任务	《小石潭记》	《始得西山宴游记》	《钴鉧潭西小丘记》
举例文本，析语言	语言简洁、优美。	语言简洁。	语言简洁。
举例文本，析描写	"潭中鱼可百许头，……俶尔远逝，往来翕忽。伐竹取道，下见小潭。" 正面侧面描写结合，动静结合。叙事与描写结合。动作、心理等描写。	"披草而生，倾壶而醉，……觉而起，起而归。遂命仆人过湘江，缘染溪，……攀援而登，箕踞而遨。" 叙事与描写结合。动作、心理等描写。	"突怒偃蹇"，写出了石的形状、神态，"负土而出"的出字，又写出了石的动作。 叙事与描写结合。动作、心理等描写。
举例文本，析句子特点	长短句交错。偶有整齐的句子。	长短句交错。	长短句交错。
举例文本，析写作手法	"伐竹取道，下见小潭"，游记都提到除荒去秽、露美显奇之事。（暗指去除奸邪，重用人才之事）比喻、拟人、象征手法。	"斫榛莽，焚茅茷"，游记都提到除荒去秽、露美显奇之事。（暗指去除奸邪，重用人才之事）由抑到扬的方法，对比、映衬，象征手法。	"即更取器用，铲刈秽草"，"伐去恶木，烈火而焚之。嘉木立，美竹露，奇石显。"游记都提到除荒去秽、露美显奇之事。（暗指去除奸邪，重用人才之事）象征手法。
举例文本，析景色	常景中见奇景。 "全石以为底，近岸，卷石底以出，为坻，为屿，为嵁，为岩。"写潭底石，写景精细，摹状逼真。普通的景物在柳宗元笔下变得异常奇特。	常景中见奇景。 "则凡数州之土壤，皆在衽席之下。其高下之势，岈然洼然，若垤若穴，尺寸千里，攒蹙累积，莫得遁隐。萦青缭白，外与天际，四望如一。"	常景中见奇景。 "其石之突怒偃蹇，负土而出，……其冲然角列而上者，若熊罴之登于山。"写山石。如"嘉木立，美竹露，奇石显"。

续表

群文任务	《小石潭记》	《始得西山宴游记》	《钻鉧潭西小丘记》
举例文本，析情感	"寂寥无人，凄神寒骨，悄怆幽邃。"借山水表达清冷的心境。	"恒惴栗。施施而行，漫漫而游。悠悠乎与颢气俱，而莫得其涯；洋洋乎与造物者游，而不知其所穷。"作者常常惊恐不安，郁闷痛苦，沉醉山林美酒之中。	"则清泠之状与目谋，瀯瀯之声与耳谋，悠然而虚者与神谋，渊然而静者与心谋。"感受暂时的怡适和宁静。
析情感与景色关系	"寂寥无人，凄神寒骨，悄怆幽邃。以其境过清，不可久居。"缘情写景，寓情于景，情景交融。	"披草而坐，倾壶而醉"是他孤寂性格的表现；写西山"特立"，正是他傲世蔑俗的写照。抒情写志。寄情于景，托物寓志。本文叙事写景，都饱含着作者的感情色彩，表现了作者寂寞惆怅、孤标傲世的情怀。	"枕席而卧，……悠然而虚者与神谋，渊然而静者与心谋。"借景抒写情志。写自己因被贬谪的不公平待遇而气恼和忧伤，通过"贺兹丘之遭"来发泄胸中的积郁。
			文章的最后，作者巧具匠心，揭示主旨。
提炼归纳：柳宗元山水游记的特色	常景中见奇景；抒情写志"借题感慨"；借山水之题，发胸中之气；写景状物；随物赋形，逼真生动；情深意远，疏淡峻洁；长短句交错，富有音韵美。有叙事，有写景。		

比较思辨三：体会柳宗元、袁宏道、袁枚文章风格的不同之处

群文任务	柳宗元《小石潭记》	袁宏道《满井游记》	袁枚《峡江寺飞泉亭记》
举例文本，析语言	语言简洁、优美。	语言简洁、优美。	语言凝练简洁、通俗流畅，具有较强的感染力。

群文任务	柳宗元《小石潭记》	袁宏道《满井游记》	袁枚《峡江寺飞泉亭记》
举例文本，析描写	"潭中鱼可百许头，皆若空游无所依，日光下澈，影布石上。伯然不动，俶尔远逝，往来翕忽。" 正面侧面描写结合，动静结合。叙事与描写结合。动作、心理等描写。	写水"波色乍明，鳞浪层层，清澈见底"，写柳条"将舒未舒，柔梢披风"，写山"山峦为晴雪所洗，娟然如拭，鲜妍明媚，如倩女之靧面而髻鬟之始掠也"。多用白描，用极为简练的笔法勾勒。	"可坐、可卧、可箕踞、可偃仰"，动作描写。"以人之逸，待水之劳，取九天银河置几席间作玩"，把飞泉亭及其景观描写得异常具体、形象。写亭与瀑布之近。
举例文本，析句子特点	长短句交错。	长短句交错。	长短句交错。
举例文本，析写作手法	"伐竹取道，下见小潭"，游记都提到除芜去秽，露美显奇之事。（暗指去除奸邪，重用人才之事）比喻、拟人、象征手法。	拟人和比喻的运用。"如倩女之靧面而髻鬟之始掠也"，写山用倩女新妆作喻，写鱼鸟说它们洋溢着喜气，都是用了拟人的写法。比喻大多是用来写景的，如上文分析过的写水写山的句子；如形容自己出城游玩为"脱笼之鹄"，使用比喻。比喻、拟人。	"余年来观瀑屡矣，至峡江寺而意难决舍"。借助对比、隐衬描写飞泉亭。"不得从容以观""虽欢易别"，从两种不同的情景，反衬奇伟、瑰丽、独到的飞泉亭让人"意难决舍"的原委。对比、隐衬、反衬。
举例文本，析景色	常景中见奇景。"全石以为底，近岸，卷石底以出，为坻，为屿，为嵁，为岩"写潭底石。普通的景物变得异常奇特。	"柳条将舒未舒，柔梢披风，麦田浅鬣寸许。游人虽未盛，泉而茗者，罍而歌者，红装而蹇者，亦时时有。"移情及景。不但写景，更注意写人。	"古树"苍郁、枝叶交错、浓荫蔽日，"骄阳"灼烤不着，凉爽惬意。过石桥，有"三棵奇树"像鼎一样三足并立，在"半空"中"凝结"交织到一起。"树皆根合而枝分"，而其"独根分而枝合"，确实罕见而奇异。飞泉亭"纵横丈余，八窗明净"，状写亭的小巧俊美、清幽雅静。"闭窗闻瀑，开窗瀑至"，写出了飞泉亭自身的奇伟秀美。

续表

群文任务	柳宗元《小石潭记》	袁宏道《满井游记》	袁枚《峡江寺飞泉亭记》
举例文本，析情感	"寂寥无人，凄神寒骨，悄怆幽邃"，借山水表达清冷的心境。	"凡曝沙之鸟，呷浪之鳞，悠然自得，毛羽鳞鬣之间皆有喜气。""夫不能以游堕事而潇然于山石草木之间者，惟此官也"，表现了作者向往自然、闲适自得的洒脱情怀。	"不图观瀑之娱，一至于斯，亭之功大矣"，写出它的环境特色和游人的感受。创造意境、表达作者主体感情。
析情感与景色关系	"寂寥无人，凄神寒骨，悄怆幽邃。以其境过清，不可久居"，把自己的主观精神投射到自然景观之中，缘情写景。寓情于景、情景交融。	融情于景，提倡"独抒性灵"，在游记中融性灵于自然山水之中，表现了作者厌弃喧嚣尘俗的城市生活，寄意于山川草木的潇洒情怀。通篇写景都渗透着这种洒脱而悠然的感情，使文字具有一种清新恬静的田园气息。	"天籁人籁，合同而化。不图观瀑之娱，一至于斯，亭之功大矣！"读后使人有心胸旷达、怡情悦性的感觉。富含哲理。全文通灵活透，完美地把风景的秀丽与游人的心理结合消融在一起。
游记写作的发展	景物描写更细，写景中加入作者情感。	细腻地写景，描写的景物更多。情感从表达个人情绪，发展到表现生活情趣。	在写景中表达感情，加入了哲理的思考。
提炼归纳：柳宗元、袁宏道、袁枚文章风格的不同	寓情于景，情景交融，正面侧面描写结合，动静结合。	融情于景，白描的运用，拟人和比喻的运用。	借助对比、隐衬描写，在特定环境中描写人物活动，让人物置身画中，以旁观者欣赏，富含哲理。

简要介绍柳宗元、袁宏道、袁枚三位游记作家。

（五）提炼归纳

从郦道元的《水经注》到柳宗元《永州八记》，游记的景物描写更加细致，开始加入作者个人的情感体验。从柳宗元《永州八记》到袁宏道、袁枚等作家，游记描绘的景物更多更细，加入了作家的生活体验，表达了作者的哲理思考。

（六）课堂小结

中国游记文学，从郦道元的《水经注》到柳宗元《永州八记》，是一大发展。柳宗元也以自己对游记创作的关注，影响了后代的作家。

三、科学性检验（布置作业）

进一步拓展阅读。由古代游记进一步学习现代游记，学习 P55《壶口瀑布》课后练习五："游记这一体裁，涉及内容广泛，写法自由，风格多样，读来既能增广见闻，也能带来美的享受，引发心灵的共鸣。课外阅读郁达夫《西溪的晴雨》、徐迟《黄山记》、王充闾《读三峡》等，体会他们在选材、构思、语言等方面的特点。"

四、纲目式建构（板书设计）

《小石潭记》群文阅读

"1+X"文言迁移

合作探究　比较思辨　提炼归纳

第三节　求活：自读课创意教学策略

统编语文教材构建"教读、自读、课外阅读"三位一体的阅读课程体系，目的在于贯通从课内到课外的阅读，从单篇阅读无缝迈向整本书阅读。创意语文对自读课的教学策略，可内用方法策略，外用任务清单，强化阅读策略，帮助学生具备自主阅读的能力。

创意语文认为自读课应以"学生自主的阅读"为主，教师不过多介入学生阅读。教师培养学生对照单元要求，参照前面教读课，利用自读课旁批注、课后阅读提示，助力学习自主阅读。自读课中教师的角色在必要的阶段或环节中要淡化"教学者"身份，保证学生自主阅读的时间和空间。

自读课学生自主阅读，教师适度引导。在自读课的定位中，一要理解好"自读"。"'自读'课是一种不再需要教师详细指导的阅读课。"自讲课中，教师要给学生指导，帮助学生养成习惯，自由阅读。二要理解好"自读"课的阅读策略与方法。自读课介于教读课和课外阅读之间，起到连接作用。教读课中学生习得的阅读策略和方法要在自读课中自主、灵活地试用；学生在自读课中迁移使用教读课的阅读策略和方法，内化成个体经验，沉淀成阅读能力。

统编语文教材的知识体系，按照课程标准的学段目标细化，将学段目标知识掌握和能力训练，在各单元要求进行说明。这些就贯穿在"教读、自读、课外阅读"体系中。自读课要创意教学好，教师的功能要转变，不再与教读课一样传授知识与能力，而是更多地让学生在阅读中发现、体悟、诠释、运用、习得。任务清单就是较好的自读支架。

自读课任务清单，可以包括读前浏览自测单、读中思考记录单、读后拓展固化单三部分。

自读课任务清单编写原则：

首先依据自读课的教学过程，即"单元要求""课文旁批""课后自读提示"及自读课的文体特点，设计确定自读任务清单内容。可以一课一内容，也可同清单反复固化能力训练。

其次，自读课任务清单三部分各有侧重。读前浏览自测单，列出阅读浏览时应关注的内容。读中思考记录单，重在记录阅读中的积累、思考。读后拓展固化单以白纸的形式，让学生在教师指导下设计出自己的任务清单，注重拓展与固化。用好自读课任务清单，能更好地培养学生成为"独立而成熟的阅读者"，自读课也就成为学生自主阅读的课堂。

再次，自读课任务清单要具体体现阅读策略。用好铅笔钢笔，用好红笔黑笔，用好横线、波浪线等。思维可视化可以使自读更加高效。

创意语文的课堂教学追求"活"：教学内容灵活，学生有充分的实践活动；教学方法灵活，不拘泥、不呆板。创意语文创设灵动美好的课堂，呈现个性化学习，在学习活动中让每位学生都能有收获。教学策略"活"，学习氛围就灵动活跃，课堂上可以赏析语句；可以欣赏美文；可以剖释析论；可以读写连动；可以群文共读等。学生真正地动起来，活起来。创意语文教学设计与实施内容雅致、激发学生探求，求"活"就不浅薄，求"活"就不杂乱。

《周亚夫军细柳》自读课教学设计
——《史记·项羽本纪》之"项羽之死"

创意说明：八年级上册《周亚夫军细柳》课后"思考探究"第四题要求：《史记》长于记人，书中记述了许多各具特点的历史人物。从项羽等人中任选一位，借助注释与工具书阅读相关的本纪、世家或列传，了解其生平事迹，领略人物的风采，感受《史记》的写人艺术。创意语文对课后课外阅读题进行课程化教学实践。需要对"写人艺术、人物评析"进行概念的解读，再进一步从"求异思维"的角度进行群文阅读，跨文体阅读教学设计。通过组合创意法进行诗文整合群文阅读，重点培育"思维能力"核心素养。

【学情分析】

本文选自司马迁《史记》，语言符合学生认知，文义理解难度不大。本课以学生自学为主，疏通文义以后，注意对学生进行拓展训练。学生基础较差，学习态度不够端正，学习动力不强，上课参与意愿较弱。通过先学后教、群文阅读，创意设计内容，激发学生参与热情。

【课程目标】

1. 语言目标：借助注释和工具书读通课文，随文理解和积累文言常用词语，在此基础上反复诵读，课外让学生搜集所知的有关项羽的资料，全面了解项羽的人物形象。学生品味文章词句，归纳总结司马迁的观点，并对此做一番自己的理解。

2. 思维目标：学生学会结合历史来把握作者的观点，结合写作指导，学习评价历史人物的方法。

3. 审美目标：学生用审美的眼光、多元的视角阅读课文，品读文学家笔下的历史人物。

4. 文化目标：学生以本课为基础，拓展到对历史人物、文学人物的评析，进一步形成自己正确的人生观、价值观。

【核心概念】

人物风采。

【创意点】

课内拓展，课外阅读，古诗文群文阅读。

【重点难点】

重点：理解本文所要表达的对人物评价的观点。引导学生阅读之后，联系实际进行写作。

难点：品味文言散文语言；理解本文所要表达的态度，学习评价历史人物的方法。

【课堂教学五步骤】

1. 创意设计：以"教读课课外阅读题课程化课堂化"为创意点设计教学。

2. 概念推演：通过本课问题思辨性设计，推演解读"人物风采"概念。

3. 素养建模：在课堂创造性教学中，完成对"领略人物的风采"的素养建模。

4. 目标探寻：通过统筹性备课与创造性教学，在本课探寻学习实践中渗透达成四个目标。

5. 反馈检验：通过课后作业布置"人物评析"，进行科学性检验。

【课时安排】

二课时，本课为第二课时。

【教学方法】

教法：讲授法、导学法；学法：自主学习法。

【课前学习】

1. 掌握生字词；2. 翻译课文，理清行文思路。

第二课时

一、导入课堂

这几天我们学习了《周亚夫军细柳》，懂得了学习文章"以生动事迹彰显人物品格"。课前我们围绕课后"思考探究"第四题，布置同学们对《项羽之死》的文言字词进行了解。今天我们进一步了解项羽是一个怎样的人物，并通过对这个人物的理解，学会评析历史人物。

首先我们播放赏析陈涛作词、屠洪刚演唱的《霸王别姬》FLV 作品：

我站在烈烈风中/恨不能荡尽绵绵心痛/望苍天四方云动/剑在手问天下谁是英雄

人世间有百媚千红/我独爱爱你那一种/伤心处别时路有谁不同/多少年恩爱匆匆葬送

我心中你最重/悲欢共生死同/你用柔情刻骨/换我豪情天纵

我心中你最重/我的泪向天冲/来世也当称雄/归去斜阳正浓

这是一首听起来荡气回肠的歌曲。歌中将霸王的豪气，对虞姬的爱，以及对世间情的不舍表现得淋漓尽致，单从歌名就可以发现些东西。霸王是一军之主，本应虞姬别霸王，而我们却总说霸王别姬，这正说明了，霸王身上除了有种睥睨一切的霸气，也有作为人的儿女情长，难怪千百年来，人们对他总是念念不忘。这正说明了一点，对历史人物的评析总是复杂的。

请大家阅读文本，通过文中的各处细节，理解项羽是一个怎样的人。

二、浏览自测：项羽人物形象分析

任务清单一：读前浏览自测单——整体把握。

1. 方法回顾。浏览要求：借助注释和工具书；整体感知文本内容大意；多读熟读。

2. 浏览自测。整体把握——人物风采，项羽人物形象分析。

小组合作，整合观点，推荐发言。

1. 霸王别姬：英雄气短、儿女情长、多愁善感。

2. 东城快战：骁勇善战、临危不惧、勇武无敌。轻信自负、不知自责自省。

3. 乌江自刎：知耻重义、宁死不辱、心地仁善、视死如归。

三、思考记录：《史记》中人物对项羽的评价

任务清单二：读中思考记录单——确定主题。

1. 方法回顾：复述文中故事。

2. 确定主题：人物风采，人物评价。

项羽对自己命运的看法：吾起兵至今八岁矣，身七十余战，所当者破，所击者服，未尝败北，遂霸有天下。然今卒困于此，此天之亡我，非战之罪也。今日固决死，愿为诸君快战，必三胜之，为诸君溃围，斩将，刈旗，令诸君知天亡我，非战之罪也。

刘邦对项羽的评价：夫运筹帷帐之中，决胜千里之外，吾不如子房。镇国家，抚百姓，给馈饷，不绝粮道，吾不如萧何。连百万之军，战必胜，攻必取，吾不如韩信。此三者，皆人杰也，吾能用之，此吾所以取天下也。项羽有一范增而不能用，此其所以为我擒也。

韩信对项羽的评价：项王见人恭敬慈爱，言语呕呕，人有疾病，涕泣分食饮，至使人有功当封爵者，印刓敝，忍不能予，此所谓妇人之仁也。然而所过无不残灭者，天下多怨，百姓不亲附，特劫于威强耳。名虽为霸，实失天下心。（注：①呕呕：和悦的样子；②印刓敝：把印信捏在手中，棱角都被摸圆了。）

司马迁对项羽的评价：太史公曰：吾闻之周生曰："舜目盖重瞳子"，又闻项羽亦重瞳子。羽岂其苗裔邪？何兴之暴也！夫秦失其政，陈涉首难，豪杰蜂起，相与并争，不可胜数。然羽非有尺寸，乘执起陇亩之中，三年，遂将五诸侯灭秦，分裂天下，而封王侯，政由羽出，号为"霸王"，位虽不终，近古以来未尝有也。及羽背关怀楚，放逐义帝而自立，怨王侯叛己，难矣。自矜功伐，奋其私智而不师古，谓霸王之业，欲以力征经营天下，五年卒亡其国，身死东

城，尚不觉窹而不自责，过矣。乃引"天亡我，非用兵之罪也"，岂不谬哉！

学生根据以上材料进行阅读概括，分析《史记》记载的人物评价的不同。小组交流后整合发言。

四、方法迁移：后世对项羽的评价

任务清单三：读中思考记录单二——人物风采，人物评价。

历代诗人对项羽的评价也不尽相同，以下选择几则有代表性的诗作来看看。

唐朝杜牧《题乌江亭》：胜败兵家事不期/包羞忍耻是男儿/江东子弟多才俊/卷土重来未可知。

唐朝胡曾《乌江》：争帝图王势已倾/八千兵散楚歌声/乌江不是无船渡/耻向东吴再起兵。

宋朝王安石《乌江亭》：百战疲劳壮士哀/中原一败势难回/江东子弟今虽在/肯与君王卷土来？

宋朝李清照《夏日绝句》：生当作人杰/死亦为鬼雄/至今思项羽/不肯过江东。

通过上述材料我们可以看出，无论是与项羽同时代的人，或者他的传记的作者司马迁，还是后代的诗人学者，他们都站在不同的角度，表达了对项羽的不同看法。这种多角度地评价人物的能力，是我们学生所需要具备的。只有对人物的把握更全面，我们才能选择出与众不同的角度进行写作，这样写出的文章才更有新意。

五、拓展探究：悟读写作连动

任务清单四：读后拓展固化单一——人物风采，人物评价。

课后联系福建高考作文材料，进行分析解读：

选择下面所列的人物或文学形象作为话题，自选角度，写一篇不少于800字的作文。

人物：孔子、苏轼、曾国藩、鲁迅、史蒂芬·霍金

文学形象：曹操、宋江、薛宝钗、冬妮娅、桑提亚哥

【注意】①题目自拟。②立意自定。③文体自选。④不得抄袭。

六、拓展写作

任务清单五：读后拓展固化单二——人物风采，人物评价。

以"项羽"这一人物形象为话题，自选角度，写一篇不少于800字的作文。

第四节 求趣：课外阅读课创意教学策略

创意语文追求课外阅读系统化、常规化、课程化、课堂化，这是从课程视角对课外阅读进行"整体型"的系统建构。课外阅读指课文以外的阅读，与教读课后作业系统的课外阅读题有同有异。同是都利用课外时间完成，都追求在课内课堂完成。异的是选文指向不同，教学要求不同，教学评价不同。课外阅读创意教学的课程建构要界定阅读目标、选择阅读内容、组织阅读活动、评价阅读行为。课外阅读课程化要进行明显的言语实践，"悦读会"是实现课外阅读课程化的有效的活动课程策略，是包括读什么、怎么读、怎么评等要素的完整的活动过程。

创意语文将课外阅读纳入语文课程体系，与语文教材篇目一样是常规的学习内容，这样可以以语文素养为核心进行课程教学，在总课时安排上，实行"每周一节制"，成为较好的课内迁移课外的言语实践的时间。课外阅读本身要有完整的课程构建。基于《课程标准》进行教学，要有教学目标，有对应的教学内容。对课外阅读的构建是包括目标、内容、实施、评价四个要素的课外阅读课程系统。

课程目标。确定课外阅读的总量目标，将其分化为文学作品、实用类、论述类三大类。文学类课外阅读目标是培养阅读文学作品的兴趣，培养学生的人文素养。实用类课外阅读目标是培养阅读实用类文本的实用功能，注重学以致用。论述类课外阅读目标是培养学生理解、分析、批判的能力。

课程内容。确定课外阅读的内容目标。阅读内容能让阅读目标明确化和具体化。按学生的阅读能力与认知规律，课程内容采用不同梯度，由浅入深、循序渐进。初中生课外阅读书目，第一选择中考阅读篇目，第二选择教材指定阅读篇目，第三选择《教育部基础教育课程教材发展中心中小学阅读指导》篇目，第四选择素养目标的篇目。

课程实施。确定课外阅读的行动目标：课内教学化。课外阅读是有目的、有计划、有组织的教学活动，教师有"教"，学生有"学"；阅读活动化。课外阅读采用活动化形式，能够让群体和个体的阅读都带来正向影响。活动化也有利于提高学生的高级思维能力。

课程评价。确定课外阅读的测评目标。对课外阅读进行过程性评价和终结性评价。注重阅读过程，合理对待终结评价。评价的目的还是在于激励学生课外自主阅读，养成终身阅读的习惯。

创意语文"悦读会"课外阅读教学策略，下移到阅读各环节，可分成悦读流程策略、自读共读策略、文体阅读策略、活动组织策略、其他活动策略五部分。

一、悦读流程策略：包括导读、促读、展示、评价四步骤

导读：教师利用课堂时间开展导读活动，为下一步全面阅读做准备。了解作者、作品、创作的故事，人物、情节、语言等，以激发学生的阅读兴趣。促读：教师布置任务，如制订阅读计划、写读书笔记、自由分享等，驱动学生持续阅读。展示：交流展示是悦读会的核心环节。运用比较式、拓展式、问题式、小论文式、表演式等深层策略，呈现学生课外书阅读成果。评价：借思维导图看阅读思路整理；看记录表发现阅读问题；用小论文体现学生阅读思维等。学期末善用终结性评价，起到督促和激励的作用，让阅读的功能最大化。

二、自读共读策略：考虑阅读的差异性，以共读达到共提升的目的

个体自读。指导学生个体自读，自读前荐书与激趣，自读中监控与评价，自读后生成与展示。

小组阅读。学生分成若干小组，阅读不同书目。指导学生选书、分组、阅读、展示。

全班共读。全班学生围绕一个阅读目标共同阅读，形成浑厚的读书氛围。荐书、保证时间、过程跟进、成果展示。

三、文体阅读策略：不同文体，重点、方法不同，策略有所区别

小说悦读会。品析人物，梳理情节，专题研究，多形式引领阅读。

散文悦读会。自我预读、精读、展示提升。主题分类阅读，分类批注，归纳总结。再进行主题精读，提升阅读高度。

传记悦读会。抓住传记文体特征，选择内容，运用多样化教学方法，发挥传记独特价值。

诗歌悦读会。体会情感，品味语言，感受生命，涵养气质。可朗诵、可图文并茂、可仿写等。

戏剧悦读会。可采用结合舞台表演的情境教学法，多形式展演。

实用类悦读会。以观照自我、认识世界、理解世界为目标。

艺术类悦读会。赏析艺术作品、配文介绍、批注感悟、撰写鉴赏文章等。

哲学类悦读会。对话哲学话题，培养哲学思维，培育哲学气质。

四、活动组织策略：将阅读内容问题化、问题活动化、活动思维化

荐书会。让学生互相荐书，进行阅读的鼓动、宣传。晒书单、晒书评、晒批注、赠书换书等。

"小论文"。鼓励阅读小论文写作。选题开题、搜集资料、撰写论文、汇报答辩等环节，深化读书活动。

戏剧表演。编写剧本、组织排演、多元评价等。

影视赏析。从文字走向多媒体，不同的鉴赏视角，丰富的活动展示。

演讲。故事讲述、批注交流、论文汇报、作品评价、论辩演讲等。

辩论。在辩论主题中形成头脑风暴，交流、论辩、感悟，形成自己独到的见解。

五、其他活动策略：如批注交流、思维导图、读书笔记等活动，也是实用的策略

创意语文的课堂教学追求"趣"，让学生自觉、快乐、专注地参与学习，有更丰富的学习收获，享受学习的乐趣。"激趣"是要追求雅致的教学氛围，将辛苦的学习体验，转化为有意思的学习过程。课堂教学追求"趣"，让学生享受到有味道的学习过程。求"趣"，可着眼于阅读教学中的某模块、某片段、某活动；求"趣"，重点可着眼阅读品析能力的训练；求"趣"，可着眼于所有同学参与的带有趣味性的品读活动；求"趣"，可着眼于有趣的教学方法。

《如果人类也有尾巴》课外阅读教学设计
——实用类文本阅读创意教学

创意说明：创意语文注重通过发散思维，对"想象"进行深度的概念解读。采用"换一换"的思维工具，通过《阿凡达》电影的片段播映为本课提供新的教学创意来源。从阿凡达人的发辫与尾巴的相似点出发，以视频激趣，进行创造性思维的培育。以主问题与问题群结合的方式进行文本解读训练。

【课程目标】

1. 语言目标：学生能够借助课文注释和工具书学习科学小品，初步感知科幻想象的魅力。

2. 思维目标：学生能对人类生命和生命体进行多维度提问，大胆想象，小心求证，训练发散思维、创造性思维的能力。

3. 审美目标：想象力是促进科学发展的重要因素，人类与科学、自然的和谐相处，是弘扬社会主义核心价值观的一种体现。

4. 文化目标：学生能够通过细读文本，思考如果人类也有尾巴对于人类的深远影响，从而反思人类发展要遵循自然法则的重要性。

【核心概念】

想象。

【创意点】

主问题与问题群。

【问题思辨】

1. 本文作者每一步想象的根据是什么呢？

2. 作者想象的人类的尾巴会有什么作用？

3. 尾巴有种种好处，如果给每个人都装上一条尾巴，会不会带来什么烦恼？

【重点难点】

学习重点：认识想象的特点和要求：合乎情理、富有新意。

学习难点：认识想象的依据和展开的层次。打破常规思维模式，变换角度思考，培养学生的创造力和想象力。

【课堂教学五步骤】

1. 创意设计：以"主问题与问题群"为创意点设计教学，在学习目标中导入。

2. 概念推演：通过本课问题思辨性设计，推演解读"想象"概念。

3. 素养建模：在课堂创造性教学中，完成对"主问题与问题群"的素养建模。

4. 目标探寻：通过统筹性备课与创造性教学，在本课探寻学习实践中渗透达成四个目标。

5. 反馈检验：在课堂和课后作业布置中，进行科学性检验。

【课时安排】

一课时

【教学过程】

【自主学习】

1. 给下列重点字注音：暇 xiá　裹 guǒ　癌 ái　灸 jiǔ　褪 tuì　蹭 cèng

梢 shāo

2. 掌握词语：

退化：生物体在进化过程中某一部分器官变小，构造简化，机能减退甚至完全消失，叫作退化。

返祖现象：返祖是指有的生物体偶然出现了祖先的某些性状的遗传现象。

司空见惯：形容经常看到的事物，不足为奇。

习以为常：指某种事情经常去做，或某种现象经常看到，也就觉得很平常了。

引人入胜：十分吸引人的、使人沉醉的优美的境界。多指山水风景或文艺作品吸引人。

3. 本文选自＿＿＿＿＿＿＿，作者＿＿＿＿＿，＿＿＿＿＿国作家。

【教学过程】

一、文本探究

借助思维导图，梳理信息（下图）。

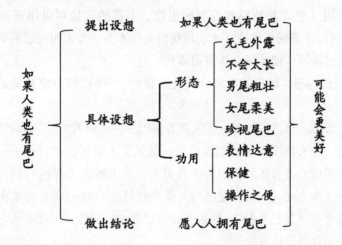

课文共 5 段，可分为四个部分：

第一部分（1），由动物园动物有尾巴引发想象：如果人类也有尾巴。

第二部分（2），人类尾巴的形态，人类对自己尾巴的装点和保护。

第三部分（3—4），人类尾巴的功能，有表情达意、保健、操作方便等功能。

第四部分（5），愿世人都有一条尾巴。

二、问题群探究

1. 大胆而奇特的想象是开启本文思路的钥匙，同时更是展开本文理解的翅膀。当然，想象不是胡想，而是有着合理的根据作导引，作者怎么会想到让人类长一条尾巴呢？作者每一步想象的根据又是什么呢？

动物有尾巴，作者奇思妙想，就想到给人类一条尾巴。因为在动物园里被看的动物都有尾巴，而看动物的动物——人没有尾巴，因此想到了"人类如果也有尾巴"。

2. 作者想象中的尾巴是什么样子？

尾巴的样子：不会太长，不会长毛；男尾比女尾粗壮些，女尾巴会更柔美；尾巴外裹着一层薄薄的皮；尾巴都会露在外面。

3. 人们会怎样珍视尾巴，对尾巴加以装点和保护呢？

会对尾巴加以装点和保护，以使尾巴更美丽，更耐用。

4. 作者想象的人类的尾巴会有什么作用？

生理上有表情达意的作用（表示歉意、表示赞同、表示友好、表示爱恋）；有保健的作用（更方便地感知外界的温度、丰富的穴位可以用来治疗疑难病症）；尾巴可以带来操作之便（木工用尾巴夹住木头，女人用尾巴圈紧小孩，运动场上用尾巴拔河，使体操动作更精彩）。

5. 尾巴的形态、尾巴的处理（美化，保护）、尾巴的功能又是怎样想出来的呢？

尾巴的形态、尾巴的处理：①人类有尾巴——"被看的动物都有尾巴"，看动物的动物——人都没有尾巴引发出来。②想象人类尾巴的样子——有尾巴的基础上——根据人类身体发肤的特征及男人、女人体态差异进行的。③尾巴的生理功能，工作之便——是从尾巴与人类参加社会活动的联系想象出来的。④化妆品商店会有"尾巴专柜"，医院开设尾巴的专门门诊，也都是从与人体相关的社会服务项目诱导出来的想象。

尾巴的功能：①根据男女皮肤肢体形成差异。②人们肯定会珍视尾巴，对尾巴加以装点和保护。③根据社会服务项目想象出来的。④根据人类参加社会活动的联系想象出来的。

6. 作者在想象了人类有尾巴的种种好处后，得出了一个什么样的结论？

尾巴的消失是人类的退化，愿世上人人都有一条实用而健美的尾巴。

7. 你是否同意他的观点，愿意长一条实用而健美的尾巴？

例：不同意。（1）人类有尾巴不美丽，甚至是很丑；（2）露着尾巴是把个人隐私暴露出来。

8. 尾巴有种种好处，如果给每个人都装上一条尾巴，会不会带来什么烦恼？请联系生活展开想象。

（1）有了尾巴坐车不方便；（2）会给别人带来骚扰；（3）穿衣服和穿裤子时会很不方便。

三、拓展延伸

想象在我们的日常生活中起着非常重要的作用，课文打破常规的思维模式，变换角度，对同一事物提出了不同于传统的新的见解，学习了这篇课文后，同学们也不妨试着对周围的事物，换个角度去思考，大胆地做出假设，提出不同于传统的新见解，也许你会获得一种别有洞天的喜悦。

人类的发明创造无一不是假想的实现。如人类想象鸟儿一样飞翔——制成了飞机，人类想象鱼儿一样游泳——发明了潜水艇，人类想登上月球、探寻宇宙空间有没有外星人——制造了宇宙飞船等航天器。我们今天也来模仿课文，大胆想象，用"假如人类也有……"为题写一篇400字左右的短文。

作文：如果人类也有翅膀

望着蓝天，也许什么时候会划过一道痕迹，那道痕迹，就是老鹰展翅高飞，穿过白云，穿过蓝天的痕迹。能使它这样的，是它那矫健的翅膀。望着花丛，也许什么时候会听到"嗡嗡嗡"的声音，那个声音正是小蜜蜂在花丛中劳动，采集着花蜜，因为它有一双勤奋的翅膀。望着世界，也许什么时候从你的身后冒出一位仙子，那就是蝴蝶，蝴蝶的优美，是因为上天赐予它一双美丽的翅膀。

如果小孩一出生就有翅膀，人们一定很惊奇。有些迷信的人还以为天使降临人间呢！人们还会找出种种理由解释这种现象。假如人人都长着一对翅膀，那么大家就会像用两条腿走路一样司空见惯，习以为常。人类的翅膀应该很大，或许男人的翅膀要比女人的翅膀粗壮许多，因为男人的肢体比女人强壮许多，翅膀也不例外吧！而女人的翅膀则比男人的翅膀显得柔美。我们的翅膀上都拥有着一层厚厚的白色或黑色的软羽毛！

假如人类也有一双翅膀，也许飞机、轮船、火车、汽车和一些交通工具都会被淘汰，因为人类已经拥有了一个宝物——翅膀。

人们拥有了翅膀，就不会对蓝天那样陌生。在天空中，可以学习老鹰展翅高飞，从高处看到下方的景物，已经变得那样的渺小。望着高楼，也不过如此。如果我们人类拥有了翅膀，就不会再当井底之蛙，就可以在天空中自由飞翔，欣赏世界上每一处人间仙境！

环游世界，也许是很多人的梦想，但是等人类有了翅膀后，它就不再是一个幻想了，而是现实。我们可以用我们身后的翅膀来实现这一愿望！

只要是我们中国人，就都忘不了5·12汶川大地震。如果在5·12地震发生时，我们汶川人能拥有一双翅膀，就能很快地逃脱地震现场，也就不会死那么多的人。即使自己的家园毁了，但是人还在，就拥有着希望！

愿世上的每一个人都拥有一双健美而实用的翅膀！

教学反思：

课堂四环节：①导入。5分钟。由《阿凡达》杰克转化为纳美人的视频开始，学生谈观后印象。②学生小组讨论。10分钟。③学生主持。20分钟。解决八个问题。④拓展环节。10分钟，学生畅谈《如果人类也有……》

本篇课文属于科幻作品，属于说明文阅读，对说明文阅读必须运用科学的精神提取其中的信息。本篇说明文应提取的信息：如果人类有了尾巴，那人类的尾巴应该是什么样的？有尾巴的人们又如何去珍视、装扮自己的尾巴？人类的尾巴会有哪些功能和作用？

根据需要提取的信息，我鼓励学生大胆设想，运用合作、探究的方式，使课堂气氛活跃起来，收到了良好的教学效果。在本堂课中，学生的想象力得到了培养。但同时也必须承认不足：有些学生的发言没能扣住发言要点，漫无边际。同时在探究活动中，因有许多学生发言，使既定的教学任务无法完成。当老师想紧急刹车，制止学生发言时，又生怕挫伤学生积极性，这实在让人很为难。我想在今后的教学中，应把教师的主导地位和学生的主体地位有机地结合起来，这样才能既提高学生学习语文的积极性，又能完成教学任务。

《劳山道士》课外阅读教学课例
——文言文阅读创意教学设计

创意说明：创意语文对于"文言文阅读""非连续性文本阅读"的概念进行拓展，以文辨图的实践可辩证地看待语文教材的要素。采用转换创意法设计本课。创意点在结合教材插图，引导学生"以图解文"中，既掌握文言文的学习方法，深度阅读；也培养批判性思维，大胆质疑。

公开课开课研讨内容：

1. 课堂学习如何发挥学生主体性；

2. 问题的合理化设计，文本解读；

3. 答案的预设性与生成性；

4. 质疑能力之难与质疑能力的培养；

5. 课堂书信写作，形式与内容；

6. 灵活学习，敢于挑战权威，力求出成果。

【课标要求】

通过诵读来加深学生对文言字词、句子的理解；采取合作讨论和问题探究的方式理解文章的内容，把握文章的主要观点，体会其中蕴含的道理。语文教学要注重语言的积累、感悟和运用，注重基本技能训练，让学生打好扎实的语文基础。尤其要注重激发学生的好奇心、求知欲，发展学生的思维，培养想象力，开发创造潜能，提高学生发现、分析和解决问题的能力，提高其语文综合应用能力。

【课程目标】

1. 语言目标：掌握文中一些重点词语、句子的意义。掌握消息写作的要求。

2. 思维目标：培养批判性思维，把握文章基本内容，了解主要情节，体会文中蕴涵的深刻道理，培养学生敢于质疑和情境写作的能力。

3. 审美目标：学会看图，理解情节，进行细化学习，领略思维之美。

4. 文化目标：了解中国的神话文化、道教文化。

【重点难点】

1. 重点：学习课文，掌握文言，敢于质疑。

2. 难点：正确的是非观，主动质疑的能力。

【核心概念】

插图。

【创意点】

质疑求真。

【问题思辨】

1. 如何正确对待教材中的插图等信息？

2. 如何准确地进行消息写作，报道一件事情？

【课堂教学五步骤】

1. 创意设计：以"质疑求真"为创意点设计教学，在学习目标中提出要求。

2. 概念推演：通过本课问题思辨性设计，推演解读"插图"概念。

3. 素养建模：在课堂创造性教学中，完成对"质疑求真"的素养建模。

4. 目标探寻：通过统筹性备课与创造性教学，在本课探寻学习实践中渗透达成四个目标。

5. 反馈检验：在课堂和课后作业布置中，进行科学性检验。

【课时安排】

二课时；本课为第二课时。

【教学过程】

一、课前三分钟，复述《劳山道士》内容

二、齐读课文

三、问题探究

甲图

（一）展示甲图

1. 小组讨论，甲图讲的是课文中的第几段，哪一个情境？请概括回答。

甲图讲的是第三段，写的是一客掷箸到月中，月中飞下嫦娥的情节。

2. 从甲图中可以看出课文中的哪些具体信息？请用原文一一整理出来。

原文信息："见二人与师共酌。三人移席，渐入月中"，说明有三个人。

其中之一"素发垂领"，说明是师父道士。

"师乃剪纸如镜粘壁间"，说明了墙壁上有剪纸有圆月。

"乃于案上取壶酒，跃登几上"，说明地上有"案、几"。

"几上肴核尚存"，画上有盛肴核的盆。

3. 请同步翻译这些语句。

（二）展示乙图

乙图

4. 小组讨论，乙图讲的是课文中的第几段，哪一个情境？

讲的是第三段。讲的是道士三人飞入月中后的情境。

5. 从乙图中可以看出课文中的哪些具体信息？请用原文一一整理出来。

图中王生围观，说的是：诸门人环听奔走。

月中有三个人。说的是：见二人与师共酌。三人移席，渐入月中。

其中之一戴道冠，说明是师父道士。

墙壁上有圆月，说的是：师乃剪纸如镜粘壁间。

道士旁有桌子，说的是：乃于案上取壶酒，跃登几上。

桌子上有酒壶酒杯，说的是："一客乃于案上取壶酒"。

6. 请翻译这些语句。学生同步翻译。

7. 甲图是乙图的后一版本插图，请说说它好在哪里？

学生发言，注意教学生成。

8. 还原真相，乙图是前一版本，请找找图片问题出在哪里？

乙图问题：

①乙图：道士坐在凳子上。

原文：一道士坐蒲团上。

②乙图：道士长发绾起在道冠里。

原文：（道士）素发垂领。

③乙图：纸在门与壁上。

原文：师乃剪纸如镜粘壁间。

④乙图：只有道士一人独坐，理解在结束后"则道士独坐而客杳矣"。但壁上还有三人，前后矛盾。时间未定好。

原文：见二人与师共酌。

⑤乙图：月上三人，席上还有一个人，有矛盾。

原文：三人移席，渐入月中。

⑥乙图三人装束类似、雷同。

原文：众视三人坐月中饮，须眉毕见。

⑦乙图是桌子。

原文：歌毕，盘旋而起，跃登几上。

⑧乙图只画王生一人。

原文：诸门人环听奔走。

⑨乙图月中三人，装束无道士形象。要有道士装束。

原文：三人移席，渐入月中。……一道士坐蒲团上。

⑩乙图月中三人环坐桌子。

原文：歌毕，盘旋而起，跃登几上。（应该画案几。）

⑪乙图屋内外都有门。生活实况一般只需一门即可，且空间位置不清，层次不明。

......

乙图是 2002 年第 1 版教材，甲图是 2010 年第 3 版教材。

四、情境写作

9. 整理问题，给语文出版社编辑写一封信。

当堂写作，当堂点评。

10. 展示信件内容，分格式和内容进行点评。抽查两位同学作品。

11. 后续事件，展示报纸新闻报道，鼓励敢于质疑。

附1：《泉州晚报》2004 年 4 月 13 日星期三报道

晋江小女孩"挑刺"语文教材
出版社闻过则改

语文出版社闻过则改

本报晋江讯（记者黄书招）晋江永和中学一名正在读八年级的小女孩因对语文教科书上一副令人费解的插图产生质疑，上网发帖子与语文出版社取得联系，最后促成该社决定重新设计插图。昨日下午，记者赶到永和中学，采访了这位敢于"较真"的女孩。

文图不一学生费解

敢于"挑刺"教材的小女生姓姚。小姚告诉记者，这副令人费解的插图出现在语文出版社出版的《语文》八年级上册第 29 课（第 194 页）《劳山道士》一文中。

小姚说，在学习《劳山道士》时，她和同学们发现课文插图与原文的诸多细节存在不吻合之处。像插图中画着三个人在月中饮酒，课文写着"见二人与师酌，三人移席，渐入月中"，三人应指老道士与两位客人。但在插图中，一位老道士坐在桌边饮酒凝视壁上之月，以他的打扮可以猜测他是老道士，这样一来，饮酒的老道士与月中的老道士岂不是同时出现，难道这老道士这时使出的是分身术？这种令人费解的说法，小姚和同学们在插图中就发现了好几处。

致信求真喜有回音

　　经过同学们集中讨论，最终由小姚执笔写了"关于《劳山道士》的插图致《语文》编委的一封信——一封来自晋江永和中学八年级六班学生的来信"，发表在语文出版社的网上论坛当中的"课改栏目"。

　　日前，小姚再次上网时，欣喜地发现她的信有了回音，语文出版社一编室的一位编辑回复说："原插图将几个情节糅合在一幅图中，确实有些令人费解。我们已注意到了这个问题，并决定重新设计插图，以便更好地表现内容。待教材重印时，这个问题会解决的。"

　　这封回信给了小姚和同学们相当大的鼓励，他们表示，将把不迷信教科书，敢于"挑刺"的怀疑精神坚持下去。

　　《东南早报》2004年4月13日星期三对此事也有报道，内容简短了很多：《小女生"挑刺"语文教材——语文出版社决定重新设计课本插图》（略）。

　　附2：学生写给语文出版社《语文》教材编委的一封信：

关于《劳山道士》的插图致《语文》编委的一封信
——一封来自八年级六班学生的来信

尊敬的编辑们：

　　你们好！

　　你们肯定会奇怪，我们这些来自陌生地方的学生会给你们写信。我们是福建晋江市永和中学八年级六班的学生。从上学期七年级开始，我们就一直采用你们语文出版社版本的《语文》课本。这套书选入的文章挺有意思的，我们都很喜欢，课文里面的插图，也是我们欣赏的对象。教语文的鲍国富老师也经常引导我们结合这些插图，进行课文学习。

　　鲍老师让我们阅读《劳山道士》这篇文言文时，结合插图谈谈自己对课文的理解，同学们都很感兴趣对照着欣赏，讲述自己的想法，但好像同学都谈到了这张插图所画的内容，似乎与课文内容不太相符合。

　　留婷婷同学主动谈出自己的见解，她率先对《劳山道士》的插图进行质疑，提出不同的看法："插图中画着三个人正在月中饮酒，课文也写着：'见二人与师酌，三人移席，渐入月中。'三人应指老道士与两位客人，结合课文，这样理解应该没错，但插图中却画着一位老道士还坐在桌边饮酒凝视壁上之月，以他的打扮可以猜测出他是老道士，这样来饮酒的老道士与月中的老道士岂不是要两个人同时出现，难道这老道士这时使出的是分身术？课文内容好像和插图内容有矛盾啊。"姚孚贝同学沉思了一会儿，站起来表述自己的思路："我觉得画中在饮酒的老道士应该是从月中下来，因为课文中说道：'移时，月渐暗，门人燃烛来，则道士独坐而客杳矣。'这样来说，老道士是从月中下来了，但壁上月中却还是有三个人啊，逻辑上好像讲不通。而且'门人燃烛来'这没有在画中体现出来，难以理解，应该在桌上画根蜡烛，或者在门外的王生手中应拿着蜡烛，这样才更令人一目了然。"刚讲完，邓荣利也迅速地站起来，讲道："课文中写道：'诸门人环听奔走，众视三人坐月中饮。'由此可看出有好多门人在老道士和他的两个客人周围才对，那么说，图中应该要不止画一个人，但书上的插图只画王生一人，且还是在门外偷看，这点不符合'环听奔走'之意啊。我建议应多画几个门人，这样才更符合文义。"陈清烨同学也不甘示弱说："课文写着：'师乃剪纸如镜粘壁间'，而插图中的月却贴在了门上。这好像也有矛盾。"我也谈了自己的发现："课文上说老道士是'素发垂领而神观爽迈'。文中插图中的这个手持酒杯的道士，应该就是那位老道士吧。图上的他的长发不是垂下来，散放到衣领上，而是绾到了上面的道冠上。不知这点是不是也是插图中的一个笔误呢？"

以上这些都是我们同学共同讨论的结果，但这一结果却使我们心底产生了更多的困惑，毕竟一幅准确生动的课文插图，对我们学生理解文章时会起着画龙点睛、事半功倍的作用。我们同学们很想听听各位编委老师们的看法。

希望能收到你们的回信，从上学期到现在，我们在课文中常有一些难以理解的问题，有些还是我们老师难以解释的。希望能进一步向各位编委老师们请教学习。

祝

编祺

八年级六班全体学生

姚雅真执笔

2003 年 12 月 30 日

附3：事件运用。事迹成文，参与作文比赛，在泉州"互联网成就未来"征文比赛获奖。

一切皆有可能

姚姗凤

给我一个支点，我能撬起这个世界。

——阿基米德

朋友，你用过课本吗？

没错，我们都曾用过课本，而且我们现在还在用着课本。

朋友，你是否会相信，有时课本可能因你而必须修订里面的内容呢？

没错，你我都曾对我们的课本不敢产生过怀疑，它们是经过了那么多专家的研究，经过了那么多师生的试验，才最终放上了我们的课桌。

然而，课本中的一篇课文，真的因我们同学的努力而修订了。

因为有了互联网，使我们学生的亮点不再沉寂，使一切皆有可能……

喜讯一加一

"号外——号外——"，三月的一天，当本班最佳"小灵通"充满喜悦的喊声响彻电脑室，旁边立刻围满了好奇的同学。

"什么事？什么事啊？"

"这……这个……"

"你倒是快点啊！""对啊，别卖关子了！"

"大家看这帖子，我们班致语文出版社编委的信得到回复了——"

"耶——""万岁——万岁——""唔，都要忘了这件事了呢。""嗯，嗯。"

"哎呀，真是个好消息啊，你们看，这'语文出版社'的论坛上的'来自一线的声音'栏目中，编辑石页给大家回复呢！大家别挤着。看啊——我来念！咳咳——'你们的意见很中肯，也很有见地。原插图将几个情节糅在一幅图中，确有些令人费解。我们已注意到了这个问题，并决定重新设计插图，以便更好地表现内容。同学们，非常感谢你们对我们工作的关心和支持，待教材重印时，这个问题会解决的……'"

电脑室同学们在"小灵通"的朗读声中掌声连连，气氛显得喜气洋洋。

后来，我们还从此次活动的引导者语文老师那里得知，《泉州晚报》记者专门采访了我班的同学，并将这件事写成新闻发表在了 4 月 13 日的《泉州晚报》上。连续好几周，班里的同学被一种激动所笼罩："我们，一群普通的学生，竟也改变了课本的内容啊！"我和同学们兴奋地讨论着，因为有了互联网，欢笑声回荡在我们的校园，我们的教室，我们的心中，也照亮了我们充满希望的语文学习之旅。

集体心连心

提起这件事，就要从去年十二月，我们学习八年级《语文》上册《劳山道士》那节语文课上说起了。教语文的鲍老师像往常一样引导我们结合插图，对课文进行探究学习。但我们却在讨论过程中，对插图产生了许多疑问。留婷婷同学主动先提出了自己的见解，对《劳山道士》的插图质疑道："插图中画着三个人正在月中饮酒，课文也写着：'见二人与师酌，三人移席，渐入月中。'三人应指老道士与两位客人，结合课文，这样理解应该没错，但插图中却画着一位老道士还坐在桌边饮酒凝视壁上之月，以他的打扮可以猜测出他是老道士，这样一来，饮酒的老道士与月中的老道士岂不是要有两个人同时出现，难道这老道士这时使出的是分身术？课文内容好像和插图内容有矛盾啊。"接着，同学们又进行了激烈的讨论，并且先后提出了关于背景、人物还有装扮等各个方面的疑问。其中还有人说道："课文上说老道士是'素发垂领而神观爽迈'，文中插图中的这个手持酒杯的道士，应该就是那位老道士吧。但图上的他并没有垂下长发，散放到衣领上，反倒绾到了上面的道冠里。这大概也是插图中的一个笔误吧。"

在此讨论过程中，同学们积极参与，互相补充。最后在语文老师的鼓励下，我们还一致决定，不再用传统的寄信方式向编委表述我们的观点，而是到互联网上，到"语文出版社"的"网上论坛"发表我们致《语文》编委的一封信，借互联网的便捷，多与其他地方的师生交流，并得到了编辑们的回应。这一切发生得不紧不慢，却触人心弦，让我们对自主探究学习有了更大的信心。

教学反思：

今天在八年级二班进行了一堂校级的示范课。课前我通过飞信这一移动技术的软件应用平台，给他们的语文老师发去相关的教学设计思路，并请他先期布置学生进行预习。设计的教学思路中，个人希望在课堂上能有一些课改的味道在里面。然而却出现了意外的教学事件。

上课一开始，依惯例地想先和学生做个自我介绍，拉近师生距离。刚说完"我姓'鲍'"，就有一位靠墙的男生大声说："我班也有姓'鲍'的。"

我说："那很好。"

这男生又说："那是老乡了。"他很是兴奋，往班级后看，手中一直做着动作。

我说："对。"

这男生又说："是老乡，怎么没有相见泪汪汪地？"

我心里想，这不是胡扯吗？就回答说："是老乡没错，但我们这堂课要进行的是语文学习。"

这男生又嘀咕了什么，我有些不满，让这位学生翻开课文，开始阅读。教师理正词严，那男生终于静了下来，安分地看上了课文。

我想，这应该就是一个很典型的教学故事吧。幸好事先有足够的课堂教学预设，挡住了来自借班上课的学生开课前的三斧头示威。但是一节课之前的整个计划就此被冲淡了。课前问原班级语文老师，说及《劳山道士》，课文还没教，这点又是始料不及的。本来以为是在课后教学，不想还未教授，那不是得先理解课文，再来开展相关活动吗？没有办法，只好用了二十分钟的时间来复述课文，让学生能够理解好课文。还好课堂的后半阶段进行得还算顺利，师生互动、生生互助这点有所体现。

第五节 求雅：素养要素课堂创意教学策略

创意语文素养要素课堂以培育语文核心素养为主要课堂形式。语文核心素养的基本内涵由语言建构与运用、思维发展与提升、审美鉴赏与创造、文化传承与理解四个维度构成，四维度的思考与设计成为了语文课堂的重心。

一、创意语文课堂要厘清语文核心素养的要点

（一）语言建构与运用

语言建构与运用。语文核心素养中语言建构与运用是核心。语文要体现学科基本学习属性。语文学科就是以语言学习为基础，其中语言层次是内核。语文要重点思考"八字宪法"——"字、词、句、篇；语、修、逻、文"，还要思考"听说读写思"。创意语文可从以下方面培养语言建构与运用能力：常用和次常用汉字；富于表现力的词汇；成语、熟语和惯用语，文言实词，古今异义词，常用文言虚词等；各种句式与句子；诗文名段名篇；各种类型的短语；常见修辞；句子的概念，逻辑规则、关系与衔接；常规作文；各种语言表现形式，如对话、讨论、朗诵、调查、发言、演讲；各种情境任务作文，如书信、总结、通信、调查报告等。成，四维度的思考与设计成为语文课堂的重心。

（二）思维发展与提升

创意语文的言语实践要有思维，对思维进行专门训练，能促进语言的学习；思维要结合语言进行学习。思维要有思维品质，要培养思维的深刻性、灵活性、敏捷性、批判性、独创性等。创意语文可从以下方面培养思维发展与提升力：学习点逻辑知识；概念、判断、推理、论证；形象感知文学作品中的形象，要有独特的体验和个性化认知；借助联想与想象，进行阅读与鉴赏、表达与交流、梳理与探究；能辨识、分析、比较、归纳和概括语言现象，有条理地表达个人观点；能用词性、短语、单句、复句等语言规则、逻辑规则分析、判别语言；能运用口头语言和书面语言交流沟通；能批判审视言语作品，探究发现语言现象。

（三）审美鉴赏与创造

审美鉴赏需要以语文为途径进行，激活思想和想象力。可着重从以下方面培养学生的审美鉴赏与创造力：汉字的构造法、演变，感受汉字独特的美；汉语表意和表音文字系统独特的美；诗文名篇和名著的形象美与情感美；概括作品的思想情感和语言特点，体现高尚的审美品位；运用书面语言进行文字上的审美创造，塑造美好形象。

（四）文化传承与理解

中外文化、民族优秀传统文化，应继承为学生发展服务。要能容纳，能"拿来"借鉴，拓展文化视野，有文化自觉。可着重从以下方面培养学生的文化传承与理解力：重要文化典籍如儒家"四书五经"等；理解经典古诗文；热爱并能运用中华传统文化；学习外国诗文名篇，尊重多样文化。拿来借鉴，为我所用；关注当代各领域的文化名篇，关注文化现象；形成对国家、对社会、对自然的思考，体现文化自觉意识。

二、创意语文课堂要落实语文核心素养

语文核心素养要通过长时间的日常学习或训练才能获得。素养要素课堂要以课堂教学为主阵地，以课外语文活动为辅助阵地。教师的教和学生的学要并重。教既要整体授课，也要个别辅导。学，既要统一学习，也要课后请教，还要进行必要的自主学习和训练。语文核心素养要有大量的积累，也要有答题的技巧和训练。

创意语文课堂可以这样落实语文核心素养：要听说读写思，也要积累、感悟、熏陶，在课堂教学中落实；要以传统经典篇目为"抓手"，同时关注当代中

外优秀作品；课堂教学传统讲授、课内自读、课外自读要错落有致，形成立体的整体学习能力；语、修、逻、文要落实到日常教学中；要多教给学生切实有效的学习方式方法；具体的言语实践如诵读、演讲、辩论等要走进课堂；多从入格、多写、面广三方面落实写作素养。同时运用大小专题检测，夯实语文核心素养。

创意语文的课堂教学追求"雅"，追求优雅、高雅的充满智趣的语文教学。具备这样素养要素的课堂才能脱俗，才能归真。雅致的课堂，教学设计要少安排非语言文字的项目，不合适的音频视频不合言语实践的特性。雅致的课堂，要少用大家都在使用的平俗设计手法。比如课堂总要生硬地来几次小组合作学习。雅致的课堂，要锤炼教师的课堂教学用语。少用口头禅，少无端给掌声。雅致的课堂，要简化教学思路，应动静有致。雅致的课堂，要深化教学内容，不浮在表面。雅致的课堂，要美化教学手法。多元运用教学手法，多设计集体活动。雅致的课堂，要细化活动设计。要有朗读训练、文学欣赏、写作训练、学习方法等实践活动。雅致的课堂，要优化教师的专业技能，提高教师的职业素养。

《陋室铭》教学设计

创意说明：教学者个人生活的套房的设计与装修，增加了对《陋室铭》一文精神文化内核的感悟。创意语文将《陋室铭》一课从"问道"的概念进行思考和解读，借助"联一联"的思维工具，上升到对精神、文化的理解。教学设计中突出对《陋室铭》的精神与文化的感知与思考，并上升到"问道"的文化层面进行批判性思维。

【课程目标】

1. 语言目标：积累掌握文言词汇，翻译文章，掌握内容。学习文言名篇优美的语言表达，领悟美好的居所可以丰富人的精神追求。

2. 思维目标：批判性思维，思考体悟居所对一个人的物质态度、精神成长的重要作用。

3. 审美目标：人在世间，经历不同，物质追求、精神境界不同，通过本文的学习，可以丰富和端正人们对于物质与精神的追求观。

4. 文化目标：引导学生体悟传承中国传统居室的精神文化中"安贫乐道，

高洁傲岸"的精神传统。

【核心概念】

问道。

【创意点】

中国居室的精神文化。

【重点难点】

重点：朗读并分析文章的内容，领悟"问道"的精神内涵。

难点：体会作者的思想感情，理解文章的主旨。

【课堂教学五步骤】

1. 创意设计：以"中国居室的精神文化"为创意点设计教学，在学习目标中导入。

2. 概念推演：通过本课问题思辨性设计，推演解读"问道"概念。

3. 素养建模：在课堂创造性教学中，完成对"中国居室的精神文化"的素养建模。

4. 目标探寻：通过统筹性备课与创造性教学，在本课探寻实践中渗透达成四个目标。

5. 反馈检验：在课堂和课后作业布置中，进行科学性检验。

【课时安排】

一课时。

【教学方法】

先学后教，少教精学。

【教学过程】

一、课堂导入，说居室

《我的理想居所》交流。

学：学生展示课前准备的《我的理想居所》，小组合作学习，推优交流。

思：为何我们会对居所有理想，有追求？

创意说明：从接地气的人们居住的居所导入，碰撞"陋室"，引导学生对人居住的地方的思考，畅谈对理想居所的想法，激发学生对个人居所的理想追求，由此倒逼对《陋室铭》进行学习和思考。问道，问欲望之道。

二、读《陋室铭》，清词句

读：全班齐读，读后齐背。

译：学生轮流，一人一句，逐句翻译，及时点评。

说：读原文，说翻译。

创意说明：夯实文本知识与能力，确定好文言文本真的教学内容。问道，问知识能力之道。

三、素养教学，问题群

1. 作者认为自己的陋室"不陋"，具体体现在哪些方面？

① "苔痕上阶绿，草色入帘青。"（体现自然环境的清雅）

② "谈笑有鸿儒，往来无白丁。"（突出朋友交往的儒雅）

③ "可以调素琴，阅金经。"（凸显生活情趣的高雅）

④ "无丝竹之乱耳，无案牍之劳形。"（反面展现出生活姿态的优雅）

2. 刘禹锡认为陋室陋与不陋的关键是什么？从文中哪一句话体现出来？

斯是陋室，惟吾德馨。

3. 刘禹锡想要借这陋室，表达自己怎样的精神追求呢？

安贫乐道，高洁傲岸。

4. 文章不仅表达了安贫乐道的主旨，还表现了作者怎样的气概？

从文章的开头和结尾几句中的重点词看：仙、龙，诸葛庐、子云亭。作者拿来与自己比较的事物都很崇高，都是古代贤人，说明自己也要像诸葛亮遇到明君那样，在政治上有所作为，和杨子云一样在文学上名扬天下，从而看出刘禹锡文章暗含的一股豪迈的气概。

创意说明：从"求雅"的角度，培育学生语文核心素养。这四个角度的描写，就像是四幅图画，苔绿草青，既有淡雅之色，又有勃勃之景；既能弄琴读经，又能谈笑鸿儒。这是"陋室"居所的内容，从物质的表层迈向精神的深层，是素养课堂"求雅"的生发点！问道，问雅致之道。

四、问道陋室：悟追求

现代人的另一种追求：择山、筑舍、引泉、厨灶、门窗、耕读、琴剑、文房、问道……

通过图片展现当代居士在终南山上的居室；展现禅意装饰的居室……谈对极简的、传统的居室设计理念与《陋室铭》中的相通之处的理解。教育学生从居室，从文字中品悟出对"道"的精神层面的理解。

创意说明：通过前贤经典与当代居室理念的对比碰撞，通过当代不同生活理念的居室观，在观念碰撞中产生对人的居住环境与精神追求关系的思考。问道，问精神之道。

五、课堂总结

问道陋室，就是问道我们对居室的观念，更是问道我们对精神生活的追求。

创意说明：创意语文的"求雅"素养要素课堂追求，在概念观的解读中，从文本阅读的表层阅读，走向对文字背后的深度学习。从经典传承走向个人体悟。

六、科学性检测

完成课后《陋室铭》作业系统练习。

七、纲目式建构：板书设计

问道《陋室铭》

交流《我的理想居所》

学习《陋室铭》

问道生活

教学反思：

联想与想象是语文的翅膀，缺少联想与想象的语文课也就缺少了灵性。为此，在进行教学时，应让学生展开想象的翅膀，以提问方式引导学生进行想象，使陋室之雅具体地表现出来，为突出陋室"何陋之有"张本。而以往教学此文时，为突出"陋室不陋"这一重点，一般设计的题目为"陋室环境如何？陋室主人交往情况怎样？陋室主人有怎样的兴趣爱好？"提问琐碎，学生也不明白回答这些问题的目的何在。而改动后的教学设计有力地突出了重点，也解决了难点。

"语文的外延与生活的外延相等"，语文必须与现实社会紧密联系，方可体现语文教学的现实意义。因此，课上在分析完陋室主人安贫乐道、高洁傲岸的情操之后，我设计了一个小讨论："为何我们会对居所有理想，有追求？"这个问题的设计应是学生最有话说的部分，但在教学过程中学生有些怯场，我也没有留下足够的时间，一起参与学生的讨论，导致学生没有充分讨论和大胆发言，这是这堂课的不足之处。

培养学生主动质疑、大胆发问的习惯和能力，因此我设计了一个学生质疑发问的环节，鼓励学生从读书中发现问题，提高学生解决问题的能力。这个环节因为留的时间相对充足些，学生提出了一些很有价值的问题。学生在质疑的过程中，也在思考着如何解答这些问题，这个思维的过程本身就是教学的目的。

《孙权劝学》课堂实录

创意说明： 创意语文针对初级中学学生厌学现象，在《孙权劝学》教学过程中进行德育渗透，并进一步让学生学习说话的艺术。创意语文运用"加一加"的创意思维工具，将语文教学与德育融合，以落实立德树人根本任务。

一、导入

师：同学们，今天早自修时，发生了什么事？

众生：有几位同学昨晚上网吧，被班主任老师发现，叫去上"政治课"了。

师：大家都有过老师和你谈心的经历吗？

众生：有啊。

师：其中和哪件事最有关系？

生：和学习有关。

师：大家听了以后，感觉效果大吗？

生（七嘴八舌，有生喊有，有生喊没有，有生微笑，有生沉默。反应不一）

师：刚才同学们的反应，其实都说明了一个问题，劝说我们同学进行学习，老师得有一定的技巧。这次，我们一起来看看，三国时期吴国国君孙权，他是如何成功地劝说一名"大老粗"手下进行学习，并最终让著名的鲁肃对之刮目相看的？

二、阅读

师：大家翻开课本第170页，轻声朗读，同时了解全文大意。

师：谁来说说全文大意？

生：文章讲孙权劝吕蒙学习，开始吕蒙托词推脱，经过孙权的劝说，他努力学习，结果令人刮目相看。

师：说得非常好。下面请大家自由地大声朗读，整体感悟。

学生自由朗读。

师：我们已经阅读了，知道了课文大概意思，下面分组运用工具书，弄清楚文章中的词义，把不懂的提出来，大家帮助解决。（学生分组解决问题）

……

师：下面谁能够起来翻译一下文章意思？

生1：……

生2：他有一句没有翻译准确，应该是……

三、解读

师：好的，刚才几名同学的翻译，疏通了全文的大意。接下来我们讨论一下，为什么孙权能说服吕蒙进行学习呢？

（学生小组讨论，教师参与学生小组交流）

……约过了五分钟。

师：好的，大家都讨论得很充分了。接下来请同学们主动畅谈自己的理解。

生1：我们小组感觉孙权最成功的地方，是他没有因为自己是国君，而用居高临下的语气和吕蒙说话。

师：为什么这样说？

生1：书上有这么几句：权谓吕蒙曰："卿今当涂掌事，不可不学！"我们小组的同学注意到，课文的课后注释是这样解释"卿"字的："卿，是古代君对臣、上司对下属、长辈对晚辈及朋友间表示亲切的第二人称。"这说明，孙权称吕蒙为"卿"，一方面是君对臣的称呼，另一方面也是以朋友的身份对对方表示亲切之情。

师：好，这组同学很细心，能注意到人物称呼上的细微不同，其实包含了很多的内涵啊。吕蒙为什么听了能接受？

生1：用我自己的例子来说吧。我自己也曾经违反过纪律，班主任老师对我很亲切地劝说，后来我就改掉了毛病。吕蒙听到皇帝对他这么亲切，一定会心存感激，一定会想：我一定要学好，不负皇上的信任。

师（笑）：这位同学是以自己的亲身经历，来推想吕蒙的心态，很好。有没有不同观点的？

生2：我们小组很佩服孙权，因为他能以身作则。有些同学为什么会经常重复犯一些错误，就是因为老师没有以身作则。

生（笑）：议论纷纷：这位学生也试胆大了，说老师的不对？

师（笑）：好的，接着说说你的理由。

生2：比如说男同学偷着吸烟这件事吧。班主任老师常口里一支烟，却教育我们不能吸烟，私下有些同学不服气。孙权就不同，他要自己的手下大臣学习，他自己就经常学习。文中说了："孤常读书，自以为大有所益。"你想想皇帝自己都读书了，作为手下的不读书，说不过去。

师：看来，榜样的力量是无穷的，老师要劝说学生读书，一定要以身作则啊。还有其他观点吗？

生3：我们小组讨论的结果是：孙权很会讲话。

师：很会讲话？怎么讲？指孙权口才好吗？

生3：对，孙权的口才很好，能说服别人。我们都知道，带兵打仗的，有很多是大老粗，像张飞。打仗的人有很多不想学习，书看不下，一看眼皮就打架。

众生（笑）

生3：但孙权却最终说服了吕蒙读书，说明他用了很有针对性的方法。

师：采取什么方法，针对哪一点呢？

生3：大家想想，吕蒙是将军，带兵打仗，对什么书会最感兴趣？

生4：战争的书。

师：也就是兵书。

生3：对啊，文中孙权有这么一句话："孤岂欲卿治经为博士邪！但当涉猎，见往事耳。"我们想啊，孙权说读书不是"治经"，不是"研究儒家经典"，言下之意就是可以看些兵书什么的，兵书，吕蒙就一定会感兴趣。

师：大家知道什么兵书吗？

生4：《三国演义》里面有很多战争，一定是兵书。

师：吕蒙能看到《三国演义》吗？

生5（思考）：不行，因为《三国演义》是罗贯中写的，在三国以后才出来，而吕蒙是三国时的人。

师：那可能看什么兵书？

生6：《孙子兵法》。

师：你怎么知道？

生6：《历史》课本上有。（众生笑）

生7：还有《孙膑兵法》。

师：很好，也是《历史》书上的吗？

生7：不是，但历史老师有说过，孙膑是孙子的孙子，所以我们记忆深刻。

师（笑）：很好。其实我们学过看过的一些文言文，它所选自的书籍，也可以说是兵书，因为里面记录了一些战争的策略。像《左传》这一本书。大家能回忆一下，再举几本书吗？

生8：《战国策》？

师：对，还有？

生9：《国语》。

生10：《史记》……

众生议论，热烈。

生3：我还没说完。

师、生惊讶，笑。

师：好，请接着说。

生3：刚才说吕蒙可以先读兵书，但是（语气强调），伟大的吕蒙大人只会读兵书，这样就能让鲁肃信服？

生11（笑）：那还有什么？

生3：因为大家刚才说的那几本古书，鲍老师以前就说过了，它们不仅是兵书，也是一些文学性很强的书。吕蒙这些兵书看得下去，看久了，他一定对文学也有些了解，有了适应，时间一久，也一定能读一些经书什么的书籍，从而加强了自身的内涵。

师生：（鼓掌）

师：这位同学由此及彼的推断，有没有道理？

众生：有。

生3：这也和孙权的本意是相同的，因为孙权说的是："但当涉猎，见往事耳。"吕蒙看的书多，就是涉猎，就"见往事"，就长了见识，最后也就"别三日，即更刮目相待。"

师：大家说，这位同学和他们小组的理解如何？

众生：很精彩。（自发地鼓掌）

师：还有不同看法的吗？

生：（主动站起）有，我们小组认为，孙权很会鼓励吕蒙，让他有了信心。

……

四、拓展

师：下面请同学们根据自己的积累讲一讲跟本文主题相似的故事。

学生举手争取发言。

生1：我给大家讲《铁杵成针》的故事，唐代大诗人李白在游历途中，感到身心疲惫，想放弃学习。有一天他在山涧发现一个老太婆在磨一根很大的铁棒，李白感到很好奇，就问老太婆磨铁棒干什么？老太婆说，磨针。李白不相信，老太婆看出了他的心思，说，我坚持磨下去，总会成功的。李白听后很受感动，回去后，认真学习，终于成为一代大诗人。

师：谁来评价一下他讲得怎么样？

生2：他的故事很好，说明了坚持对于成功的重要性，也告诉了我们，劝告别人的方法很多，一些行动更加能够使人明白一些道理。但是，他讲得一点也

127

不生动。

师：你的评价很准确，听得很认真。谁继续讲？

生3：我来讲《后汉书·列女传》中的一个故事，河南乐羊子到外面学习，一年后突然归来，妻子问他回来的原因，乐羊子说："没有别的原因，只是长期在外面，想念家里。"妻子听后什么也没有说，就拿起一把刀子快步来到织布机前面，割断机子上的布，对乐羊子说："这织物出自蚕茧，在织布机上完成，全靠一根丝一根丝地积累起来，才到一寸那么长，再一寸一寸地不断积累起来，才成丈成匹，现在割断这织物就前功尽弃。你做学问，应当每天学到一些新东西，不断积累才能够成就你的美德，今天你回来，就跟割断织物没有什么区别。"乐羊子被她的话打动，感到非常惭愧，立即红着脸回去了，此后就全身心地投入到学习中，最后成为一代名人。

师：这位同学讲得怎么样？

生齐声：好！

……

教学反思：

现在的初中语文新教材以全新的面目展现在我们面前：现代文中一些沿用多年的陈腐篇目多被删除，取而代之的是贴近时代、贴近生活的佳作。在整套教材中文言文就占了三分之一的篇幅，毫无疑问新教材中所选的诗文都是中国古典文学的精华，是中华民族宝贵的文化遗产，学好这些诗文对提高学生的语文水平至关重要。长期以来，怎样才能教好文言文，一直是语文教师的困惑。在传统教学中，有的教师把文言文教成了古汉语，把一篇文质兼美的文章分解得支离破碎，一段一段地读，一句一句地讲，一字一字地解，整堂课学生都处于被动地位，他们自然会感到枯燥无味，毫无兴趣。而今，在如火如荼的教改活动中，有的教师又脱离了"双基"，大讲特讲其艺术特色、人物形象。这样一来，学生虽然听得津津有味，但是当他们合起书本之后，却是一片茫然。针对这些情况，该课教学设计尝试采用以下几个环节进行文言文教学，取得了较好的效果。

一、"阅读"：指导学生反复诵读。这是学习文言文的基本要求，古人说得好"书读百遍，其义自见"。阅读教学是学生、老师、文本之间对话的过程。阅读是学生的个性化行为，不应该以教师的分析代替学生的阅读实践。文言文的字、词、句的组合与现代汉语有很大差异，只有通过反复诵读，才能增强语感，从而获得初步的感性知识。诵读的初始阶段要在老师的指导下进行，可以就某一段或整篇进行诵读，在读的过程中一定要正确断句。《语文课程标准》明确地提出了诵读的要求："能用普通话正确、流利、有感情地朗读。"文言文的诵读若能达到"正确、流利、有感情"的程度，对于下一步的"译"将会有很大帮助。

二、"解读"：教师适当地给予点拨。在学生熟读之后，由学生互助合作进行解读，再由教师点拨文中的重要知识点，特别是古今差异较大的词义或一些特殊的文言句式。对于中学生来说，不宜过多地讲语法特点，只要让学生掌握该词在本文中怎么理解就行了。另外，同一个字在不同的文章中，甚至在同一篇文章中，它的意义和用法也不同，这就是我们所说的不同于现代汉语的一词多义现象和词类活用现象。那么，教师应先告诉学生那个词在本文中的理解，再将它与前面学过的用法加以比较，进而弄清它们的不同之处。

三、"拓展"：在全面理解文章内容的基础上充分调动学生学习的主动性，将现在学习的知识同以前的知识相联系，将课本上的知识同课本外的知识相联系，将课堂知识同社会知识相联系，从而实现掌握知识和培养学生的人文素养同步发展的目标。

而对于古文学习，我们往往是一读，二释，三情感。虽然环节相似，但效果却各有千秋。原因何在？关键是能否根据文章的特点与学生的学习水平、学习状态等因素来精心设计。教师在上课之前的准备是十分有效的：备课文时把握了文章的特点，即文意不难疏通，情感不难把握，于是设定教学目标为如何有效地进行课文朗读；备学生时考虑到学生应该有的学习状态和学习心理，即对新事物充满好奇心，善于表现自己，最愿意接受表扬，便利用说书这个富有生命力的艺术形式来激发学生学习兴趣，从而达到教学目标。教师在上课时的引导与评价是有效的：教师精心设计每一环节，层层深入，环环相扣，引导学生的认识不断深入。特别是充分发挥课堂上同学互助合作探究的积极性，同时根据学生特点及时重复和总结学生的发言，给学生一个清晰的知识点与知识面，帮助学生理清较为混乱的知识体系，即将新知有机地纳入旧知，构成新的知识体系；同时毫不吝啬地表扬出色的学生，激发学生参与互动的热情，最大限度地激发学生的学习热情，使每个学生都全身心投入学习，效果是不可估量的。特别是那位口吃同学的发言，掀起了学生表现自己的一个小高潮。所以，文言文教学如何真正达到实效，还是要根据教学目标来设计，并促使每个环节都能达到它的教学目的与教学效果。

第六节　求实：考点要素课堂创意教学策略

创意语文既要"眼望星空"，追求素养要素的课程，还要"脚踏实地"，追求考点要素的课堂。能适应中高考变革，在考试中表现卓越的课堂，也是创意语文的追求。考点即教学点，不仅存在于中高考之前的复习课，更存在于日常课堂。创意语文有意识地将考点化为日常课堂的教学点，求实，实用，实效，有实绩。考点要素的课堂，对考点要素的创意教学研究成了重要的方向。考点要素的课堂创意教学策略，应该具备以下几种意识：

一、考点要素课堂创意教学要有考点意识

考点要素课堂要跟踪中考考点。每年的中考语文考点都有一定的延续性。福建省对试卷结构和试题测评的安排就是考点的呈现，一线教师、基层师生都会围绕考点进行教学和突破。福建省中考语文试卷 11 个专题 23 个题目就成了考点的重要研究方向。及时进行中考考点的梳理和归纳，成了考点要素课堂的必备环节。比如古诗鉴赏考点要素课堂围绕一个专题内容进行。有的选择送别诗，有的选择山水田园诗。从这几年古诗鉴赏的考点来看，教师应有意识地进行内容的整合，课堂以表现手法和情感主题为主教学。延伸到日常教学，针对一首古诗的内容考点如何开展教学？这是语文教师的思考方向。

二、考点要素课堂创意教学要有课标意识

以前按照《福建省初中学科教学与考试指导意见》进行考点设计，现在统一按照教育部的要求，以《义务教育语文课程标准》作为唯一标准。《课程标准》进行的是统合性的、大方向的纲领性指导，需要语文教师进一步细读《课程标准》，从中进行思考和延伸拓展。从这个角度看，语文老师选择课内古诗，都与课标有重要的相通之处。课堂教学时，有必要进行专门的课标说明，既是教师自明，也是告诉学生。

三、考点要素课堂创意教学要有教材意识

研究近五年福建省中考古诗鉴赏的第 2 题简答题都可以发现，考点试题与统编初中语文教材教读课后练习之间有必然的关联点。在考纲取消的背景之下，统编教材成了考点重要的参照来源。语文教师在进行日常教学点的确定时，要

以统编教材为主，教材作业系统与考点关联度大。围绕统编教材课后作业系统练习进行课堂教学汇总、整合，有利于对考点的掌握和突破，以达到更有效学习的目的。

四、考点要素课堂创意教学要有类题意识

类题指的是类型题，考点的类题既在专门的检测的书籍材料中，更要在教材课后作业系统中找到原型类题。类题也是教学点。日常语文课堂的类型题教学要进行整合，以专题的形式进行学习、复习和突破。学生在类题的量的累积中才能够达到质的突破，才是有效教学。另外微课或微讲座，研究的对象还是学生，以类题帮助学生学习，既是教学点，也是掌握考点行之有效的方法。

五、考点要素课堂创意教学要有解法意识

解法意识指的是对问题的解决突破的方法。语文中考考点要素都有相应的教学方法和解题方法。教会学生进行解法突破，是课堂教学的重中之重。语文课堂重视对解法的归类和解说。解法固化，应该力争简单可行，避免复杂琐碎。以古诗专题课为例，两个专题都重视解法，山水田园诗重学生角度的解法，送别诗重理论层次的解法。

六、考点要素课堂创意教学要有有界意识

有界指的是有边界。任何的知识，特别是初中语文的考点教学点都是有边界的。全国各地中考试卷各有特色。近五年的福建中考的考点都有一定的延续性，也就是说考点是有界的。师生没有必要进行过多的担忧，以为中考都会考新题型新知识，就从各教辅中给予学生进行相应的学习和训练，这大可不必。古诗鉴赏等也是有界的，可以以教材为界，可以以中考考点为界，以此两点作为课堂研究和教法突破的边界。

七、考点要素课堂创意教学要有素养意识

虽然考点要素课堂就是以考点教学为主，重视练练考考讲讲，但是在训练和学习讲解的过程中，对于学生的语文核心素养的培育，才是真正的目标，这就是素养意识。在这些考点要素素养意识的培育过程中，最终要达到立德树人的培养目标。

八、考点要素课堂创意教学要有效率意识

考点要素的确定是要达到更有效的教学，有效学习是教学的课堂目标，这不仅仅体现在日常教学中，特别是在中考复习阶段，对于效率的目标达成，更是努力的方向。

由此，创意语文的课堂教学追求"实"。课堂教学要务实求真，利用课堂设计各种学生课堂学习活动。教学实在，学习扎实，检测实效。创意语文的课堂增加了知识积累，训练了学生技能，促进了言语实践。创意语文的课堂活动的设计扎实有效，对统编教材高度重视，课堂实施重视启发式、讨论式教学，保证学习时间，保证自主思维的参与。教学精心设计，教师组织言语活动，启迪了学生智慧，最终提高了语文教学质量。

《文学类文本阅读的备考思维训练》教学课例

创意说明：通过组织九年级毕业班学生学习省中考卷文学类文本阅读试题及答案等相关知识，引导并要求学生进行试题的模拟命制，以命题活动过程的学习思维训练，让学生对照复习。以学习评价倒逼促进阅读复习，提高学生中考语文文学类文本阅读的复习质量。这是用"反一反"的创意工具，采用逆向创意法进行"阅读考点"的概念理解与突破。

【教学设计】

教材分析：

本节课为初三毕业班专题复习的公开课，教材主要使用福建省中考语文试卷中的文学类文本的材料，以及根据中考试题命制方向选择的文学类文本材料。

学情分析：

本节研讨课为借班上课。九年级一班是该年段较好的班级，课前学习材料，已经通过原班语文老师提前进行打印、分发和布置。授课老师提前20分钟与学生进行交流，了解了一些学生的情况。同时检查了学生的课前完成情况，力争做到全体学生同步完成课前学习的所有环节。

【课程目标】

1. 语言目标：清楚中考文学类文本阅读试题的内容与命题方向。
2. 思维目标：逆向思维，初步理解文学类文本阅读题的命题与解题思维。

3. 文化目标：思考文学类文本阅读试题的命制对复习的积极作用。

【核心概念】

命题。

【创意点】

逆向思维，学生阅读理解由答题改为命题，逆向掌握解题答题技巧。

【重点难点】

1. 学生的主动性学习思维活动的激发。

2. 初中语文考试专业术语的理解与运用。

【课堂教学五步骤】

1. 创意设计：以"逆向思维"为创意点设计教学，在学习目标中导入。

2. 概念推演：通过本课问题思辨性设计，推演解读"命题"概念。

3. 素养建模：在课堂创造性教学中，完成对"逆向思维"的素养建模。

4. 目标探寻：通过统筹性备课与创造性教学，在本课探寻学习实践中渗透达成四个目标。

5. 反馈检验：在课堂和课后作业布置中，进行科学性检验。

【课时安排】

一课时。

【教学方法】

项目学习法。

【教学过程】

课前活动：

1. 了解并分析福建省中考语文试卷文学类文本阅读题的命题方向。

2. 模仿福建省卷，给《认领》一文命题。

3. 记录试题命制对复习的促进作用的活动心得，用五句话表达。

一、导入课堂（1 分钟）

以本班语文老师与本课语文老师的形象反差，引出逆向思维的要点，引出并提醒学生以逆向思维来提升语文解题能力。

以文学类文本阅读题的分值与难度，将导入新课环节与探究中考命题方向进行衔接。

二、探究省中考文学类文本阅读题的命题方向（8 分钟）

课前活动阶段，学生完成思考与归纳，课堂展示。

5 道题，是根据《指导说明》进行命制，引导学生在《指导说明》与中考试题之间，建立起明显的关联。

5 道题，随机选多位学生发言参与，力争找到关键信息。

三、教师同步归纳中考文学类文本阅读题型命题方向的特点（3 分钟）

教师即时点评学生对命题方向的归纳情况，适当板书。

四、学生交流自主命题情况（25 分钟）

课前活动阶段完成命题，课堂交流命题，随机提问，学生的参与度争取要广。

1. 说题目

学生介绍自主命制的题目，一人一题，题序不同，错开提问与展示。

2. 问同学

学生展示题目，适当与题目同步提问同学回答，拟题学生进行评价，并交流自己的解答思路。

3. 说答案谈解题思路

以上三个环节同步进行。从后到前，按题序完成 5 道题。

五、学生谈文学类文本的复习体会（7 分钟）

课前活动阶段完成思考，课堂交流体会。

最后 7 分钟，请学生谈谈阅读题试题的命制对复习的学习思维的积极影响。

六、布置作业：（1 分钟）

参照中考试题，课后用命题思维阅读文学类文本《新是最亮丽的年景》。

附：板书设计

命题方向 ——> 复习方法

内容理解	思路归纳	语言品析	人物分析	主旨概括
读懂文本	紧扣题干	围绕字词	言事结合	深入思考
找出信息	整合归纳	品味赏析	分析形象	理解含义

教学反思：

一、换种思路备课，变换课型思考，目标指向学生语文能力的提升

中考前的复习研讨课的教学设计有点难度，本节课设计让学生进行题目设计，难度更大。从语文老师角度看，命题时要磨题好几天。难度虽大但要知难而上。从学生角度看，最多只能模仿，模仿命题。学生模仿命题后能否完整答题，这个还有待本节课进行验证。接下来这几年的省考，语文试题的高初中衔接是一大趋势，理论上没错，在学情上本堂课就是一种探讨！作为初三的复习指导课，还可以有一种课型，倾向于引导学生读题，从题目找答题的方向。答案的层次，就像《一棵小白杨》，从题目寓意的理解，第一层面是给大多数学生得分的，学生要怎么答；第二层面是给中等生答题的，要从哪些方面思考；第三层面是给优等生作答的，应考虑哪些问题？

教学生会分析题目，分析答案，这就是思维品质的区分度，利于选拔人才。前后两种课型，各有各的侧重点。从研讨课角度，都可以多试试。本节课结束后，还是要总结一套命题模仿的学习策略。面对这一类题，学生要从几个层面思考才能得高分，然后再练习巩固思维方式。多几个环节，螺旋式地学练结合，对学生的语文能力会有很大的助益。

二、二十四字方针的实践应用

这堂课的教学设计，就是要给学生种下一颗种子，让他们知道在初三总复习的时候，可以从命题的角度去进行复习。这对于学生来说太重要了。专家在谈到大阅读的题目设计时主要围绕着二十四个字的方针：文意把握、要点概括、作品感受、词句理解、内容探究、理清思路。

文意把握：整体感知文章大意，感受文章所表达的思想感情，体会作者所表达的观点和态度。

要点概括：善于抓住问题的关键，捕捉重要的信息，并能用简明扼要的语言加以归纳概括。

作品感受：把握文章的表达顺序和基本表达方法，感知形象，领悟情感，品位语言。

词句理解：品味和推敲重要词句在具体语言环境中的意义和作用。对于关键性的、精彩的语句，能感受内涵，分析作用。

作品探究：在理解文章内容的基础上，能与作品、作者对话，提出自己的见解或不同的看法。

理清思路：梳理文章内容，理清思路，了解情节……对学生来说要更加地明晰，但是要在一堂课内完成，可能就比较困难了。平时加强训练，形成能力很有必要。

有这二十四字方针的明确指导，学生题目的命制与学习，会更清晰，效果会更好。让学生按照这二十四个字的方针进行学习复习，教师更清楚地教会学生去归纳，学生对知识的掌握就可以更全面一些。比如说人物形象分析，人物性格是其中一个考点，但不是唯一的考点，除了人物形象之外，还可能考到人物的情感。这样的考点要素课堂，既有大方向，又有小项目，互相补充，学习效果更佳。

《中考文言断句专题复习》教学案例

创意说明：关注福建省中考"教学点"，确定"断句"专题进行复习教学突破。创意语文对于"教学点、断句"概念的内涵与外延进行解读，注重通过实践训练进行方法的掌握。重视技能，但又将知识提升到"审美、文化"的角度进行关注。因此虽然将创意点确定在考点复习中，却是以语文核心素养的培育来开展教学实践，并注意拓展到审美与文化。

【课程目标】

1. 语言目标：归纳文言断句的方法，准确、熟练运用。

2. 思维目标：文言归纳思维的培养和发展，提升文言的语法思维。

3. 审美目标：感受文言断句的语言美、语法美、结构美、韵律美。

4. 文化目标：应用生活中的文言断句，传承中华优秀传统文化。

【核心概念】

断句。

【创意点】

考点要素的素养创意教学。

【问题思辨】

1. 文言断句的方法主要有哪几种？

2. 断句之美，美在何处？

3. 通过文言断句，思考现实生活中如何传承中华优秀传统文化。

【课堂教学五步骤】

1. 创意设计：以"考点要素的素养创意教学"为创意点设计教学，在学习目标中导入。

2. 概念推演：通过本课问题思辨性设计，推演解读"断句"概念。

3. 素养建模：在课堂创造性教学中，完成对"断句特征与解法"的素养建模。

4. 目标探寻：通过统筹性备课与创造性教学，在本课探寻学习实践中渗透达成四个目标。

5. 反馈检验：在课堂和课后作业布置中，进行科学性检验。

【教学过程】

课前学习：

课前练习文言断句试题，学生自主归纳方法。

一、考情分析，课堂导入（3 分钟）

设区市九年级期末考第 7 题，总分 3 分，平均得 1.3 分，准确率为 41.81%。县级市九年级质量检测第 7 题，总分 3 分，平均得 1 分，准确率为 33.43%。这些文言断句题的得分数据，说明文言断句专题学习的必要性。

二、实践断句，归纳方法（15 分钟）

学生交流课前练习，自主归纳方法。教师适时点评，推动课堂进程。

三、应用方法，综合训练（10 分钟）

掌握方法，学以致用。学生现场快速完成学案，交流校正，固化方法。

四、读断结合，涵养句读（5 分钟）

断读结合，练读结合。品味思考：断句之美，美在何处？

学生归纳，感受文言断句之美：节奏韵律美，结构对称美，语气起伏美……

五、生活应用，句读有美（10 分钟）

出示几则生活中能应用到的文言断句的材料，进行实践应用，说明现代社会中，文言断句仍有生命力，优秀传统文化与现代社会和谐共存。

六、布置作业，迁移巩固（2分钟）

板书设计：

准确断句　句读之美

断句方法：

一、借助对话动词

二、借助语气词

三、借助固定结构

四、借助句式特点

五、借助前后语意

句读之美：节奏韵律美，结构对称美，语气起伏美……

附：《中考文言断句专题复习》学案

一、明确学习目标

考纲要求：《福建省初中学科教学与考试指导意见：语文》。

学习要求 10.（4）：理解课内古诗文的内容及蕴含的感情，有节奏地诵读古代诗词，掌握文言文断句的技巧。

教学建议 10.（4）：通过各种活动形式激发学生诵读古诗文的兴趣，引导学生从意义或音节方面把握诗词朗读的节奏。指导学生从内容理解、句子结构方面掌握文言断句的技巧，培养学生诵读古诗文的习惯，提高学生诵读古诗文的热情。

知识点：考查对文言文的理解，给文言文断句的能力。

考题趋势：

福建省 2017 年中考语文试卷开始设置断句题，分值 3 分，延续至今。

考题透析：课外文言文句段命制断句题。

学习目标：掌握文言文断句的方法

二、专题训练，思考规律，归纳断句方法

（一）同类题训练，思考规律一

1. 同类题训练：用"/"给下面的句子断句。

①子曰/人无远虑/必有近忧

②君子曰/学不可以已

③佚之狐言于郑伯曰/国危矣（佚之狐是郑国的大夫）

④沛公曰/孰与君少长/良曰/长于臣/沛公曰/君为我呼入/吾得兄事之

⑤张仪谓其妻曰/视吾舌尚在不/其妻曰/舌在也/仪曰/足矣（《史记·张仪列传》）

2. 归纳方法一：借助对话动词确定句读。

"曰""云""问"等是对话动词，其后进行断句，或者加冒号和引号。

3. 迁移应用：用"/"给下面的句子断句。

①武王示之病/扁鹊请除之/左右曰/君之病在耳之前目之下

②孟尝君曰/客何好/曰/客无好也/曰/客何能/曰/客无能也

③庄子曰/儵鱼出游从容/是鱼之乐也/惠子曰/子非鱼/安知鱼之乐/庄子曰/子非我/安知我不知鱼之乐

（二）同类题训练，思考规律二

1. 同类题训练：用"/"给下面的句子断句。

①以君之力/曾不能损魁父之丘/如太行王屋何

②学而时习之/不亦说乎/有朋自远方来/不亦乐乎/人不知而不愠/不亦君子乎

③于是余有叹焉/古人之观于天地

④呜呼/灭六国者/六国也/非秦也/族秦者/秦也/非天下也

⑤呜呼/其信然邪/其梦邪/其传之非其真邪

2. 归纳方法二：借助语气词确定句读。

"耶""乎""焉"等疑问语气词后常用问号，如"王侯将相，宁有种乎？""如……何""奈何"等表示询问语气，句末亦用问号，如"如太行王屋何？""也""矣"用在句尾表示陈述语气时，常用句号。如："古之人不余欺也。""由来久矣。"

3. 迁移应用：用"/"给下面的句子断句。

①嗟乎/师道之不传也久矣/欲人之无惑也难矣/古之圣人/其出人也远矣

②夫赵之于齐楚/扞蔽也/犹齿之有唇也/唇亡则齿寒

③刻削之道/鼻莫如大/目莫如小/鼻大可小/小不可大也/目小可大/大不可小也/举事亦然

（三）同类题训练，思考规律三

1. 同类题训练：用"/"给下面的句子断句。

①问今是何世/乃不知有汉/无论魏晋/此人一一为具言所闻，皆叹惋

②是进亦忧/退亦忧/然则何时而乐邪

③文中画横线的句子，停顿划分正确的一项是（A）

A. 邑人奇之/稍稍宾客其父/或以钱币乞之

B. 邑人奇之稍稍/宾客其父或以/钱币乞之

C. 邑人奇之/稍稍宾客/其父或以钱币乞之

D. 邑人/奇之稍稍宾客/其父或以钱币乞之

④斯/字子迁/江东人　（斯：项斯，人名）

2. 归纳方法三：借助固定结构确定句读。

利用常见的固定短语来判断语义关系，准确断句，如"的字结构""者字结构""所字结构"等。请看一个错误案例："问今是何世，乃不知有汉，无论魏晋。此人一一为具言，所闻皆叹惋。"错误的原因是没有弄明白"者"字结构和"所"指代"闻"的对象，即渔人闻知的汉和魏晋间的情况。如果是指村中人，只能说"闻者皆叹惋"，不能说"所闻皆叹惋"。此句正确的标点是："问今是何世，乃不知有汉，无论魏晋。此人一一为具言所闻，皆叹惋。"

3. 迁移应用：用"/"给下面的句子断句。

①鸡虽有此五者/君犹日瀹而食之/何则/以其所从来近也

②用钱事小/而因之怠弃学业/损耗精力/虚度光阴/则固甚大也

③乐者/音之所由生也/其本在人心之感于物也

（四）同类题训练，思考规律四

1. 同类题训练：用"/"给下面的句子断句。

①对文中画波浪线部分的断句，正确的一项是（C）

A. 呼尔而与/之行道之人弗受/蹴尔而与/之乞人不屑也

B. 呼尔而与之行/道之人弗受/蹴尔而与之乞/人不屑也

C. 呼尔而与之/行道之人弗受/蹴尔而与之/乞人不屑也

D. 呼尔而与之行/道之人弗受蹴尔/而与之乞人/不屑也

②周人之俗/治产业/力工商

③夫宣上恩德/以与民共乐/刺史之事也

④其叠嶂秀峰/奇构异形/固难以辞叙

⑤泉州市2017年秋季九年级期末考试：下列对文中画波浪线部分的断句，正确的一项是（C）

A. 其余智效一官/权分一郡/无大无小卓然/皆称其职

B. 其余智效/一官权分一郡/无大无小卓然/皆称其职

C. 其余智效一官/权分一郡/无大无小/卓然皆称其职

D. 其余智效/一官权分一郡/无大无小/卓然皆称其职

⑥泉州市 2018 年春季九年级质量检查考试：下列对文中画波浪线部分的断句，正确的一项是（C）

A. 盖刚者比暴/柔者喻/仁刚者易/坏柔者独存

B. 盖刚者比暴柔者/喻仁刚者/易坏柔者/独存

C. 盖刚者比暴/柔者喻仁/刚者易坏/柔者独存

D. 盖刚者比暴柔者/喻仁/刚者易坏/柔者独存

2. 归纳方法四：借助句式特点确定句读。

利用古文讲究韵律、句式整齐的特点准确断句。比如文言对偶句、骈句、排比句等，相邻的一组句子往往结构相同，语义相连，语气贯通，是典型的对称句，其间常用逗号和分号断开，最末处用句号。如 2003 年湖北宜昌卷《宜都记》中有言："其叠嶂秀峰奇构异形固难以辞叙。"其中，"叠嶂秀峰"与"奇构异形"是对称句式，中间应加上逗号，此句正确的句读是"其叠嶂秀峰，奇构异形，固难以辞叙。"

3. 迁移应用：用"/"给下面的句子断句。

①登辅弼/书史策/配享宗庙/为宋名将

②又松竹影交加/翠影被面/月光洒落酒杯中/波动影摇

③下列对文中画波浪线部分的断句，完全正确的一项是（B）

A. 愚溪之上买小丘/为愚丘/自愚丘东/北行/六十步得泉焉/又买/居之为愚泉

B. 愚溪之上/买小丘/为愚丘/自愚丘东北行六十步/得泉焉/又买居之/为愚泉

C. 愚溪之上买小丘/为愚丘/自愚丘东/北行六十步/得泉焉/又买/居之为愚泉

D. 愚溪之上/买小丘为愚丘/自愚丘东北行/六十步得泉焉/又买/居之/为愚泉

④文中画波浪线的句子断句正确的一项是（A）

A. 见水/士卒不尽饮/广不近水/士卒不尽食/广不尝食

B. 见水士卒/不尽饮广不近水/士卒不尽食/广不尝食

C. 见水/士卒不尽饮广/不近水士卒不尽食广/不尝食

D. 见水士卒/不尽饮广/不近水士卒/不尽食广/不尝食

⑤对文中画波浪线的部分断句恰当的一项是（B）

A. 且君去/家久母不知在/亡庐舍必墟莽/虽有兄弟亦恐/不能自存活

B. 且君去家久/母不知在亡/庐舍必墟莽/虽有兄弟/亦恐不能自存活

C. 且君去家久/母不知在/亡庐舍必墟/莽虽有兄弟亦恐/不能自存活

D. 且君去/家久母不知/在亡庐舍必墟莽/虽有兄弟/亦恐不能自存活

（五）同类题训练，思考规律五

1. 同类题训练：用"/"给下面的句子断句。

①举军欢呼/声震林野/武襄亦大喜

②尚乃稚子/嬉游在旁/今来有成/郁负秀气

③项王泣数行下/左右皆泣/莫能仰视

一般来说，主谓之间应该有停顿，几个连动的成分之间也应该有停顿。所以划分句子节奏时，除了要考虑句子的意思，还要考虑句子的结构，根据句意来划分。

④我以中州多故/来此求全/而单弱如此/将和以济

⑤下列对文中画波浪线部分的断句，正确的一项是（D）（3分）

A. 往借/不与归/而形诸梦其切/如是　　B. 往/借不与/归而形诸/梦其切如是

C. 往借不与/归而形诸梦其切/如是　　D. 往借/不与归/而形诸梦/其切如是

⑥福建省2017年中考语文试卷试题：下列对文中画波浪线部分的断句，正确的一项是（A）

A. 土人新以木板循岩为室/曲直高下/随岩宛转

B. 土人新/以木板循岩为室/曲直高下随岩宛转

C. 土人新以木板循岩/为室曲直高下/随岩宛转

D. 土人新/以木板循岩为室曲直/高下随岩宛转

2. 归纳方法五：借助前后语意确定句读。

3. 迁移应用：用"/"给下面的句子断句。

①他日/谒公遂/问向时马

②王怒/甚裂其幅/驱之出/酒固怡然

③汝父为吏/常夜烛治官书/屡废而叹

④（谢端）以为异物/取以归/贮瓮中/畜之十数日

⑤进退容止/非礼不行/学士皆师尊之。

三、综合训练，固化方法

①太宗曾罢朝/怒曰/会杀此田舍汉

②强者绥之以德/弱者抚之以仁

③太子/君嗣也/不可施刑/刑其傅公子虔/黥其师公孙贾

④峡中西望/重峰掩映/最高一峰当其后

⑤他日/姥又持扇来/羲之笑而不答

⑥拙则罢之/不肖则弃之

⑦虏中群臣咸不平/议羁留使人/而虏主不可

四、生活延伸，断句应用

（一）游览风景区，比如旅游五店市时进行断句应用

1. 人若欲保一身之健康/当日日勤于职务/彼坐食游惰/决非摄养自爱之道也

2. 凡有远虑之人/不特顾目前之生活/并虑及将来/勤俭贮蓄/预为之计

3. 富裕之后/益当谦逊/常存人贤于我之心/恭俭而不骄/自得天祐

4. 读伟人之传记/研究古来大豪杰成业之原因/则有益于吾人之身心

5. 一心为善/正念时时现前/邪念自然污染不上/如太阳当空/魍魉潜消/此精一之真传也

6. 君子所以异于人者/以其存心也/君子所存之心/只是爱人敬人之心/盖人有亲疏贵贱/智愚贤不肖/皆吾同胞

7. 品诗同品士/雅致两清佳/如入芝兰座/来披锦绣怀/龙章欣藻集/凤质喜心谐/筹向金樽列/班看玉笋排

8. 少焉/月出于东山之上/徘徊于斗牛之间/白露横江/水光接天/纵一苇之所如/凌万顷之茫然/浩浩乎如冯虚御风/而不知其所止/飘飘乎如遗世独立/羽化而登仙/于是饮酒乐甚/扣舷而歌之/歌曰/桂棹兮兰桨/击空明兮沂流光

9. 泉州划酒拳/是入选鲤城非物质遗产名单/可谓全国独创一家/让下面的五魁七窍划酒令/来教你最正港的酒拳文化吧

（二）学习书法时，会断句才能达到书文兼美

弘濟萬品/典御十方/舉威靈而無上/抑神力而無下/大之則彌於宇宙/細之則攝於毫釐/無滅無生/歷千劫而不古/若隱若顯/運百福而長今

第七节 求新：写作创意教学策略

创意语文认为创意是一种发现与提升的过程，从不同的角度可以发现创意，提升不同的视野。创意语文从教材、教学、评价三个层面，重新思考写作，发现并实践写作创意的教学策略。温儒敏教授说："教学中，不一定照搬教材的作文教学体系，最好能依托自己的经验，并面对你们的学生，从实际出发，选择某一种体系作为基本框架，加以调整，形成自己的写作计划。"写作创意教学对写作系统进行大胆重构，开发富有特色的写作创意阶梯课程。语文教师应该大胆对中学阶段的作文做"整体型"的梳理与重构，搭建指向创意的写作课程。写作创意教学可以对教材原有的作文专题进行二度开发；也可以在教法上大胆创新，激活学生创意思维，鼓励有创意地表达。在写作评价上，教师要先有宽容的写作评价，鼓励学生个性化表达、创意表达，学生的写作创意才会更大胆。

写作创意教学以发散思维法、头脑风暴法等作为思维支架，激发写作的创造性思维。写作创意教学让学生群体或个体，在紧张而活泼的心理氛围作用下，借助高强度的思考，通过灵感激发与碰撞，呈现奇思妙想，达到创意写作的目标。

写作创意教学遵循以下原则：

创意无错。写作创意都是无错的，不轻易评论荒谬的想象，不简单评断是非对错。学生在宽松安全的心理氛围中，才能张开想象的翅膀，产生创意。

欢迎最狂妄的创意。写作创意要鼓励学生异想天开，最有创意的想象有时最受欢迎。学生的思维越兴奋，越投入，创意就越多。

评价延迟。写作创意要鼓励学生自由畅谈，任意想象，想法越多越好。写作创意要允许学生大胆表达，教师的评价要延迟。

数量至上。写作创意要从数量走向质量，先追求最大数量的灵感，开放性地加以重新组合、延伸、扩展、改变、想象等，以激发更多更新的创意。

不断重复以上四原则，进行写作创意的练习，养成创意思维方式。

规模适度。写作创意在群体之间，以个体生成为最佳效果。

环境促发。选择或布置有助于激发创意的环境，借助一些工具、物件，帮助创意的促发与生成。

话题生发。以出人意料或富有挑战性的话题，激发学生的创意思维。

思维导图。借助思维导图，整理创意灵感。思维导图记录思维，理清思路，重点突出，层次清晰，从无章到有序。

写作创意教学旨在激活创意思维，打开想象和创造的大门，让思维自由驰骋，让富有创意的想法层出不穷，并把创意转换成文字。

创意语文的课堂教学追求"新"，追求新而实、新而活、新而美、新而趣的课堂，以提高课堂教学效率。教学创意求"新"，要体现在课堂教学的细节上：课堂导入要新；背景铺垫要新；文意把握要新；朗读角度要新；写作角度要新……教学创意追求新颖有效，能够提升课堂的学习效率。

《写一首诗》教学简案

创意说明：创意语文对于"写新诗"的概念进行解读，注意从学生的素养进行培养。采用"变一变"的创意工具进行构思。在课后进行谜底的揭示。也鼓励学生采用"模仿创意法"进行写作训练，激发个人写诗灵感。在较少进行新诗写作实践的初中阶段，进行新诗写作实践活动。大胆淡化写诗技法的因素，强化写诗动机的作用，是新诗写作的重要性因素。

【课程目标】

1. 语言目标：体味新诗的语言艺术。

2. 思维目标：理解新诗的创作技法，并进行新诗写作尝试。

3. 审美目标：引导学生感受汉语的语言之美。

4. 文化目标：诵读品味诗韵，初步接触中国新诗。

【核心概念】

写新诗。

【创意点】

写一首新诗。

【问题思辨】

1. 新诗的创作是在怎样的情境下进行的？

2. 如何写出一首新诗？

3. 如何培养学生新诗写作的自信心？

【课堂教学五步骤】

1. 创意设计：以"写一首新诗"为创意点设计教学，在学习目标中导入。

2. 概念推演：通过本课问题思辨性设计，推演解读"写新诗"概念。

3. 素养建模：在课堂创造性教学中，完成对"新诗特点与写作尝试"的素养建模。

4. 目标探寻：通过统筹性备课与创造性教学，在本课探寻学习实践中渗透达成四个目标。

5. 反馈检验：在课堂和课后作业布置中，进行科学性检验。

【课时安排】

一课时

【教学过程】

课前准备：

请原班语文老师通知学生尝试写一首新诗。可长可短，要求有真实感受。

课前板书：

新诗写作要点：

1. 留心生活，有感而发

2. 分行分节，调整结构

3. 语言凝练、押韵

4. 用些写作手法、表现主题

【教学流程】

一、快速导入，示范导写（3 分钟）

以"鲍"字的书写结构导入，表达诗歌写作要用求异创新的思维。

以问学生写诗难不难作为过渡，引出由老师示范，教学生写诗。

二、复原情境，分解技法（32 分钟）

示范十首诗，介绍新诗写作的情境，懂得新诗写作从生活中观察得来。

老师同步介绍每首诗体现出的写作要点，启发学生。

三、比较阅读，培养信心（8 分钟）

比较十首诗歌，选出自己最满意的作品。

教师解说十首新诗，培养学生自信心。

四、及时引导，写首新诗（2 分钟）

五、课后写诗，修改汇编

《写一首诗》教学课例

——客体在主体的情绪表达

【教学目标】

1. 语言目标：初步把握新诗特点，掌握分行分节。体悟新诗语言的跳跃性，注意新诗语言的韵律。

2. 思维目标：体悟写诗前的情境，学会观察生活，有感而发，写出诗歌。学习运用排比、拟人、反复等修辞和想象、对比等手法写诗。

3. 审美目标：感受汉语诗句及意境的语言之美。

4. 文化目标：诵读品味诗韵，初步接触中国新诗。

【教学重难点】

1. 学生能抓住生活中的瞬间感受，写出真情实感。

2. 新诗语言的跳跃性的应用。

3. 诗歌写作手法与技巧的应用。

4. 反复锤炼，完善诗歌结构。

【学科哲学渗透】

将客体的物象存在在主体上的情感体验加以激发。呈现主体情绪在词语文字上的表象与内涵。

【教学课时】一课时。

【课前准备】

请原班语文老师通知学生写一则新诗。可长可短，要求有真实感受。

【课前板书】

新诗写作要点：

1. 留心生活，有感而发。

2. 语言凝练、跳跃，力争韵律美。

3. 用些手法、表现主题。

4. 雕琢结构。

【教学过程】

一、导入环节

同学们上午好。先自我介绍一下，我姓鲍。但我的学生中，却有人将"鲍"

字，写成半包围的"包"里一条"鱼"。很明显，这个字是个错别字，字典上根本没有，但它却符合汉字的结构规律，是半包围结构。今天我们要学写诗，正需要有这种打破常规、大胆跳跃的思维。

师：这几天，我请大家的语文老师，帮忙提前完成一个任务——让同学们写一首诗。大家写作过程中，有什么感受？

生：写诗很难……有难度……不会写……

师：同学们，刚才大家谈到的新诗难写的现象，是一件很普遍的事。接下来，我给大家演示一下诗歌写作过程。

二、示范写诗、找寻新诗特征、小结新诗写作规律环节

师：好，接下来老师给大家演示一下诗歌写作的过程。有同学可能私下心里面想，要是老师也写诗，写出来的诗是什么样子的呢？这个老师要我们写诗，他自己会不会写？好的，接下来，我给大家现场写几首诗，好不好。

生：好——（异口同声，热烈！）

生：好的！（众生笑脸盈盈，用期待的眼光，看着老师）

师：写诗，不难。我总结为八个字：留心观察，有感而发。怎么理解呢？我先谈谈自己的一次经历吧。前几天，外面挺暖和的，但风有点大，大家有印象吗？

生：有。（有学生心里想：这和写诗有什么关系？）

师：那天下午，我经过某村，看到有几个小孩子在还没耕种的田野里放风筝。此时，如果我们没有留心观察，可能会想，这很普通啊，有什么好写的呢？对，我刚说了，要"留心"观察。我的视线向旁边看了一下，看到了一个妇女，笑盈盈地看着那群孩子。我注意看她的眼神，她好像很注意地看着其中一个穿绿色上衣的男孩。大家想想，我看到的这些，有什么好写的吗？

生1：这事好像有些平常吧？

生2：老师，你一定有写，你怎么写？

师：好的，我写给大家看看。

师：（板书，接着左侧板书，向右写。）

放风筝

天上飘着风筝（一写完，众生说"地下跑着孩子"。我笑着写完下一句）

手中牵着春风（我写完后说：这就是"水平"的差距啊。学生大笑）

孩子跑着唱着

似欢快的百灵

房檐下的妈妈

笑了……

瞳仁里的孩子

变成了绿色的风筝

生：好了？

师：好了。诗歌只要能将意思表达出来，就可以了，不见得每首诗都得写得像《大堰河——我的保姆》那么长。有的诗歌还更短啊，短到一个字。

下面有一学生紧接着喊了出来：啊，我知道，我知道。叫"社会，网"。

师：刚才那同学说得很好，就是这首诗。由此可见，诗歌并非一定要写得多长，只要能表情达意，意思说清楚了，也就可以了。

师：大家对照左侧这些要求，看看写得如何？

生1：老师好像是将刚才看到的写下来。

生2：我感觉"手中牵着春风"好。好像将小孩子的活力和春天合起来写。

师：这个同学说得好，我们说了：诗歌的语言要凝练、含蓄，这句子就体现了这一点。大家看得出来吗？

生：（注视着第二行，想）

师：这个句子是个省略句，省略了些内容，所以诗句就显得凝练，省略了些什么呢？

生：（与老师一起）可以理解为：地下的孩子手中牵着春风吹送下的风筝。

师：对了，大家也发现了，第二行的诗句的前面与后面的一些词省略了，但我们读诗时，会断了思路吗？

生：不会。

师：对了，通过这样设计，诗句就显得凝练、跳跃。大家还看出些什么？

生：第三四行，你将孩子比喻成了百灵。

师：很好，也就是符合了上面的哪个要求？

生：（对照着看，异口同声）灵活运用比喻的表现手法。

师：（鼓励的微笑）好，好。还有呢？

生：第六句说妈妈"笑了……"这个句子只有两个字，加上省略号，也是语言凝练的体现。

生：这一诗句，也写出了母亲对孩子的感情。这点符合要求二。

生：整首诗符合鲍老师的感情。（脑袋转得挺快的）

师：（笑）还有呢？

生1：诗的最后一行说：变成绿色的风筝。我感觉也采用了表现手法。

师：什么手法？

生2：可能是象征吧。

师：象征什么？

生：（更多学生）象征春天。

师：很厉害啊。都说得很对嘛。（学生大笑，得意）

师：（微笑）大家感觉如何，写诗会难吗？

生：（大声）不会。

师：（开玩笑）这首诗是我的代表作，如何？能在将来获得"诺贝尔文学奖"吗？

生：（大笑，嘘声一片）不会。

师：不会？好，你们不服气，我再来一首。

生：好。

突然有一生在下面喊：老师，能不能写一些和我们有关的东西？

师：好啊。写什么呢？我想想。有了，这边有一首上星期写的诗。我写出来让大家看看。这几星期，大家都发现，有时停电了。上星期三，我下你们班，刚好停电，大家都只好点蜡烛。

有学生（插话）：写蜡烛？

师：写蜡烛也可以，但我刚才怎么说写诗呢？

生：（齐说）留心观察，有感而发。

师：说得好，我们同学可以留心观察蜡烛，那很好，可是，我是留心观察你们点蜡烛的火柴。大部分同学用打火机点燃蜡烛，我却看到了有个同学用火柴点燃蜡烛。这位同学，用完火柴棒，就将剩下的挥了一下，让火熄灭，就继续做作业了。可是在讲台上的我，看到火柴起火燃烧的瞬间，我心里面有所触动，就写下了这首诗。

生：有感而发。（笑）

师：我写出来让大家看看。

火柴

一生中要有一次美丽的闪光
头颅不惜撞在命运的城墙
但求能无悔地燃尽信仰
不在乎生命是否久长

师：大家对照左侧要求，看出些什么？

生：好像不止写火柴。

生：对，对，好像写一些像火柴一样的人。

师：对了，当时我就想，不是也有一些人，他们的一生，犹如火柴一样，在他的人生中，总有一次闪光。他们或者为事业，为社会，为自己的理想，奉献了他们的生命，我是将二者结合起来写。大家还发现了什么？

生：老师刚才写完读诗后，我感觉听来很顺耳，再细看时，这首诗每行最后一个字的韵相同，有押韵。

师：符合哪一点要求啊？

生：要求二，语言具有音乐美。

生：这首诗还将火柴盒边的炭黑纸，比成是城墙，是运用了表现手法。

生：我感觉后二句很有哲理的味道。

生：我感觉老师好像在赞颂像火柴一样的人，这诗里面含有老师的感情。

师：很好。大家说得都很好啊。说明大家经过了我们先前的选诗、抄诗、赏诗，对诗歌的见解，提高了很多。看来我辅导大家将来去获得诺贝尔奖，大有希望。

生：（得意地笑）

师：好，我再写一首。

生：老师，能不能写一些我们身边的东西？

师：好啊。写什么呢？

生：（议论纷纷，开始看着教室）黑板、讲台、日光灯、课桌、椅子、教科书……

师：写什么好呢？

生：老师要当场写。（先前我都将准备好的作品先写在一张纸上，看着抄在黑板上。）

师：（笑）好的，我来写，选一样，就写讲台如何？

生：好。（热闹，想看看这个老师的才能）

师：（作思考状，其实心中已有数，毕竟要将这个"原创诗人"演得更像一些啊！然后在黑板最右侧，写上《讲台》）

师：（如突获灵感一般）有了，讲台和什么有关？

生：教师。

师：对了，那我把讲台比作教师，来写一首诗。（缓缓写上：我的梦想）

讲台

——我的梦想

且容我站上去

且容我俯视眼前一切

且容我出示潇洒

且容我翻动智慧的书页

且容我轻挪步履

且容我漫舞教鞭

且容我与年少的心灵撞击

且容我把宇宙整个来旋转

啊，播下万顷种子

收获生命追求的真谛

师：（写完后，朗读一遍。微笑）大家想想，我是怎么创作这首诗的？

生：（抢着说）老师用了排比的表现手法，用了八个"且容我"。

师：厉害，还有呢？

生：刚才那同学说的八个"且容我"，我刚才听老师朗读时，它反复出现，好像很有味道，这点一定是符合"诗歌语言的音乐美"。

生：标题叫"讲台"，其实写老师，这是用拟人化的写法，也是用了表现手法。

生：是啊，读后，我闭上眼，就感觉好像有个老师，在教室里面走动，在传授我们知识。

生：（有好几个接着喊）对对，这就是诗歌的意境。

生："与年少的心灵撞击"这一句写出了老师和学生在交流。

生："播下万顷种子"写出了老师在培养学生，是用比喻的表现手法。

生："收获生命追求的真谛"写出了教师教育学生的理想。

师：（微笑）什么理想？

生：希望学生学好知识。

师：对，我希望大家，不仅是学好知识，也希望大家将来能运用知识，发展知识，甚至创新知识。

师：所以这首诗的最后二句，在整首诗中，起什么作用？

生：总结。

师：没错。有些诗歌虽短，但每首诗都做到了有头有尾。特别是最后结尾部分，要力争做到总结全诗，深化想要表达的主题。比如《讲台》，我就在最后一部分点明了教师的追求。其他几首，大家也找找，看看。

生：（找，说）《放风筝》的最后二句，《气球》的最后二句，《火柴》的最后二句。

师：很好。这就是我们要注意的地方。大家可以回忆一下，你这几天写的诗歌，在最后二行，或者一行，或者一节，有没有像这几首诗这样，做到一个小结的环节。如果没有，请大家回去后，再多读读看，再多修改，学习这几首诗结尾总结全诗的写法，大家的诗歌水平，一定能有更大的提高。

师：最后我们总结一下今天的写诗。看了我写的这四首诗，大家感觉，写诗很难吗？

生：（大声）不难。

师：只要做到哪一点，你也会成为一名诗人？

生：（异口同声）留心观察，有感而发。

师：很好，那将来有可能获得诺贝尔文学奖的鲍老师，（学生大笑）已经将写诗的整个过程，展示给大家了。大家回去后可以多写，写后多改，多和其他同学交流，我相信，将来大家中一定会出现获得诺贝尔文学奖的诗人。

生：（笑，鼓掌）

师：今天我们的写诗演示就到这里，接下来我们请同学们也来展示一下自己写的诗作。

三、谈写诗感受，对应规律，学生修改诗作，选两位学生展示

四、教师下水写诗，交流鼓励作结

七月七，还在等一场大雨

七月七还没等来一场大雨
你已经迫不及待飞翔无间
满足地幽藏于一眼水井

焦躁的蝉声涌动热浪
明晃的日光恍惚思绪
我在空调机的诱惑间
接到了你离开的手机

是案牍上的黑白摧残了你的神经
还是对未来的迷惘扼住你的血管
是你的决然选择终结的水井
还是冤屈的灵魂还在游荡

谜样结局一年来的阴云不断
冷漠世间一个人的故事被遗忘
今天枝叶间翻滚着的蝉声阵阵
已不再有去年那一只，那一个声音

我们不是莫逆却有暗夜深谈
也曾脸红脖粗却又软语互勉
今天是你的祭日朋友
我在诗歌的词语间为你设奠

七月七还在等一场大雨
如是冤屈愿早日洗去永远的阴霾
如是飞翔愿撒下选择自由的甘霖

七月七还在等一场大雨

师：这首诗是十年前的作品。十年前的七月七日，天气很是炎热，我骑着摩托车上街买空调。正在看货时，接到了同事的电话：你知道吗？林老师死在农贸市场的一口水井里。这消息来得太突然，因为前天我们刚开过最后一次教师例会，会上还看到林老师。活生生的人，一下子就没了。林老师也是一个语文老师，内向，在班级，在课堂，学生的纪律有点管不住。这样下来，教学成绩自然也就差了些。学校有些受不了，让他去学校教务处干些杂务。他却不乐意。他的死，传言很多。有说是被校领导欺压郁闷寻短见的；有说是被街上小混混打死扔水井里的……他的死，的确有很多难解之谜。因为他妈妈已经和他去看了对象，再过几个月就要结婚了。生活是有奔头的。一年过后，七月七日那天，我想起了这位老师，心中感触很多，就写下了这首诗。所以诗歌写作，就是"留心观察，有感而发"。

生：我认为这首诗歌写得非常好，因为第一，它语言很有诗意，值得去反复推敲；第二，它分成了七段，运用了一定的修辞，有的还押韵。我认为这首诗歌是目前诗歌中最好的一首。

师：我们可以看到这些诗歌是从浅显易懂到深奥，就如这篇，我们可以发现，如果我们不知道背景，根本不知道它在写什么。所以说，我们这次写诗歌时就应把背景附上，以免别人不知道在写些什么。

生：（喧哗）为什么？

师：有背景的诗歌创作，会有更丰富的内涵。……

教学反思：

诗歌的教学，一直以来都是一个挺难处理的教学内容。教学生写诗歌，更是难上加难。然而诗歌是文学的四大体裁之一，在初中的语文课本中，几乎每一学期都有诗歌选入。诗歌教学，是语文老师面临的现实问题。教学生写诗歌，更是一项富有挑战性的课题。

三月二日，正是《语文》课写作的时间。在此之前，我已经教了两个星期的诗歌欣赏课了，在教学诗歌之余，还要求学生进行台湾现代诗的选诗、抄诗、赏诗的活动，最后将选好、抄好、赏好的台湾现代诗，通过安排，做了一张八开大的活页，加以设计，最后装订成册。学生有了一定的欣赏，对诗歌有了一定的认识，但如果要让学生来学写，我感觉还是有一定的"隔"，怎么办？我想，如果以教师自己写诗，示范写几首诗来加深学生对写作过程的感性认识，效果一定很好。教师自己有写过诗，那是最好了，可以下水作诗；如果没有进行过诗歌创作的呢？怎么办？那倒也有变通之法，以他人诗为己诗，将自己代入他人诗中，熟悉它，理解它，再走出来，将这首诗设为自己创作的（教师成了"演员"），以自己创作的过程为角度，让学生初步了解诗歌写作的过程。（这犹如数学解方程式中的"代入法"）同时，为了避免以前教学生写作时最常出现的情感过于直露的现象，这次的学生诗歌习作，以及老师的示范诗歌，都以咏物诗为主。

学生来自农村，没有阅读习惯，更不用说读诗写诗了。七年级以来，书中选录了一些现代诗歌，我在教学生欣赏之余，还要求学生选诗、抄诗、写诗；

从最基础的仿写学起，后来看看他们的作品，还挺有意思的。我在七年级时将他们的作品加以合集，成为《才露集》。到了八年级，毕竟不能再走仿诗老路，得教学生试着写诗。怎么教？那就有些难了。自己写过诗，可以讲得天花乱坠，可是，要让学生明白，就得多花些心思。我想到了以几首诗的写作过程，引导学生感受诗歌写作过程，去掉恐惧感，增加些感性认识。让他们多一些可操作性的东西，可以在自己的写诗过程中模仿。所以我选了几首在语文出版社出版的《语文八年级（下）写作指导与示例》中的诗歌，深读。借助这些材料，走进而又走出。自己化身为一名"表演"诗人，就粉墨登场了。上完两个班级，笑声不断，气氛很好，学生的写诗热情被感染，积极性被调动起来了。而且课间结构，过渡自然，一首诗接着一首诗，我感觉很满意。课间学生响应积极，热情高，我感觉师生互动得较好，有点儿课改的味道了。学生学完，写出来的诗如何呢？明天就是改诗会，相信一定会有几篇好作品出现。

我期待着。

课后点评：

若曦：诗歌一直以来远离广大读者，很多人觉得诗歌欣赏难，写作更难。老师中甚少有人能创作诗歌的，能欣赏就算是不易了。很多老师也觉得诗歌是神圣的，不是谁都能写的。看了这节课堂实录，相信很多老师都可以教学生写诗了。

子恒：这堂课处处洋溢着民主与和谐氛围，师生互动做得很好。

方雪：教师能站在学生身边，调动学生，发展学生，好！这样以学生为本位做教学设计，很值得提倡。建议在几次学生写作之后，也组织些诗写得较成功的学生上台，从他们自身的写诗经历，谈写诗过程。这样，诗歌写作离学生也就更近了，也就能有更多成功的诗作出现。

"诺贝尔文学奖诗歌培训课"课堂实录
——以《写一首诗》为例

只有想不到，没有做不到。只要你敢写，你就一定能成为一位诗人，记住，诺贝尔文学奖等着你。——鲍仙。

尽管诗歌疯狂，悲哀而又恶劣，但却甜美。——罗·勃朗宁。

为什么把有些人称为诗人呢？因为他们会写诗，他们会写得比平常人好。

所以，从小培养写诗，将来也许就会成为一名诗人。现在就来参与一堂诗歌分享会吧！让我们来学习一下获得诺贝尔文学奖的诗歌吧！

课堂一开始，班级显得格外地寂静，寂静，还是寂静。刚开始的我们不知鲍仙在干什么，只见鲍仙一脸微笑。那微笑，是希望，是憧憬，但有时会让人感觉阴险。很快，他打开了幻灯片，映入眼帘的是"诺贝尔文学奖培训课"。大家惊讶极了，为啥要再开设一堂诗歌培训会呢？写作文不是挺好的吗？这时，鲍仙发话了："我们已经学习了这么多的诗歌。现在，我们也应该来尝试写诗。"顿时，底下爆发出不满的抗议声。鲍仙说："不会写没关系，先让我们来看一下别人怎么写的。待会儿的诗歌中有一首诗是鲍仙我写的，请大家慧眼识珠，看看谁的诗作会更好。"顿时，底下议论纷纷，都在猜测是哪样的作品，水平是怎样的。

首先，映入眼帘的是"诺贝尔文学奖诗歌创作秘笈"，底下顿时"哗"的一声，被鲍仙的"秘笈"震撼到。这使我们想起了初一时的"九A真经"，鲍仙的威力又一次震撼到我们了。那秘笈是什么呢？——留心观察，有感而发！接着，是诗歌写作注意要项，一条条的注意要项，体现了这位总结者的写作功底有多深厚。

第一首诗歌，是《放风筝》。"天上飘着风筝/手中牵着春风/孩子跑着唱着/似欢快的百灵/房檐下的妈妈/笑了……/瞳仁里的孩子/变成了绿色的风筝。"飘啊，飘啊，大家的思绪也都飘到了远方，不过，真想感慨一句："这也叫做诗吗？"于是，大家的灵感来了，以后写诗也就这样写。鲍仙发话了："这首诗歌的美妙之处在于它的真实感。"说着说着，鲍仙也忍不住笑起来了。"最后，总结本首诗的写法，是留心观察，有感而发。写诗歌并不难，只要我们留心观察身边的每一项事物，就能写出这种诗歌。好，现在就让我们来看看下一首诗歌。"

第二首诗，是《气球》。"涂满眩目的色彩/高高地悬在空中/在一切的上面/却比一切更虚空。"本首诗还配上一张图片，使得整首诗歌更易懂。这首诗读起来很有韵律啊，简单、明了。这时，同学们又感慨了："原来诗歌可以这样写。"班上像炸开的锅，吵吵嚷嚷，有感慨声，有嬉笑声，有讨论声……总之，大家议论纷纷。这时，一位同学发话了："这首诗写得真好！"鲍仙接话了："当然，那可是获得诺贝尔文学奖的佳作啊，如果没有写得好，怎么可以评得上诺贝尔文学奖呢？"说着还手托着下巴，呈思考状，嘴角噙着一抹笑容，令人后背生起毛骨悚然的感觉。"总结本首诗的写法是诗歌分节、分行。好，现在就让我们来看看下一首诗歌。"

映入眼帘的是一张火柴燃烧的图片，再接着是一盒红杆火柴。班上同学立刻猜想到是写火柴的诗歌了。第三首诗是《火柴》。"一生中要有一次美丽的闪光/头颅不惜撞在命运的城墙/但求能无悔地燃尽信仰/不在乎生命是否久长。"终于啊，看到了一首比较正常的诗了。鲍仙说："来，斌嘉同学，你起来分析一下。"斌嘉同学开始了他的长篇大论："美丽的火光是那蜡烛燃烧的幽美的烛光，'头颅不惜撞在命运的城墙'是为了用它那微小的力量照亮世界，使得世界充满了希望。'但求能……'"班上同学开始发出不满的声音了。同窗一年多的同学，难道还不了解一旦他发言，就会刹不住车的。每次他的发言就有如长江之水连绵不绝，又有如黄河泛滥一发不可收拾。鲍仙说："看来斌嘉同学的感触很多，让我们大家拭目以待斌嘉同学的作品。"在无意之中，鲍仙说出了自己的意图，顿时班上又开始沸腾了。"本首诗的写法是表达内心瞬间想法。就像看到火柴燃烧有了灵感就立即写下这首诗。好，现在就让我们来看看下一首诗歌。"鲍仙不顾众人激动的情绪抢着先说。

"秋迎同学，你长大后想成为一名什么？"鲍仙问。秋迎同学用她那刚好周围同学都近乎听不见的声音说道："教师。"屏幕上马上出现了一张讲台桌的图片，于是，大家齐声喊道："讲台桌。"但屏幕出现的是《讲台——我的梦想》。于是，大家头上一群乌鸦三声叫过……第四首诗，是《讲台——我的梦想》。"且容我站上去/且容我俯视眼前一切/且容我出示潇洒/且容我翻动智慧的书页/且容我轻挪步履/且容我漫舞教鞭/且容我与年少的心灵撞击/且容我把宇宙整个来旋转/啊，播下万顷种子/收获生命追求的真谛。"在鲍仙深情的朗读之下，二班同学们再一次发出了感慨声，"哇——"鲍仙得意洋洋的表情和同学们羡慕的表情形成了对比。"怡凯同学，请你分析一下这首诗。""这首诗运用了排比的修辞手法，八句以'且容'开头，句子优美，'轻挪步履、漫舞教鞭'等语句形象地写出了教师的风采。"最后，鲍仙总结了："像这首优美的诗歌，它是直接写讲台吗？""不是。""它是直接写老师吗？""不是。"总结这首诗的写法是需要联想、想象。"好，现在就让我们来看看下一首诗歌。"但奇异的是这句话不是出自鲍仙，而是同学们。这点充分说明了二班同学们心有灵犀。鲍仙也不得不被二班震撼了。

"现在，就让我们看一篇大作吧！"屏幕上出现了一首诗。"齐声朗读吧！"二班教室传出了琅琅读书声——《七月七，还在等一场大雨》："七月七，还没等来一场大雨/你已经迫不及待飞翔无间/满足地幽藏于一眼水井//焦躁的蝉声涌动热浪/明晃的日光恍惚思绪/我在空调机的诱惑间/接到了你离开的手机//是案牍上的黑白摧残了你的神经/还是对未来的迷惘扼住你的血管/是你的决然选择终结的水井/还是冤屈的灵魂还在游荡//谜样结局，一年来的阴云不断/冷漠世间，一个人的故事被遗忘/今天枝叶间翻滚着的蝉声阵阵/已不再有去年那一只，那一个声音//我们不是莫逆，却有暗夜深谈/也曾脸红脖粗，却又软语互勉/今天是你的祭日，朋友/我在诗歌的词语间，为你设奠//七月七，还在等一场大雨/如是冤屈，愿早日洗去永远的阴霾/如是飞翔，愿撒下选择自由的甘霖//七月七，还在等一场大雨。"二班再一次传出"哇——"的一声，大家在纷纷猜测作者是谁。这首诗凄凉，令人有种毛骨悚然的感觉。"丽静同学，请你来点评一下。""咳咳，我认为这首诗歌写得非常好。因为第一，它语言很有诗意，值得去反复推敲；第二，它分成了七段，运用了一定的修辞，有的还押韵。我认为这首诗歌是目前诗歌中最好的一首。"顿时，掌声响起，这是对丽静同学的肯定、表扬、赞扬。鲍仙发话了："我们可以看到这些诗歌是从浅显易懂到深奥，就如这篇。我们可以发现，如果我们不知道背景，根本不知道它在写什么。所以说，我们这次写诗歌时就应把背景附上，以免别人不知道在写些什么。"底下顿时仰天长啸——为什么？本首诗歌在鲍仙的笑容下，有了总结："这首诗歌的写法是词语跳跃，不一定用正常语序，运用一定的修辞，力争押韵。"

马上就是下一幕。PPT 上出现了一张图片，一张两个小孩子在玩游戏的图片，只知道这首诗歌的题目是《我爱你的寂寞如同你爱我的孤独》。顿时，底下哗然一片，"好有诗意啊！"这是某个角落的某个学生发出的感叹。但这句话与这张图片有何联系这个问题却像雾一样在我们的脑海中，挥之不去。很快，"赵又霖和刘又源/一个是我侄子/七岁半/一个是我外甥/五岁/现在他们两个出去玩了"。班上顿时爆发出"切——"，这是诗歌吗？为什么题目与内容是天壤之别，"我爱你的寂寞如同你爱我的孤独"，这么有诗意的题目怎么会与那什么侄子不侄子的有关联？有同学"义愤填膺"，说："这算什么诗啊，白痴都会写。"但被始终站在一旁沉默不语的鲍仙反将一军，"同学，既然你如此看不起这首诗，那么我相信你的内心深处肯定隐藏着一首美好的、富有哲理的诗吧！我期待你的诗哦！"顿时，班上爆发出一阵一阵的掌声。这位原本"义愤填膺"的同学立刻像气球漏气般颓废，内心后悔不已啊。本首诗鲍仙做出小结："这首诗别看它简单，重点是你敢写吗？所以说这首诗的写法是表达内心瞬间想法，只要你敢写，你就是诗人。""好，现在就让我们来看看下一首诗歌。"

第七首诗是《我终于在一棵树下发现》："一只蚂蚁，另一只蚂蚁，一群蚂蚁/可能还有更多的蚂蚁。"鲍仙还特意找了张蚂蚁的图片附上，形成图文并茂，鲍仙可真是用心良苦啊！同学们的反应如预期的那样激烈，"这是获得诺贝尔文学奖的诗歌吗？"大家纷纷议论。"佳鑫同学，请你就这首诗来进行分析一下。"

于是，二班伟大的电教委员，做起了以下点评："我认为这首诗写得非常好，不然怎么会评得上诺贝尔文学奖呢？"（底下一阵一阵的掌声）"我从这首诗可以得出，要写诗，写简短的诗，可以从身边一些微小的事物进行描写。例如蚂蚁。"鲍仙接话："看来佳鑫同学深有感悟，让我们期待佳鑫同学的作品。"底下又是一阵一阵的掌声。"本首诗的写法是留心观察，有感而发！词语跳跃，不用正常语序。"在大家充满期待的表情下，进入了第八首诗。

第八首诗是：《我坚决不能容忍》，旁边附上了一张卫生间的图片。在大家疑惑的表情中，鲍仙为大家揭晓了答案。"我坚决不能容忍/那些/在公共场所/的卫生间/大便后/不冲刷/便池/的人。"此时，二班同学们笑得前仆后仰，有的直接趴在桌子上疯狂大笑。鲍仙随意扫描同学们的表情，发现坐在讲台桌右侧的春斌同学笑得尤其夸张。这首诗的点评由春斌点评。"我发现这首诗的作者好有社会公德心，并且敢于把这种陋习通过文学的方式表达出来，这是我们可以借鉴的。"春斌同学讲完后，自己又在那里疯狂大笑了。终于，在同学的特别冷静下，他自己也冷静下来，此时一群乌鸦从空中飞过。鲍仙手抚摸着下巴（可惜没有胡须），说："这是一首极有哲理的诗歌，它深刻地揭露了有些同学去图书馆上厕所不冲便池的陋习。"于是，底下又开始哄堂大笑。在笑声中，飘来一句总结："本首诗之所以能够获得诺贝尔文学奖，是有它的优点的，那就是留心观察，有感而发！诗歌分节、分行。"在众人佩服的目光中，进入了下一首诗歌。

第九首诗歌是《窗》："黎明时我向窗外了望/见棵年轻的苹果树沐着曙光//又一个黎明我望着窗外/苹果树已经是果实累累//可能过去了许多岁月/睡梦里出现过什么，我再也记不起。"右边还有一张背景是窗户的图片，窗台上有蜗牛的重重的壳。"稳斌同学，请你来分析一下。"稳斌同学满脸笑容，站了起来，说："本首诗歌给人一种淡淡的忧伤，那是一种对时光流逝的感伤，深刻地告诉了我要珍惜时间，所谓'少壮不努力，老大徒伤悲'，这是古人深刻的理解，我们应该谨遵古人教导……"稳斌同学还未发言完，底下便爆发出一阵又一阵的掌声，大家心有灵犀地想着，等他讲完，不知要等到何年何月了。鲍仙再一次发话了："本首诗的写法是留心观察，有感而发！表达内心瞬间想法。需要联想、想象。"进入了下一首诗。

一节课四十分钟，说长也不长，说短也不短，到了最后一首诗，是《徐帆》："徐帆的漂亮是纯女人的漂亮/我一直想见她，至今未了心愿/其实小时候我和她住得特近/一墙之隔/她家住在西商跑马场那边，我家住在西商跑马场这边/后来她红了，夫唱妇随/拍了很多叫好又叫座的片子。""位乾同学，请你点评一下这首《徐帆》。"位乾同学站了起来，习惯性地摇了摇头，缓缓道来："这首诗，写得挺好的。'徐帆的漂亮是纯女人的漂亮'，所以，我想知道纯女人的漂亮是什么？"位乾同学用他那天真无邪的眼睛直视着鲍仙。众人皆笑，望着鲍仙。鲍仙在众人期待的目光中，说："若想知道纯女人的漂亮就请'百度一下，你就知道'。"众人皆嘘。时间不等人，最后一首诗的总结："本首诗的写法是留心观察，有感而发！诗歌分节、分行。表达内心瞬间想法。"

所有的诗歌都分享完之后，进入了下一个环节。

"请选出你们认为写得最差的一首诗。"大家都把矛头指向《窗》这一首诗。鲍仙问大家原因，结果答案几乎相同：我们都看不懂。"那请选出你最认同的一首诗。"大家开始议论纷纷。什么那首便池的，什么那首蚂蚁的，什么那首纯女人的。于是，为了推选出二班最多人喜欢的一首诗，进行了投票。在黑板上，鲍仙用他那功力深厚的手，写下了每首诗的名称。二班进行了一场激烈的投票。那些原本认为便池最好的，最终都良心发现地公正投票。班级同学举手投票的结果是，《七月七，还在等一场大雨》这首诗获得的票数最多。大家公认这首是最可能的获得诺贝尔文学奖的作品。

突然，鲍仙的脸上现出了极为诡异的微笑，他轻轻点了几下鼠标，PPT上现出了一行大字：诗歌大揭秘。

"还记得诗歌吗？那些获得诺贝尔文学奖的诗歌。尽管人家写的与我们认为的有所差距，但人家的诗歌获得了诺贝尔文学奖，这就是人家的本事。现在是揭晓答案的时候了。"

屏幕上出现了"学生诗作——放风筝、气球、火柴。"讲台底下立马喧哗了起来，"难怪啊——差距啊——不愧于是学生的创作"。鲍仙抓准机遇，说："看来二班同学们的审美能力很强，我相信二班同学的创作能力也很强。我期待二班同学们的大作！"于是底下无辜的孩子们恨不得咬断舌根。

"现在，让我们学习一些诗歌创作体。首先是梨花体。它的诗例，有《我爱你的寂寞如同你爱我的孤独》《我终于在一棵树下发现》《我坚决不能容忍》。在同学们好奇的目光注视下，屏幕上紧接着出现了一个女的，一个戴着眼镜的女的，一个很美丽的女的，一个对于我们90后来说是古典的女的。为了能够深刻地了解这位美丽的女人，屏幕接着出现了"梨花体"，因女诗人赵丽华名字谐言而来，因其有些作品形式相对简明，又被有些网友戏称为"口语诗"。赵丽华，中国作家协会会员，国家一级作家，曾担任第二届鲁迅文学奖诗歌奖评委，兼任《诗选刊》社编辑部主任。现在赵丽华的诗歌风格和模仿她诗歌风格的诗歌，被人们称为"梨花体"。我感叹了：不愧是美丽的女人写出的美丽的诗歌，也被称作美丽的梨花体。也可见赵丽华人生多美，从《我爱你的寂寞如同你爱我的孤独》《我终于在一棵树下发现》《我坚决不能容忍》中可以看出。梨花体，我记住了！

梨花体，还有这样一首诗："我要在腾讯写诗/一首/关于嫦娥的诗/我的诗/是/天下/最好的诗。"不愧于"天下最好的诗"，让我深深地体会到了梨花体的内涵。课堂又轰动了。春斌同学最为激动（每次都是他最激动）地说："真是一首好诗，一首天下最好的诗。真的很口水。那鲍仙，那首什么纯女人的漂亮的是什么体啊？"我们都知道了，春斌同学无时无刻不惦记着那纯女人的漂亮的徐帆。望着春斌同学"渴望知识的大眼睛"，鲍仙立马给出了答案。

屏幕上迅速转换了，是"羊羔体——徐帆"。那最激动的春斌同学失望了，"我还以为会是什么纯女人体。"二班同学用鄙视的目光注视着春斌同学："人的思想要纯洁。"羊羔体：源于第五届鲁迅文学奖诗歌奖得主、武汉市纪委书记车延高的诗歌作品《徐帆》。这种直白的几近不像诗歌的诗体被网友称作"羊羔体"，是继"梨花体"之后又一"口水诗"的代表。旁边还附上了一张图片，是虽然年纪有点大，但还算得上帅哥的图片，他就是车延高，那位第五届鲁迅文学奖诗歌奖得主。在他的旁边还附上了半张我们看不懂的图片，也许想说的是，我们只看得懂旁边的"向往温暖"，也许他认识徐帆，也许他懂得什么是纯女人的漂亮。春斌同学绝望了，"他懂得什么是纯女人的美丽？"大家的鄙视目光在春斌的身边环绕着。在大家高超的理解能力下，我们知道了那种直白得几近不像诗歌的诗体叫羊羔体。幻想开始了，那种类似告白诗，有着一个美丽的名称。（思绪似乎飘到了多年以后和女朋友告白时的诗歌。）

"七月七，还在等一场大雨"，这首诗最被大家认可，大家认为它最符合心中的诺贝尔奖的水准？其实它的作者是——鲍仙故意将声音延长，并成功地将大家的眼球锁定在屏幕上，结果屏幕上打出了一段文字：《七月七，还在等一场大雨》的作者是鲍仙，它的诗体是语斋体。鲍仙微笑地，带着点揶揄的口吻说："看来二班同学最有眼光了，这首诗出自诗人鲍老师我也。"说完，二班的同学们傻了、愣了，马上班里沸腾了，春斌同学最激动了，"鲍仙的作品啊，还要我们说是诺贝尔文学奖作品……"鲍仙却微笑着没有反驳，而是轻按鼠标，"鲍国富，号语斋，偶被称灭绝方丈。为70后五好中年，诗作发表于《星光》《福建文学》等刊物。诗风前无古人相同，后无来者借鉴，自创一体'语斋体'。""哇——"我们发出了一声惊叹，还有用手鼓掌的声音，那不是因为这一连串的介绍，而是因为旁边的一位帅哥的图片。前看后看左看右看上看下看，总觉得这五官很像鲍仙，但有差距。我们看到鲍仙得意洋洋地托着下巴，说："帅吧，这就是当年的我。"果不其然，这就是当年帅气迷人的鲍仙。但容颜总是经不起时间的考验，时间啊！二班轰动了，大家在反复对比着，为什么这差距会这么大呢？春斌同学不怕死地说："我觉得年轻的你比较帅。"说完一本正经地坐下。鲍仙用他那不大不小的声音说："是吗？不过，起码我曾经帅过。"又是连绵不断的哄笑声。

最出乎意料的是，大家最不认同的诗作《窗》，它的作者是米沃什，却是实实在在的诺贝尔文学奖的获得者。我们接着又知道了他的信息："切斯拉夫·米沃什：Ecclesia Milosz（1911—2004），波兰当代最伟大的诗人和翻译家。主要作品有诗集《冰封的日子》《三个季节》《冬日钟声》《白昼之光》《日出日落之处》；日记《猎人的一年》；论著《被奴役的心灵》；小说《夺权》等。1980年作品《拆散的笔记簿》获诺贝尔文学奖。"这位米沃什先生此诗中正在思考着，可见名人大多数时间是思考的，何况是获得诺贝尔文学奖的作家，这种思考更是必不可少。鲍仙给我们解释："大文豪的作品，言简意丰，词汇少，但内涵丰富。这也是大家看不懂他的诗作的主要原因。不过不要紧，我的目标是引发大家创作诗歌的兴趣，有胆量进行诗歌写作尝试。我的口号是——"

"敢写你就行，敢唱你就红"，这十个大字呈现在46人眼前，可谓是惊人。或许写诗并不难，或许获得诺贝尔文学奖并不难。总之，敢写就能成功，就如敢拼就能赢。这堂诗歌创作大揭秘，为我们写诗生涯奠定了基础，让我们感受到了一种对未来的憧憬，对未来的向往。

鲍仙最后用富有感情的激昂的语调鼓励我们："只有想不到，没有做不到。只要你敢写，你就一定能成为一位诗人，记住，诺贝尔文学奖等着你！"

下课的钟声响起时，鲍仙送给我们一句话："你的诗歌梦想将支撑你获得诺贝尔文学奖！"给予了我们崇高的期望。

第八节　求美：写作创意的测评策略

创意语文的创意测评，紧密关注中考与高考。由于中高考选拔性考试的特征，创造性思维的呈现比较审慎，但创意语文仍然持续跟踪每年的细微创意。创意语文日常教学的创意测评，注意跟踪PISA评估的前沿趋势。经济合作与发展组织发布了《PISA2021创造性思维框架（第三版）》，将创造性思维纳入评估，以了解学生的创造性思维能力。创造性思维即创意思维。创意语文借助创造性思维的测评领域、影响因素、测试工具、测试内容分布、评分标准等研究测评策略。创造性思维是创意语文的重要思维工具与类型。研究创造性思维为创意语文的创意评估提供了行之有效的途径。

一、创造性思维即创意思维的定义及特征

创造性思维，指有效参与想法的提出、评价和改进的能力，同时这些想法能够形成原创而有效的解决方案，能够促进知识提升以及想象力的有效表达的思维。创造性思维特征：

以创造力的概念为基础。创造力是能力、过程和环境之间的相互作用过程，个体或群体生成具有新颖性和社会用途的有形产品，具有多维性和社会性特征。

强调创造性思维的过程性。创造性思维需要产生新想法的过程，需要特定的知识、技能与态度，涉及在不同的主题、概念、学科和方法间建立联系，同时需要好奇心、想象力等个人特质。

聚焦"微创"。"微创"，是日常创造力，是所有参与创造性思维过程的人都能具备的能力，并可以通过各种教学实践进行培养。考虑到学生的年龄、教育水平和专业基础受限，因此只设计了与微创相关的任务。

诠释要采用素养的视角。强调学生在真实情境下解决复杂的现实问题所需要的创造性思维及其相关的综合品质。

二、创意语文创造性思维测评的设计思路

创意语文聚焦学生的创造性思维过程，测评目的是要描述学生在表达想法时能够进行创新思维的程度。创造性思维测评框架结合学生学校日常生活，明确了在课堂情境下创造性思维的各促成因素、成就、进展的表现以及各要素之间的关系。创造性思维的目标包括创造性表达、知识创造和创造性问题解决。

1. 创造性表达。通过语言或非语言形式，学生将自己的内心世界及想象力传递给其他人。语言表达指使用语言进行交流，非语言表达属于语文的非连续性文本，或者属于语文学科关注的跨媒介材料。

2. 知识创造。指学生知识的提升，如重构知识，以解释他人的发现并理解现有的理论。

3. 创造性解决问题。指新颖性、非常规性、持久性解决问题的难度。

三、创意语文创造性思维写作创意测评的领域

（一）内容领域

创造性表达主要是指书面表达领域，主要考查原创性、想象力；知识创造

和创造性解决问题的创新参与主要包括社会问题解决领域。

文字表达。学生以书面的形式证明其表达想象力的能力，比如学生需要完成一篇具有开放性和想象力的作文。

社会问题解决。学生独立或者在模拟的合作情境中完成具有社会关注度的开放性问题解决任务，包括：根据给出的情境，提出社会问题解决方案的想法；对任务提示中提供的问题解决方案提出原创性改进思路。此类情境，在近几年的高考作文试题中得以呈现，并在浙江、江苏等省市的中考作文题目中得到体现。

以上领域可在综合性学习、五育并举等活动中进行。

（二）能力模型

创造性思维能力模型简化为三个方面：产生多样化想法、产生创新想法、评价与改进想法。

产生多样化想法。考查的灵活性指标，即学生跨领域灵活思考的能力。例如，提出一个问题的不同解决方案，编写不同的故事，或用不同的方式呈现一个想法等。学生在明显不同的范畴内提出的想法，比属于同一范畴的想法得分会更高。例如，在教学七年级上册蒲松龄的《狼》一文时，要求学生灵活进行奇幻故事的创意，产生奇幻故事的多样化想法。编写蒲家子弟的故事编创活动，可以让学生大胆提出自己的故事方案。

产生创新想法。侧重考查学生跨领域搜寻合适、原创性的想法的能力。要求学生提出一个他人没有想到的、合适的、与任务相关的回答。

评价与改进想法。侧重考查学生评价既定想法，并找到改进这些想法的原创性方法的能力。

四、创意语文创造性思维写作创意的测评工具

在创造性思维测评框架中可给出四组样题。文字表达领域的样题是"根据图案创作短篇小说"；社会问题解决领域的样题是"节约用水的社会问题"。

创意语文可以参照下面以文字表达样题为例，展示创造性思维测评的样题设计及评分标准。"文字表达"需要学生完成以下三项任务：

任务一：你在玩一个游戏，需要掷骰子，将正面朝上的骰子图像连起来作为一个故事创意的灵感，你只用2个骰子来做游戏，写出两个不同的小故事构思，建议用时不超过7分钟，字数不超过80字。

第一项任务，提供了学生"产生多样化想法"方面的信息。这一任务也可以使用不同的提示物（如图片、标题、照片等），任务难度受到提示物特征的影响，如标题或图像的抽象程度以及对照片背景的熟悉程度。如果学生提出了彼此不同的故事构思，那么就证明了他们能够产生多样化想法。如果两个故事讲述的是同一个情节，只是用几个同义词进行替换（例如，"绿箭环游地球"和"绿箭绕地球飞行"），那么这道题的得分就不会高。以此为创意。创意语文亦可用掷骰子的方法得到骰子图像，也可以直接预备六张图片，随机向学生展示，并让学生将其连起来进行创意故事的想象，以唤起灵感。可同样要求写两个不同的小故事。时间、字数同上。

任务二：尝试写一个有创意的故事，将6个依次出现的骰子图像连接起来，如果故事具有原创性，有丰富的想象力，而且故事结构很好，将得高分。建议用时不超过5分钟，字数不超过80字。

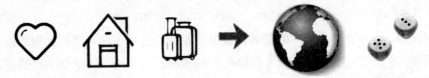

第二项任务，提供了学生"产生创造性想法"方面的信息，重点考查学生想法的非常规性。框架中列出了这道题的常规回答：（1）这是一个关于旅行的故事；（2）这个故事讲的是寻找爱并离开家的人；（3）这个故事讲的是在家感觉不到幸福决定离开家的人。如果学生的回答不在常规回答之列，就被认为是具有原创性的回答。以此为创意。语文教师可以事先选择关联度较为不明显的6个图像，让学生产生创造性想法编设故事，以原创性、想象力、故事结构为重要的评估标准。

任务三：玩一个与朋友一起编故事的掷骰子游戏。先阅读朋友完成的连接6个骰子图像写的故事的开头，根据其中3个骰子图像续写朋友的故事。续写中必须遵循朋友的灵感和写作风格。建议用时不超过5分钟，字数不超过80字。

第三项任务，提供了学生"评价和改进想法"方面的数据。如果续写的故

事与增加的 3 个图像建立了联系，与朋友最初的故事连贯，并有非常规的情节，学生将得满分。以此为创意。可以让学生交换作文写作，在故事进行中，随机提供三个图像让其他学生进行续写，要求注意风格的一致，以及故事的新发展与结束。

创造性思维能够提升人的许多能力，是教育大规模测评领域的又一次开拓性尝试。创意语文通过关注 PISA 创造性思维的测评，充实创意语文测评体系的构建。

创意语文的语文教师，也应以培养和训练学生的创意、创造性思维为教学的重要组成环节。本书对创造性思维的测评主要体现在写作中，其间对写作的设计与要求，与中国义务教育阶段的写作设计与要求有极大的不同。义务教育阶段的写作在限定标题及导写文本的背景下，已经对写作过程、写作目标有了过多的限制，属于抑制创造性思维的写作方式，当引起认同创意语文的语文教师的高度重视。

创意语文的课堂教学追求"美"。创意测评就是一种"美"的创造。美要体现语文本身的美，要体现教学之美。各种类型与风格的语文要有美感，教学设计要美，教学内容要美，教学形式要美，教学手法要美，教学活动要美……教学美、课堂美、读写美的实践策略，首先要表现在"课"的整体设计上，其次要表现在营造"美"的活动氛围上，再次要体现在活动形式、教学节奏上，第四要体现在阅读上的新、美、趣，第五要体现在思想情感上的"美"的濡染上，第六要体现在写作的"美"的表达上，第七要体现在写作测评的"美"的表达上……

《写作：有创意地表达》教学课例

鲍仙庄重地站在讲台上。不一会儿教室内便坐满了听课的老师。午后的阳光，懒懒地洒进窗边，带来了无声息的问候，却也带走了我们所有的困意。鲍仙微笑着看着我们。我们纷纷从抽屉里拿出了早已准备好的作文，整齐划一地摆在桌面上，盯着屏幕看。"写作：有创意地表达"八个大字映入眼帘。

鲍仙点开 PPT，让我们翻开书本阅读，九下教材第六单元写作训练上面很好地诠释了"有创意地表达"的具体意思，但是鲍仙发表了不同的看法："有创意地表达，就是要写和别人不一样的。但是，我不认同书本里面写的：只有自己经历体验感受中那些富有个性特征的东西，才真切，才能够打动读者。比如科幻片的作品没有办法自己亲身经历，但是靠想象写出来的作品，也是有创意的。"在大家疑惑的目光下，鲍仙张开双手给我们举了两个人的例子，《三体》作家刘慈欣原本是一位工程师，另一位是《盗墓笔记》的作者南派三叔，他们没有经历过所写的故事，但是他们富有创意的语言和作品仍然吸引了大批的读者。同学开始兴奋起来，点头同意。大家都是这两部作品的忠实读者。

"苏轼曾说：'文章最忌随人后。'就像我曾经告诉大家，借鉴他人的文章是借鉴他人的写作方法，但是要从中升华变成自己的特色。"鲍仙不断地告诉我们，写文章要和别人不一样，这样才能写出自己的风格，才能让改卷的老师及看你作文的读者眼前一亮。所以有创意地表达是要有新意，有个性，不落俗套，描绘出和别人不一样的色彩。

接下来是相关写作理论知识的学习。有创意地表达要求，立意要新颖，选材要新颖，角度要新颖。大家都对角度要新颖有感触。初二时，鲍仙曾布置我们对《唐诗三首》进行故事新编。《茅屋为秋风所破歌》《石壕吏》和《卖炭翁》这三首唐诗，鲍仙要求我们不要从作者的角度扩写故事，而是从不同的角度来写。"我是从石壕吏的角度来写的"，"我是通过写老妇人的心理变化，来写出当时兵役制度的残忍"，"我写的是一头牛……"，大家纷纷打开了话匣子，互相交流，对角度更新颖这一点体会更加透彻。鲍仙欣慰地看着我们，总结出有创意地表达五要素：立意要新颖，选材要新颖，角度要新颖，语言表达要新颖，表现形式要新颖。

了解完有创意地表达，要开始实践了。黑板上的一张长图引起了我们的深思，这是鲍仙给我们做的小游戏：图上的两个骰子，第1个是一个向东的箭头，第2个是一个地球的局部东半球的图片。随后他点开了计时器和号数抽查。大家一片惊呼，然后开始埋头动笔。班级所有人在一片和谐的寂静中拥抱天马行空的想象。空气中是紧张却又欢乐的气氛。时间一到，鲍仙有条不紊地按下了抽查。两位同学的名字出现在了大屏幕上。

嘉雯同学在大家层层叠叠的惊呼声中站起，以风驰电掣的语速念完了她的小作文："世界到底是什么呢？小董常常这么想。小董的妈妈很爱小董，可就是因为这种爱，小董妈妈不让小董离开自己，怕他受到伤害。听着自己的同伴谈起自己的旅游经验，小董心生羡慕，于是对世界更加好奇。世界听起来是个有趣的东西，可到底是什么样呢？又有多大呢？在好奇心的驱使下，他决定去看看，就这样他开始了他的旅途。"

鲍仙双手放前站在讲台上仔细地听着。见她念完，发表了自己的想法："噢，这位同学把地球想象成了世界的旅行，这个想法挺有创新的，不错，下一个同学。"随着又一阵的惊呼声，语萱同学拿着她的作文遮着脸笑着站起来了，透露着一股深深的神秘感：

"我不知道为什么我会出现在这里，而我的面前出现了一个岔路口，但是有一个指向标。而指向标的尽头，是一个称之为地球的地方。"

"没啦？"鲍仙问。语萱点点头。鲍仙接着评点："那这个人肯定是个外星人了。开头有悬念，整体体现出一种科幻小说的天马行空的感觉。"大家都纷纷为两位同学鼓掌，同时也感到意犹未尽。鲍仙狡猾一笑：

"我们再请两位同学来评价这两篇作文。"

炜堃同学在大家期待的目光下站了起来，若有所思："我认为语萱同学写的比较好，因为她的作文有故事性，而且箭头和地球都有清晰地表现出来。"胤皓同学也发表了自己不同的观点："我认为嘉雯同学写的比较好，因为她是从一个小孩子的角度写，显得更纯真，更有创意。"鲍仙说："从一个小孩子的角度写更有创意，好像有点奇怪啊？好，坐下来啦，我们接着往下看……"

"大家要积极发表自己的观点，接下来我们来进行更深一步的练习。"鲍仙点开了下一张 PPT，写作的图片由原本的 2 张变成了 6 张。一颗红心，一栋房子，一袋行囊，一个箭头，一颗地球和一粒骰子。每个小组的同学经过讨论后都跃跃欲试。章涛同学在他们组同学的强烈推荐下站了起来，大家为他鼓掌，又立刻安静仔细地聆听。

"我叫小明，"他清清嗓子开始了他的故事，"我住在一个沿海的小村子，有这么一个姑娘，令我心动，她叫小美……"

听到这里大家都不约而同地笑了起来，在笑声中他继续着他的故事："她是我唯一的信仰，我与他约好十年之后，待我功成名就之时，便回来找她。我离开了熟悉的老房子，背着行囊，带着梦想来到了非洲，希望在这儿干一番事业。之所以来非洲，是因为这块大陆盛行挖矿。像我这种身强力壮的小伙子，一定能成为挖矿界叱咤风云的人物。凭着一腔热血，我在非洲度过了九年的时光。我已经功成名就，靠挖矿攒下了金山银山。此时我想返乡。我找到一位同学，他想去澳门玩，于是我与他一同前往，我们来到赌场。我手气却出奇地差，经常摇骰子，都是摇到一。没过几天，我的家产便输光了。十年之期已到，而我却不能履行我的承诺了。在此我奉劝大家十赌九输，不赌为赢。"最后一句衷心的劝告，也让大家感受到了他的风趣和幽默。

"这个故事性很强，角度也很新颖。但是呢，你们怎么都把骰子定义为赌博呢，而赌博就一定要去澳门？骰子还可以寓意着什么呢？"

"机遇"，一位同学大声地回答。

"生活中一切的可能，还有选择。"其他同学也不甘示弱，纷纷回答了他们的理解。

"对，所以我们不能只局限于图片的意思，还应该更深一步地去探索。让我们听听下一位同学的作文吧。"

天乐同学十分自信，主动站了起来，拿着他的作文开始深情地读着。他的写作风格，往往都是有着十分诙谐的语言。这一次他又会带来一个怎样的故事呢？大家充满好奇。

"我梦见了丘比特，"他一开口同样也是引得大家哄堂大笑。原来他把那颗红心理解为丘比特，这可真是前所未有，"他给了我一条绳子，并且让我去寻找什么，我向妈妈诉说了这件事，妈妈说：'居然是爱神吗，你现在也不小了，去吧。'"

我开始了旅行，梦里梦到的给我的爱心和绳子，现在居然真的在我手上。

走了很长一段路程，我看见了一座屋子，敲了敲门，没有人给我回应。我发现门没锁，便推开门走了进去，一位白发苍苍的老人坐在火炉旁，看着我说道："看见你头上的箭头了吗？他会指引你的，去吧。"我看着头顶上的箭头，慢慢地走着。很久之后，我低头一看，发现是地球！我已经离开了地球，踏上了宇宙之路。

这时，一位长得很像我梦中的丘比特的人到了我面前，把我手上的爱心和绳子连结在了一起，幻化成了一个骰子，她说道："这个骰子，如果你掷到奇数，那么你会回到地球上，并且获得幸福；反之，则成为这偌大宇宙中的一粒尘埃。

当然了，我摇到了奇数，顺利地回到了地球。至于丘比特，她成了我的妻子，在我的身旁，熟睡着，宛若一位小仙女，让人怜爱。"

"WOW"，大家惊呼声四起。有的同学则捂着肚子笑得前俯后仰，为他的想象喝彩。

两人的作文要进行打分，满分是 40 分。作文评议环节，屏幕上出现了佳莹的名字，她要回答的时候，脑子却一片空白，不知道该说些什么。她有些犹豫，几秒的时间对她来说，足足有一小时之长。鲍仙提醒她先为作文展示的同学评分。两位同学的作文都各有各的独特之处和创意特色，一时之间她也不知道该如何评分。可是佳莹嘴比脑子快，脱口而出："我给章涛30分吧！"

"那说说你的理由吧！"鲍老师继续提问。

"我觉得章涛的创意作文中，所有图片的内容都有体现，但是不……不深入"，我的嘴巴显得有些不灵敏，手紧紧捏着笔，我的大脑飞快地运转，回忆起章涛分享的创意作文，"情节确实跌宕起伏，有明显的时间线，思路也清晰，但选材的内容不是很有创意。"

"你给章涛30分的理由是这样，那你说说第二个同学天乐，你给他打几分呢？"鲍老师思索了一番，继续提问。

"天乐的创意作文我给……给27分吧！"佳莹犹豫了一会儿，大脑快速运转，手里拽着笔，接着说，"他只把图片内容的意思讲出来，而没有深化图片的引申义，情节过于平淡。在这一方面，没有突出创意。但这篇作文整体在选材方面来讲是有特色，有新意的！"

佳莹坐下后，伟霖同学表现出了他憨厚老实的一面，自觉地站起来，十分诚恳："我觉得章涛的作文创意并不怎么好，但是他时间轴非常清晰，而且他剧情颠簸起伏，很有意思，我给他34分；而天乐创意性很好，结尾来个大反转，让人哄堂大笑，也给天乐34分。"鲍仙听了，顿时笑道："这位同学完美展现了如何在课堂上不得罪任何人。"这下刚停住笑声的同学们又忍不住了，一阵欢笑起来。周围听课的老师，也被这活跃的课堂氛围给吸引着。

为了让大家的文章能够更好地得到交流互鉴，我们还有一个环节，便是交换同桌的作文，并帮同桌参考PPT上的那幅图进行续写，参照一个手掌、一座桥和一个天平，续写同桌的故事。五分钟之后，一个又一个好玩的故事又相继出炉了。章涛的作文在鸿杰的笔下，又有了另一番新意。

康康一脸自信："在沿海的小村子里，小美与小明相见了。小美十分生气，一巴掌把小明打晕了。醒来后，小明发现自己在一座小桥上，他想跳河自尽。他在心中衡量了一下生命的价值，决定回到非洲重新干起挖矿的工作。"

班级的笑声逐渐地盖过他的声音。康康按顺序把这三幅图串联起来，也和章涛的文章有所联系，故事性也很紧密结合起来。天乐的同桌樟淳，在鲍仙的示意下，站起身来，为他同桌的作文增添笔墨："我醒来之后，发现我的双手动弹不得，转头一看，只见一个陌生女子骑在白马上，手中拿着一个天平，给我一个砝码。说，左边是情，右边是钱，选择一个吧。我经过一番思考，最终选择了钱，而眼前的女子也变成了丘比特，一脸惊讶地看着我。"

有同学疑惑，那图上的双手在文中是如何体现的呢？"嗯，通过双手动弹不得得以体现。""那桥呢?""桥是情啊，感情线。""有道理。"

佳豪同学给两位同学的续写进行了点评："我给康康评 28 分，我认为康康的故事虽然讲得幽默风趣又生动，但过分基于图案，不够有创意。而我给樟淳评 25 分，因为他也是没有能走出图案的束缚，而且故事比较无聊。"

鲍仙听了若有所思："这个怪不得樟淳，毕竟都娶了丘比特还怎么往下写嘛。"

同学们都应声附和。大家都纷纷看着自己的同桌给自己的续写，大脑中瞬间有了无数的想法，感到课前那无形的薄雾在眼前散开，心中变得亮堂起来，原来创造性地写作，可以以不同的形式来表达自己的想法。

时间总是过得飞快，下课的铃声悄然蹑入。我们收获颇丰，意犹未尽。路漫漫其修远兮，吾将上下而求索。在未来的学习路上，我们也将更加努力钻研，写出我们的特色，画出我们的想象，喊出我们的心声，挥洒我们的汗水。这节课也同样告诉我们：有创意地写作，有特色的人生。把想象发挥到极致，就能创造属于我们自己的精彩人生!

第四章

创意语文实践研究

创意语文运用学科哲学与创意学理论，通过"整体型"教学策略，从不同角度对八类课堂进行创意教学策略研究。在创意语文实践过程中，相关教育科研的研究也与时俱进。本书从教学、阅读、写作、评价、名师工作室五个方面，选择几个点进行论述；并将在日后进行更系统化的研究，形成体系。

第一节　创意语文教学研究

统编初中语文教材在线教学的七个维度

创意说明：对待统编初中语文教材与在线教学的融合，可采用学科哲学诠释学，进行"在线教学"的概念解读，通过"加一加"的思维工具，运用组合创意法，进行跨学科跨领域的学术思考。创意语文基于近几年"人人通空间"的应用实践进行辩证认识，并上升到对语文学科"在线教学"的概念解读研究。

《教育信息化2.0行动计划》要求"将教育信息化作为教育系统性变革的内生变量，支撑引领教育现代化发展，推动教育理念更新、模式变革、体系重构"，在线教学迅速推进。在线教学阶段性成为正式教学方式，"发挥技术优势，变革传统模式，推进新技术与教育教学的深度融合，真正实现从融合应用阶段迈入创新发展阶段，不仅实现常态化应用，更要达成全方位创新。"教师更新教学理念，创新使用统编初中语文教材，在线教学体系在实践中得到建构。

在线教学是以互联网为介质，师生通过互联网联结教与学的软硬件在终端产生教学行为，打破时间空间、人力物力的限制，形成新型的可持续的教学体系。这是学科教学与信息技术深度融合的创新形式，具有诸多特点。在实践中，统编初中语文教材在线教学呈现七个维度。

一、学生本位：在线教学以学生为出发点，以"学得"为核心点

在线教学的学生本位，要以学生作为教学的源头。在线教学所有课堂的起点与终点，都应指向学生；既要面向学生群体，也要面向学生个体。在线教学，要根据校情、学情等综合因素整体判断学生群体的"未得"与"学得"，为群体性学生整体设计从"未得"迈向"学得"的途径。还要根据学生个体的家庭教育、个人心理生理阶段、原有的知识能力，为个体性学生个性化设计从"少得"到"多得"的途径。个性化学习是群体性学习的有机组成部分，二者并行不悖。

在线学习应确定"学得"。学生在线语文学习过程中学到什么知识，形成什么能力，培育了什么语文核心素养，都要形成有细节有层次的学习目标，并以相应的学习评价进行确定。不能语文在线学习了一段时间，返校后发现学生掌握不多。在线学习要避免无效学习，就要整体构建线上线下二阶段的语文学习目标。线下目标是线上目标的延续和深化，线上目标关注"大多数"，以学习力在中间层级的学生群体作为教学目标，准确定位每课学习目标，设计好教学内容，适切好学习作业，通过教学，让群体学生能"学得"。在线学习目标关注群体，须将难度放得低些，须将作业放得少些。日有"学得"，积少成多。在线教学在日积月累中由"学得"到"习得"。在线教学可传授普适性的知识能力，与线下课堂教学加深难度的知识能力有所区分又相辅以成。

例如统编八下《社戏》的在线教学目标应放在第一单元说明的"如何根据需要综合运用多种表达方式"，学生群体在七年级掌握表达方式的基础上学习综合运用。"学得"点就是多数学生都能分析"作者在叙述事件的过程中，融合多种说明方式"，能以本文的某件事为例并进行这些表达方式的分析。对"抒情、议论"把握不佳的学生可以进行个性化点对点辅导。而"表达方式各自的作用"，可以在线下课堂教学中进行现场学习突破。

所有课堂的起点与终点，都应该指向学生。在线教学的第一考虑点就是语文教师在网上授课，学生不在现场，如何让学生的语文在线学习有效。

在虚拟现场"学"。在线直播，授课教师唱独角戏，现场却要虚拟学生存在。空荡荡的教室课桌犹如一个个学生，教师酝酿起情绪，将终端在千家万户的看不见摸不着的学生"感受"在现场。没有现场的问答互动，却有线上线下的"学"："请同学们用红笔将第 10 段航船的动词勾画出来。""双喜在全文中表现出了哪些性格特点？请同学们直接批注在相关段落旁边。"……

生本位设计"学"。在线课堂是教师一人授课直播，全年段 1300 个学生网

上听课。学生的语文能力参差不齐。教学设计要以学生为本位，注意分层设计，以中层的大部分学生为基准，通过选做题兼顾两头。对《社戏》中"表达方式、心理描写"的品析，每位学生都要掌握。拓展阅读王英琦《看社戏》，这由学有余力的学生选择完成。

答题反馈看"学"。第一课时课前早修布置第 11 段"两岸的豆麦和河底的水草……"背诵默写，学生默写后拍照传回"人人通"给老师批阅，老师从反馈中发现"朦、踊"等字失误较多。第一课时就由默写易错字更正导入新课。

数据统计析"学"。第一课时课后推送"智能检测"，第 2 道病句题"在平桥村的岁月不总是那么阳光灿烂，看社戏的路也并非不是那么平坦。"此句学生检测得分率只有 22%，八成学生答题判断有误，分析在"双重否定句"的知识把握上出了问题。

及时微课助"学"。针对"双重否定句"掌握不到位的情况，教师马上制作此知识点的 PPT 课件，采用"教学助手"中的"微课通"制作微课，一题一知识点一分析，时长三分半，制作好后及时推送给全年段学生掌握。第二天同知识点的检测得分率就上升到 91%。

学生本位，以生为本，以学为位，贯穿始终，在线教学才能从不可控走向可控。

二、学科性：在线教学固守学科精神特质，培育学科核心素养

在线教学语文，教什么，学什么，师生对该问题需要有清醒而准确的认识。多数人认为就是在学语言文字，学人文学文学，学听说读写，这样理解不全对。"语文课程是一门学习语言文字运用的综合性、实践性课程。"在线教学的语文学科性是使用在线软硬件资源，既要学习语文学科的知识，也要提升学生语言文字的综合能力，更要培养学生语文实践运用的素养。语文知识是显性内容，师生容易把握，容易教学。综合能力、实践运用是隐性内容，不容易教学。语文教师要通过在线教学这种新形态的教学方式彰显语文学科给予学生素养培育的价值。统编语文在线教学的组织与开展要体现语文学科的精神特质。

在线教学的语文学科性，要求教师通过综合性设计的，可以让学生产生积极性的语言实践活动，在教学过程中逐渐积累与构建学生语文素养。语文的在线活动，创设真实的语言运用情境，让学生表现出主动而有个性的语言能力与品质。学生在线学习过程中掌握了语言知识，提高了语言能力，掌握了思维方法并逐步提升了思维品质。学生在线"学得""习得"语文，形成正向的情感、态度与价值观。经过长期在线教学的综合实践运用，学生逐渐熟悉本国家、民

族的文化，并由外及内自然而然地产生尊崇民族文化的情感。

例如统编八下《壶口瀑布》，在线教学时设计了学习独到的观察角度表现独特的景物特征的游记写法，也学习了本文精妙的语言，这些是对的，但语文在线教学不应是面面俱到的知识堆积，也不应是过分琐细的文本解读。进一步结合单元写作任务《学写游记》，让学生模仿本文"观察角度"，结合暑假的北京游学经历中的故宫景点写一篇游记作品，结合自己在故宫的摄影作品，完成一份图文并茂的公众号作品，陆续进行在线网络推送。语文在线教学要突出学科核心素养的特性，大胆取舍，在大单元教学设计中课文要错落关照知识与能力，综合实践，综合运用，语文的学科性反而得到彰显。

现今的在线教学容易获得音视频、图、表、文等资源，跨媒介在教学中的应用冲击了语文的学科特性。语文的学科性应基于语文核心素养。由此，《社戏》二课时重点设计四个模块：

思维提升，整体梳理情节。感知课文内容，整体把握故事情节，在梳理中思维在提升。"请同学们快速阅读，并概括出本文写了几件事"，"请同学们进一步将这几件事，逐一归纳，概括成四字短语。"教师线上的教学指令，引导学生聚焦情节，聚焦思维整合，聚焦语言归纳。

语言品析，表达方式作用。言语教学是语文最重要的学科性。《社戏》作者在叙述事件过程中，融合了多种表达方式。"请同学们在文中找到至少三种表达方式，批注在相应段落旁边，并品析其作用。"文中多处运用描写的表达方式，我们可以继续设计：在描写鲁迅少年时看社戏的经历时，文章多处语句包含童真童趣的心理描写。"请同学们搜寻并用横线划出表现'我'从儿童角度思考的句子，注意体会这些句子表现了'我'怎样的心理？"现场虽不能得到学生的即时反馈，但教师示范的"我的很重的心忽而轻松了，身体也似乎舒展到说不出的大"等句子的品析，可以通过下课后的拍照课堂笔记的检查进行师生交互。

审美情感，鉴赏理解情思。《社戏》对少年时代的追忆，容易唤起学生的情感共鸣。看戏吃东西的体验在文字与联想间切换。"让'我'昏昏欲睡的戏，很普通的豆，为什么文章结尾却说是'好戏''好豆'？请同学们在笔记上写出自己的理解。"本问题让学生理解作者的情思，鉴赏作者的情感，对"好豆、好戏"的审美，要从文中的人、事、物等方面来感受。

民俗文化，理解地域风情。《社戏》一课的最后环节，就是由课文中的绍兴社戏，迁移到让学生对于闽南民俗文化的理解上。现在的学生对于民间流行的习俗风尚有一层隔膜，语文教师在线教学课间，用好"互联网+"的优势，带领学生走入闽南"高甲戏……"等地方戏，再到家庙祭祀的民间习俗，并进一步布置课外语文综合性学习任务"我家的闽南民俗印记"。

语文在线教学不应是过分琐细的文本解读，也不应是面面俱到的知识堆积。突出学科核心素养的特性，大胆取舍，在大单元教学设计中各篇课文错落关照知识与能力，语文的学科性反而得到彰显。

三、工具性：语文在线教学的双重工具属性，丰富了学科外延

在线教学因需要使用互联网软硬件作为工具，它的工具属性明显；然而"工具性与人文性的统一，是语文课程的基本特点"，这说明语文学科本身也具有工具性，语文在线教学由此具备双重工具属性。语文学科的工具性是使用语文在人际交流过程中的实用功能，并作为中间媒介维系了社会信息，是从个人到群体都需要掌握的工具。语文的工具性通过其学科特性的语言来表达思想感情，是交际的表现形式，是学科教学的必然条件。在线教学的工具性则是从物理空间转向虚拟空间的联结形式，是学科教学的应然手段。二者结合的双重工具属性，开拓了语文学科的边界，丰富了语文学科的外延。

统编初中语文教材在线教学的工具性，是使用教材，特别是其中的语言文字作为工具，通用互联网软硬件的工具，进行师师学科教研、教师在线授课、学生在线学习。工具性的重要程度不言而喻，一旦缺失，在线教学的意义就荡然无存。在线教学的工具至今已经逐渐微型化、智能化，并随着科技发展更易用、便捷、高效。统编教材在线教学的工具性不以工具性能高低来评价，而以使用工具的师生的语文学习知识能力接受，以核心素养的培育程度作为评价的基础。

例如统编七下《驿路梨花》教学设计让学生找出并分析文中层层设置的悬念和误会的语句段落，说说其中的表达效果，这是语文学科的工具性呈现。授课时使用的是钉钉这种可在线语音交互的工具，学生们在交流中，信息向"公德"一词聚集，这是在线教学的工具性呈现。最后融合领悟社会主义核心价值观，提炼为对社会主义先进文化的传承。

在线教学，师生不见面，需要工具将师师、师生联结在一起。这是一个在线教学工具大爆发的时代，无论从硬件还是从软件。各种教学方面的电脑软件与手机应用或综合成体系或有独门特长，各擅一场。福建省教育厅主办的教育资源公共服务平台（简称"省平台"）承载着语文在线教学的工具应用。

工具助研。《社戏》一课的在线教学内容如何确定？采用传统的"知人论世、音字词义、分析结构、文本解读、课外拓展"的课堂内容吗？语文备课组借助"省平台"的手机应用"人人通空间"发起群聊建教研群，在教研磨课中

群策群力确定了教学内容的共识。最后通过"同步备课"将备完课的资源与同组教师共享使用。

工具助教。《社戏》中的绍兴民俗与笔者所在的闽南民俗有何异同？语文教师不是专业的民俗工作者，但统编教材的单元说明在"双线组元"中有"民俗"教学要求。通过工具"教学助手"，在本篇课文的"共享资源、精品资源"栏目里即可快速搜查下载资源使用。

工具助学。课前导学，用"人人通"课前推送《社戏》原文开头两段看戏经历的文章，让学生课外阅读，帮助理解"为什么我认为这昏昏欲睡的戏是'好戏'"。课后作业，用"人人通"收发批阅交互语文作业。在线教学后互动课堂中的录课视频直接推送给每位学生，可以点播回放补学课堂的难点。智能检测，及时地了解学生对《社戏》中考试题的掌握情况，将在线学习与在线评价结合起来，即时的数据统计也及时地支持了在线教学内容的调整。

四、移动性：在线教学的移动特征是自主化泛在化碎片化的非正式学习行为

在线教学的移动性指授课者与学习者通过互联网终端，使用移动设备，跨越时间空间，进行跨情境教学的特性。移动性促进了师师、师生、生生在"研教学批辅改"多环节的交流互动。在线教学的移动性，使教学方式从相对固定的课堂空间、上课时间的学习迈向即时移动学习；教学情境从孤立单一的学校环境迈向多元开放的家校社会；教学传播从由教师单向输入学生迈向学生多向吸收纳入。

在线教学的移动性在正常时期只能具有非正式学习方式的属性，虽然在特殊时期具有正式学习方式的属性。当课堂教学因特殊原因停顿，在线教学反客为主，借助移动终端、互联网+等工具线上开展教学，且要实现课堂教学的教学目标。移动性因素需要在线教学改变教学活动设计的理念，精确教学目标的制定，调整教学内容的选择，变通教学活动的过程，转变教学评价的结果。这种移动性，需要学生自主学习，又可泛在学习；多学科同时行进，也使得在线教学呈现碎片化。移动性的优缺点都很明显。

统编初中语文教材受在线教学移动性的影响，学科的人文特征赋予开放活力、综合实践的课程特色，在移动属性的学习行为中要更新课程的教学内容和方式。例如统编九下戏剧单元何冀平作品《天下第一楼（节选）》的在线教学，教师在线提供剧本给学生阅读，学生反馈的阅读时间与媒介有很大不同，有打印成纸质文本阅读的，有用手机听书软件听完剧本的，有观看同名电视剧

的……问学生阅读的场景，有边做家务边听的，有边形体锻炼边看的……移动性的自主泛在碎片化，丰富了语文的非正式学习方式。

在线教学是移动技术通过互联网在学科教学上的延伸。统编初中语文教材顺应教育信息化2.0的精神，移动性特点明显。

时间移动。学校安排了固定的在线教学时间表，在家的学生在线学习后，还有作业、活动。在线学习让学生的时间移动成块状。《社戏》课外任务"我家的闽南民俗印记"，需要学生与家长在访谈的时间移动中，丰富民俗的故事；需要学生在线搜查相关资源，在时间移动中丰富闽南民俗印记的具体内涵；需要学生整合类别，在时间移动中丰富民俗的种类。

空间移动。学生的学习空间是灵活的。家庭教育环境不同，学生的学习空间可在书房，还可能在大厅、床上……宅家学习，在线学习的空间是多元移动的。《社戏》的在线学习，内容空间从闽南移动到绍兴；学习环境从教室移动到家庭。

工具移动。"省平台"的多种在线教学工具让学生的学习更为便利。每个学生的语文学习都是个性化的。有的用电脑、手机、平板等硬件，有的用微信、钉钉、人人通等软件。《社戏》的在线学习正是师生信息素养的综合呈现。智能检测让《社戏》的学生评价随着工具移动便利快捷地在当天得到反馈。移动性极大地提升了教与学的效率。

五、融合性：在线教学是多层次、大单元、跨学科、跨媒介的融合

在线教学的融合性，强调线上线下教学各要素有机结合，全方位的、深度的一体化，须全面变革教学组织、评价等方式。基于新形势、新常态、新目标，跨时空跨学科地通过教学将多环节聚合在一起，以期发挥更大的在线功能和作用。在线教学成为教学环境、手段、内容、思想。在线融入教学，有三个层次：工具辅助的简单结合、多媒体应用的中度整合、共同思维的深度融合。在线教学是人文与科学精神的融合，体现了更高阶的思维方式和思想价值。

统编教材的在线教学融合，是语文课程教学的一部分，促进了语文课程教学的变革，实践了语文课程的新的开发再造及生成，并实现了教学方式的变革，促进了师生的有效教与学。在线教学融合统编教材，成为新的课程教学的工具、媒介和方法。二者的融合也培养和提高了师生的信息素养，并作为新的课程教学环境，促进了教师中心向学生中心的新型教学环境转变。学生发展是统编教材在线教学融合的根本要素。二者的融合，是跨学科、跨媒介、大单元的融合，在发展学生素养的前提下，必须更重视育人功能。

例如统编七下《木兰诗》的在线教学，融合音乐欣赏《经典咏流传》2018年第一季的同名作品，感受诗歌咏唱的魅力；融合动画电影《花木兰》系列，提升丰富故事情节、创新改编思路的写作思维；大单元教学设计中，融合思维"把自己'浸泡'在作品的氛围中，涵泳品味"，深度文本解读；最后将中华优秀传统文化融合进个人情感中。

在线教学是基于传统教学之上进一步融合"互联网+"现代信息技术的综合教学的手段和形式，其内涵是进一步深化了教与学的空间。

课堂融合。语文课堂在线教学期间融合了线上线下的教学环节。课前导学《社戏》推送了鲁迅生平、写作背诵、音字词义等信息，让学生课前预习掌握。在线教学过程中同步录课，将课堂内容录制好并于下课后自动推送到每位学生的空间内，方便学生复习。许多学生复习在线录制的教学视频，掌握了《社戏》最后一段"议论"表达方式及作用的理解。

教与学融合。在线教学有教有学，线上应该同步整合。《社戏》课间教师布置第10—13段朗读。借助钉钉点对点抽查学生朗读情况，并呈现在所有学生面前，注意提醒并评价学生要将前面心情轻松与后面内心急切的语音语调语气把握好。

课内外融合。课外学习是课内在线教学的延伸。课后作业布置学生在线复习《社戏》课件，智能检测快速测试学生的课堂学习掌握情况。学生对"那航船，就像一条大白鱼背着一群孩子在浪花里蹿……"一句的心理分析，得分率较低，课内外迅速融合分析，引导学生从"蹿"字体验孩子极富浪漫色彩的想象力，表现愉悦的心情。

语文与工具融合。师生不在现场的隔膜，正是通过工具的在线融合使教学成为新常态。语文、师生、学科内容、素养目标，与工具融合的在线教学，还会将这种常态延长到今后日常教学中。

六、交互性：在线教学的多层交互以有效学习为评价基础

在线教学的交互性，既是人人交互，也是人机交互，还是学习体系内有层次的多重元素之间的交互，比如内容、评价、结果、资源等。在线教学的交互，以学生为核心进行放射状的交互关联，但不止于学生；教师、家长等对象也彼此交互。各对象间在具体情境中的交互行为指向学生的成长。在线教学交互性包括，学习目标的预设与达成，学习任务类型的灵活实践，前学结构水平对交互内容和结果的影响，学生群体间的交互主动性与目的性，在线支持的资源与操作的熟练程度。交互性经常被作为有效教学的关键性指标，多数情况下交互

越多被认为效果越好。实践中交互多会出现重点信息不聚焦的现象，而交互少的学生因在线条件进行替代性学习反而能有效掌握重点信息。

统编初中语文教材的在线教学交互性要从浅层表象的人人交互向深度思维的内在交互发展。语文通过听说读写进行知识能力的交互之后，要向思维情感的交互延伸。例如统编七下阅读名著《骆驼祥子》，学生阅读作品，在线与老师交互章节情节归纳，在学、评、改环节时完善知识性学习。教师主导下带动学生小组内在线交互讨论、丰富多人物形象性格特征。在"祥子如何避免悲剧命运"的问题驱动下，引导学生进一步从时代、社会、人性等层次与作品深度交互。借助在线资源优势，使用文艺评论用语，丰富论述用词，反复修改确定《我是祥子我的命》的论点及支撑的材料，并在在线学习平台交流。整本书阅读不流于情节表层，交互学习促进了深度思维的有效学习。

语文在线教学的交互性，有别于现场交互。在线、线上、即时交互是重要的表现形式。

师师交互。教前师师在线交互是研课磨课。《社戏》教学内容的确定，同备课组教师在线指出对文本解读的取舍成了关键点。这样只聚焦于表达方式、心理描写，其他的人物分析、景物描写等内容即予淡化。教后师师交互是评课析课，目的是促进下一次的教学。

师生交互。学是师生交互的核心。在线教学，听说读写都能达到。借助钉钉即时同步听说朗读交互；借助人人通说读写可作业任务交互。课堂师生问答交互，也会有助于学生掌握。

生生交互。对于《社戏》原文开头鲁迅第二回看戏经历的情思表现，通过网络空间发帖，让学生跟帖评论，师生、生生围绕"情思"展开讨论。有同学认为"'追角'很重要，鲁迅没有做到"。也有同学认为"鲁迅对于中国戏剧大叫大闹的看法，导致了他失败的观戏体验"。

家校交互。学生的知行层次，与家长的在线交互成为经常性的选择。王同学对于《社戏》的关注度不够，正是在家校交互后，既有与家长的督促交互，也有与学生的思想引导的交互，才促使王同学做好了"我家的闽南民俗印记"的活动，并成为优秀作业在学校公众号展示。

语文在线教学的交互需要特别细心细致，只有这样学生学习的效果才能更好。

七、拓展性：在线教学具有因人施教、拓展有界的加法特性

在线教学的拓展性是一种加法特性。在线教学以基础性教学要求为主，面

向全体学生培养必备品格和关键能力。在线特性支持个性化学习、自主选择学习，就要有拓展性教学。其中必学是全员拓展，选学是多层拓展。拓展性与师生差异、在线条件相关，适切的拓展性才能达到最优结果。拓展性的关键还是在学生的选择。在线教学的拓展性，要在基础性教学上进行补充整合、延伸拓展，要关注规范性和层次性。在线教学的拓展性要从碎片化走向系统化，从数量型迈向质量型，从知识能力层面迈向核心素养层面。拓展性是有边界的，拓展的目标、内容、实施和评价是在线教学拓展性的四大要素。

统编初中语文教材在线教学的拓展从课程教材出发，注重跨学科、跨媒介、大单元的整合，以语文知识能力为显性拓展，以实践素养为隐性拓展。结合在线情境，运用主题、体验、探究的项目式学习活动，进一步培养学生的语文学科情感，探究精神等核心素养。语文在线教学的拓展，要有从学科性到实践性拓展的教学内容，要有从注重显性到隐性拓展的教学过程，要有从注重结果性到过程性拓展设计的教学目标，要有从注重知识性到趣味性拓展的教学活动。

例如统编九下《陈涉世家》在线教学完成文言文知识学习后，可以跨学科拓展到历史，了解秦末农民起义斗争史。还可以多层拓展，了解《史记》中刘邦、项羽等人物；学习书中写人笔法的特点；思考人物在历史进程中的作用；还可以拓展在线学习"百家讲坛"《王立群读史记》，文史融合拓展，深入探究司马迁将平民陈胜放进王侯"世家"的原因。

语文在线教学因学生在家学习，让积累拓展更快捷高效。

听说拓展。《社戏》课后"读读写写"栏目，笔者要求每位学生熟读录音发给教师，重点关注"咐、凫"以"f"为声母的发音。同时录音的还有七下陆游《游山西村》，因为诗句"箫鼓追随春社近"与"社戏"的"社"所指相同。完成教学后录音下一课《回延安》。在线教学应用工具将听说朗读的言语训练支撑了起来。

阅读拓展。"积累阅读"课外阅读题是最不易开展的。但语文教师推送《社戏》原文开头部分给学生后，类似的文本阅读的拓展一直能贯穿在线教学。下一课《回延安》推送完成了对莫耶《延安颂》、祁念曾《延安，我把你追寻》等体现"延安精神"的诗文的阅读。相信未来的课外阅读拓展会继续依托在线教学成为常态。

写作拓展。《社戏》语文综合性学习任务"我家的闽南民俗印记"，需要学生去采访、查资料、整合，最后通过写作呈现成果。在线学习期间可多布置小作文，一二百字为主的微写作，用时少，见效快。

以上在线教学的七个维度，深化了统编初中语文教材创新教学实践的内涵，将成为未来语文教学的新常态特征。"但这会刺激和带动我们的教研，更新我们的教学理念，改进我们的教学，从长远看，不但有利于学生，也有利于教师自身，这肯定是一个专业成长的好机会。"

基于移动学习的语文读写实践

创意说明：创意语文对"移动学习"融合语文教学的深度跨学科跨领域进行教学探索。将融合移动学习的语文，用"微语文"的新概念进行统摄，探寻其特点。"微语文"的概念解读到位，才能辩证理解"微"字的新内涵。采用"代一代"的创意思维工具，将"微"博与"微"语文进行模仿创意，可以让"微"字摆脱"微小短小"的狭隘的意思，有了新的内涵。将"移动学习"理论指导下的语文读写实践进行探索，是对"移动学习"的概念解读，是跨领域跨学科的学术思考。同时运用"加一加"组合创意，也是本文深度思考的主要创意开发方法。

老师们，有时我们已经习惯了这一幕：课间，我们从教室外的走廊经过，只见教室内数名学生低着头看着自己手中的手机；放学后，学生边快步走向食堂，边注视着手中的手机；食堂里，排队等打菜的同学，打好菜吃着饭的同学，低头看着手中的手机……

再说说我们老师的情况，课间休息，等候上课时，我们会习惯性地拿起手机，看下信息，时间长点，接着看点新闻。比如在这几天的会场上，老师们听着、看着台上的老师们的课堂教学或者讲座，会举起手机拍拍照，马上上传到微信朋友圈或者发到微博上交流。真语文福建泉州站，授课的老师们在台上讲课，听课的老师们当场发腾讯微博上墙交流感想……

平时生活中，我们，包括老师、学生、家人……等车时，会习惯拿出手机看新闻；走路时，喜欢戴上耳机"听"小说；陪家人逛街，有的会拿出苹果、安卓平板电脑看电子书打发等待的时间……我们在不知不觉间成为一名"低头族"。从另一个角度看，我们已在不知不觉地进行"移动技术下的阅读"。

我们在过去常常抱怨生活被工作割裂得支离破碎，没时间阅读。而今，我在快节奏生活的缝隙，仍然可以利用"边角料"时间阅读新闻，接受资讯，乃至发布资讯。那些本来是破碎的垃圾时间，因为有移动技术，更因为有其中的移动学习技术，反而让人们在这些时间内形成一种阅读常态，坐车、等人、等电梯、睡觉前、课间、会议中等等都是阅读场景，我们很多人做到了"我学习的时间不是牺牲了娱乐，而是填补了垃圾时间"。

从这点上来说，我们现在的阅读不是少了，反而是更多了。我将这种什么都看，没有目的性的阅读称为"泛阅读"。无意识之间，我们成了"微阅读"的忠实执行者，"移动技术"让我们跟上了这个迅捷的时代。这个移动技术最大的设备体现就是手机，还有各种平板电脑等便携的可移动的电子产品。今天我们的线上教研的内容，就是以手机作为移动学习技术最重要的设备载体。

手机与教育，特别是与语文的联姻在几年前已经初露端倪。因提倡"数字化生存"而名声大噪的美国麻省理工学院媒体实验室创办人尼葛洛庞帝提出了"数字化学习"的概念。而数字化学习又必将会从电脑和固定网络延伸到手机和移动网络。手机以它的便携性、快捷性、立体化和互动性，将根本性地颠覆传统的学习方式。无所不在的移动网络平台将把学习带给人们，而再不是把人们带到学习场所，这样就简化了传统教育方式对师资、费用、教育环境等稀缺资源的要求。尤其是它以多媒体和网络社区的形式出现，必将使教育产生一系列革命性的变化。正如国际远程教育权威基根博士在《学习的明天：从远程教育到移动教育》一书中所预言的那样："从远程教育和移动电话技术相结合产生的移动教育将为我们展现学习的未来。"专家预言正在实现，下一代学习是从数字化学习转向移动学习。

移动学习是一种在移动计算设备帮助下的能够在任何时间、任何地点发生的学习，移动学习所使用的移动计算设备必须能够有效地呈现学习内容并且提供教师与学习者之间的双向交流。这个载体最多的就是手机，其次是平板电脑。

近些年，手机迅速地普及，学生群体拥有手机的比例渐增，手机普及为开展基于移动学习的阅读与写作的学习方式提供了硬件条件。这些手机平台主要有苹果公司的 IOS 系统、谷歌公司的 ANDROID 系统等。手机系统市场占有率越高，开发应用移动学习的软件就越多。

比如注册人数最多的微博应用，开发的跨手机平台的微博软件也越来越多。最成功的是新浪的微博，而且推出了基于手机各主要平台的软件。腾讯推出微信……这些基于手机平台的交际软件，能方便快速地发表、转发各种资讯。附着在这些软件内的各种公众账号中，有很多就是与语文、与读写有关的资讯。以上举的这两大类型的手机软件，形成了可以进行移动学习的条件，为语文教师引导学生开展基于移动学习的阅读与写作提供了可行的软件条件。

《语文课程标准》明确指出"关注互联网时代语文生活的变化，探索语文教与学方式的变革"，并且进一步指出"教师要关注互联网时代日常生活中语言文字运用的新现象和新特点，认识信息技术对学生阅读和表达交流等带来的深刻影响，把握信息技术与语文教学深度融合的趋势，充分发挥信息技术在语文教学变革中的价值和功能"。由语文教师引导学生基于移动学习的阅读与写作的实践，符合《课程标准》中的要求："充分利用网络平台和信息技术工具，支持学生开展自主、合作、探究性学习，为学生的个性化、创造性学习提供条件。发挥大数据优势，分析和诊断学生学业表现，优化教学，提供及时、准确的反馈和个性化指导。"

由此可见，适应当今的时代形势，从学生的实际条件出发，由语文教师引导学生开展基于移动学习的阅读与写作，既是一种可行的，也是一种创新的学习方式。

微博类与微信类等可以在线学习的手机软件，以及名目繁多的阅读软件，它们的出现推动着"微时代"的到来。微时代，即以短小精炼作为文化传播特征的时代，它以微博微信为主要传播媒介的代表。微时代，主要依托于互联网而存在，无线互联将是未来的趋势。互联网，或者说更广义上的 IT 和通信技术以及它们之间的彼此融合，已经细雨般深入到我们大部分人的生活中，成为相当一部分人的生存方式。在此背景下，广大语文教师和学生面临的语文教与学呈现了新的特点，我将这种应用在移动学习上的语文，称为"微语文"。

微语文，是人们借助微型化的电子科技仪器，如手机、平板电脑等小型乃至微型的工具，进行微型化了的阅读、表述、记录、传递口头或书面信息的文字言词的形式；微语文在描述事实、引证思维、陈述思想、表达意志、抒发情怀及改造事物和思想的信息定位方面，因为文字的限制，具有微型化的特点。简单说，微语文即基于移动学习技术上的语文。

一、微语文教与学的工具微型化

传统的语文教学的工具，以教科书、练习册，字典词典、书写工具、教学辅助工具等为主。进入信息技术时代以来，在学科整合上，加入了 PPT、Autho-wave 等多媒体工具。但是，进入微时代的微语文的教与学，工具更呈现微型化的特点。每一个微型化的工具的后面都是一个能够支撑它应用的平台。这些平台的应用，因为其与手机的结合严密，为语文教与学的微型化提供了平台。

目前中国拥有手机的人口达 13 亿多。这么大数量的普及率，也支撑了微语文教与学活动的开展。也就是说，学生手中的手机，不应当仅成为通信工具、娱乐工具，它还可以是教与学的工具。这又事关教师和学生在手机应用上的学习力的表现。师生都需要进一步学习、熟悉和应用手机平台与应用软件。从这个意义上说，手机应用就是信息技术向微型化发展的产物。

熟练掌握了手机应用的老师，使用信息技术，通过互联网，可以即时地向学生发出相应的学习指令。如：老师可以通过人人通空间等应用，群发给每个学生手机信息，这些信息具有一些语文的学习内容，可以是作业布置、名言积累、写作指导等等。再如，老师可以教会学生并引导学生下载电子书、安装和卸载电子书，这可以拓展学生阅读的媒介。又如老师还可以引导学生使用 UC 等手机浏览器，在手机上在线即时地搜索和阅读需要的语文知识。可以预见的是，微语文学习，将会随着不断更新换代的微型化的工具（主要还是手机），越来越普及地实现。

二、微语文教与学的信息微型化

传统语文的教学信息有长有短，一切依教学的内容或反馈的要求而定。但在微语文的教学中，这些教学信息明确微型化，也因为它是依托在微型化了的应用平台之上。

在微语文教学中，教学信息最主要是阅读和写作两个教学环节。微语文下的阅读属于微阅读。微阅读，指借手机、平板电脑等微型的可移动的电子产品，在一定的移动系统平台中，借助一些软件，进行短消息、网文和短文体阅读的一种新兴的阅读方式。现代社会生活中，无论是教师还是学生，他们的工作学习的节奏都在加快，微阅读就是应时而生的产物。

而在微写作的 140 字中，大可内含乾坤，140 字足够演绎人生百态。既可以有多姿多彩的校园故事，也可以是影射现实的黑色幽默，热烈地展现着网络文学新的一片勃勃生机影像。在 140 个字的限制中创作，将逼迫学生锤炼语言，去掉那些常常被滥用的形容词、副词，文字因此简洁、干净、有张力。微写作可以总结为"以前是千言万语的'灌水'，现在是惜字如金的'蒸馏'。"

微语文在微阅读和微写作两种主要教学信息的处理上，将因为微型化工具的进一步普及成为师生教与学的新方式，对语文的教学将产生持续而深远的影响。

三、微语文教与学的时间微型化

传统语文教与学的时间，主要在课堂上；而在课外时间，因学习压力也往往被其他各科挤压得无处容身。微语文的出现，却为师生教与学的时间带来了潜在的增长。当然，这首先还得益于微型化的工具（主要指手机）。

师生定制并阅读的个性化内容，短小、碎片式的资讯，都可以利用碎片时间进行。当众多的师生抱怨学习和生活被割裂得支离破碎，没有时间阅读时，微语文提供了过去没有的一种阅读方式，使人们可以将零碎的垃圾时间利用起来，成为阅读常态。

微语文的优势就是快捷、方便，让广大师生可以在这些"垃圾时间"里也能获得和发表自己关注的信息。这样，师生传统上的垃圾时间、零碎时间将成为阅读和写作的常态。也许在看了本文后，您才猛然发现，自己在不知不觉间成了"微语文"的忠实执行者。"微语文"跟上了这个迅捷的时代。我们师生真正做到"我学习的时间不是牺牲了娱乐，而是填补了垃圾时间"。语文学科的独特性，让微语文进一步走进了师生的学习与生活，进一步丰富和提升了他们微型化时间里的内涵，必将有效地提升师生的语文素质。

四、微语文的读写实践

以微型化为主要特征的微语文，将深化语文与信息技术相结合这一领域，也将进一步引导师生走向可持续发展的道路。接下来，笔者具体地谈谈学生基于移动学习的阅读与写作，主要有以下三个环节。

微阅读

微阅读，指基于手机平台的阅读方式。

《语文课程标准》指出："学习跨媒介阅读与交流。通过多种媒介关注国内外政治、经济、社会、科技、文化等方面的新鲜事，比较不同媒介的表达效果，尝试探究不同媒介的表达特点。"因此基于移动学习的微阅读，是一种以学生为主体的，激发学生主动参与、获得个性化解读的阅读方式。

微阅读包括三个步骤：选、订、读。

选。学生阅读先要有阅读材料。传统阅读是通过借、订、买等方式获得阅读材料。而手机上的信息海量，因此对移动学习的阅读必须有所选择。学生选订移动学习阅读的方向，应以广博为主，即泛读。天文地理、政治历史、诗文读书、笑话语录等，都是可以选定的订阅内容。可以选订媒体杂志的软件，这类软件发布的内容，与纸质媒体的内容相同，信息发布较严谨慎重，垃圾信息较少。比如可以选订《三联生活周刊》《凤凰卫视》《新周刊》等媒体。而在以个人为主体的学习对象中，学生的选订应以名人为主，如郑渊洁、韩寒等人。普通人发表的信息大多是些个人信息，对于学生的阅读写作无益；而名人自媒体在语言表达、内涵、信息新颖等方面都有可以学习借鉴之处。

订。学生基于手机移动学习的阅读材料，是用手机通过软件，借助上网到相关杂志订阅，或在微博、今日头条等自媒体进行订阅。订阅自媒体，也可以通过电脑上网，在更快速便捷的网络环境下进行。自媒体中的订阅，就是对订阅对象"加关注"即可。而微信中的订阅，则是加入它们的订阅号，比如"好语文网""甲骨语文网""语文报社""语文天下"等。

读。学生在校学习时间，被学校制定的课程占据了大部分，其余时间被冲击得支离破碎。而紧张的学习之余，留给语文的阅读时间零零散散。这种时间的"碎片化"严重影响了学生的整体阅读。但学生基于手机移动学习进行阅读，却可以充分用好这些"碎片化"的时间。手机在手，课余时间，等车搭车，食堂宿舍，散步闲逛等零碎时间内都可以进行阅读。

因为所订自媒体的内容取决于自媒体主人发布的内容，纵使自媒体内容发布优中选精，但整体自媒体的内容仍然是精品信息少而无用信息多，因此，微阅读的另一特征是"减式"阅读。学生在微阅读时需要快速略过或删除这些无用的垃圾信息，从而留下一些有益的有用的信息进行精读。

微积累

学生阅读的目的是读以致用。《语文课程标准》中要求，要"引导学生注重积累，勤于思考，乐于实践，勇于探索，养成良好的学习习惯"，因此，语文教师可以"从核心素养形成和发展的内在规律出发，紧密结合语文教材内容，选择有利于组织和实施综合性语文实践活动的优质资源，构建开放多元的教学资源体系"。手机移动网络中广博的内容，"既包括纸质资源，也包括数字资源；既包括日常生活资源，也包括地域特色文化资源；既包括语文学习过程中生成的重要问题、业绩成果等显性资源，也包括师生在语文学习方面的兴趣、爱好和特长等隐性资源"。这就是学生基于移动学习技术的转发和发表功能进行积累的学习目的。因为移动学习技术具有转发和发表的功能特点，学生在移动学习技术的阅读与写作的环节中，要加入了微积累这一环节。

微积累，是将所订阅的自媒体如微信等阅读软件，通过阅读取舍之后，将需要积累保存备用的信息，通过收藏、转发和发表的功能进行写作素材的积累。微积累，是学生进行微阅读与写作之间的一个沟通环节。

微积累，按收藏、转发和发表功能分，包括收藏转发积累和发表积累两种类型。

收藏转发积累，是学生在阅读所订内容之后，通过对内容的学习和思考，做出可以作为将来写作素材等用途的判断，将信息转发至自己的账号上，进行备用的一种积累方式，这等于快速地积累材料。比如，《三联生活周刊》发表了微博："#读书笔记#古人不可见，古书今可求。寻源谢潢污，至味捐珍羞。朝曦去还至，夜炬燃复休。从此饱文字，不闻饥饿愁。——袁说友（宋）"本则古诗，可以作为热爱读书主题的议论文中的道理论据，学生读后转发，将来写作中，可能用得上。哪怕没有写作，也是一种诗词的熏陶。

　　发表积累，是学生在微博之外阅读过程中，将需要的内容，通过手动输入手机微博进行发表，从而达到保存积累的目的。发表积累不如转发积累便捷，但是能扩大学生的阅读面。这种即时的将阅读到的内容加以发表积累的做法，犹如俄罗斯作家果戈理随手带着的小纸片一般，即时、方便。比如，在浏览《读者》杂志时，看到多多的诗歌《当你途经我的绽放》，诗题精妙，可借鉴使用。即时手动输入，进行发表积累。

　　微积累需要学生具有一种前瞻的使用材料的意识，需要学生有宽广的阅读与写作的视野。哪些材料可能用，哪些材料不用，都要在瞬间进行判断。当然学生也可以广撒网，精收成。另外，因为手机自媒体转发和发表时没有发表栏目的选项，这使得学生要用这些积累的自媒体时，要进行一定的搜索，所以微积累之后的二次阅读，巩固学习心得和进行材料分类整理，也是必要的。

微写作

　　《语文课程标准》中要求"能借助不同媒介表达自己的见闻和感受，学习发现美、表现美和创造美，形成健康的审美情趣"。学生基于移动学习进行写作，也符合《课标》要求学生"多角度观察生活，发现生活的丰富多彩，能抓住事物的特征，为写作奠定基础。写作要有真情实感，表达自己对自然、社会、人生的感受、体验和思考，力求有创意"。基于移动学习的写作，可以达到"充分利用数字资源和信息化平台，引导学生提高语言理解与运用能力，逐步增强语言表达的准确性、规范性"的学习目的。

　　微写作是经过微阅读、微积累后，读以致用，达到运用提高的最后环节，它是学生在手机上直接进行写作的一种方式。比如微博最高限字140字。在文学界，也有围绕微博进行微小说的创作。所以对于学生来说，微写作的结果就是微作文。一句话，几句话，一段话，都可以。字数虽少，却是对于传统写作的很好的辅助。学生微写作，一般是有感而发，眼前景，身边事，周围人，即时思……都可以激发学生写作表达的欲望。

　　基于移动学习的微写作，主要有以下范围：

　　一、记人。即记周围人。他们的言行举止，有意思处，即可手机输入，写作发表。如："下课时，鲍师分发两张试卷。'啊……'痛苦的声音四处响起。'禽兽！'斌喊出令人震惊的两个字！大家愣住了，却见鲍师面带微笑手指着斌说：'哎，不能比啊。如果我怕你，那就是禽兽不如！如果我沉默，那就跟禽兽一样！如果我骂你，那就是比禽兽还禽兽！怎么办？''哈哈！'二班响起了震耳欲聋的笑声。"

　　二、记事。即记身边事。校里班上，食堂宿舍，操场会场……有难忘点，即可手机输入，写作发表。如："苏生站起来往门外走，大家以为他去叫老师。苏生感觉到大家怪异的目光，回头说：'我上厕所。'就走了。春B跑到门口，回头问：'年段室不就在厕所旁吗？我要不要跟过去？'大家偷笑，回答：'要。'春B跟着跑了出去。不久苏生和春B回来了，后面没有带着老师。同学们发出了诡异的笑声继续复习。"

三、记情。即记心中情。人生在世，喜怒哀乐，或起或伏……想一吐块垒，即可手机输入，写作发表。如："独自一人走在那条布满雪花的道路上，早已习惯了寂寞与孤独，总会有它们陪伴我。我所要守护的世界就在前方，我的路，只属于我的路——梦最初的方向，就在那儿。"

四、记思。即记随时思。社会现象，时事政治，体坛娱乐……个人观点，不吐不快，即可手机输入，写作发表。如："感叹啊！纸飞机是我们童年的梦，年龄将我们同它们隔离开来。但我们永远都不会忘记它们，看，现在我们不是回到童年了吗？于是乎，有同学在后黑板写下了'童年的纸飞机现在终于飞回我手里。'"

五、记景。即写景状物。天地山水，花草树木，鸟虫鱼兽……境由心生，即可手机输入，写作发表。如："夕阳西下，晚霞撒满一地。我又走在了那放学的回家路上。仰望天空，夕阳把一切都染成了金色。好温暖，好陶醉。道路两旁的绿叶，在微风中摇曳着，那是大自然的乐章，优美动听。"

微写作，是学生写作训练的一种补充方式，不应该成为主要方式。语文教师对微写作的实践，拓展了小作文训练的途径。学生基于移动学习的阅读与写作的学习方式，因为本身硬件软件的限制，不能成为学生主要的阅读和写作的学习方式，但是是对学生传统阅读与写作的一种极佳的补充。它具备的微型适用和对"碎片"时间的利用，创新了学生的学习方式，丰富了学生的课余生活，达到了寓学于玩的效果，对学生的写作能力的提升助益极大。

相信随着时代的发展与科技水平的提高，学生基于移动学习、基于手机的阅读与写作的新型学习方式，还会进一步得到重视、提倡和推广，达到提高学生语文素养的目标。

省考背景下初中语文文学类文本"教学点"的确定

创意说明：创意语文有必要进一步厘清"教学点"。语文教学从中考出发，融合进日常教学中，通过创意思维，进一步明确省考背景下的"教学点"。可以采用"定一定"的创意语文思维工具，在了解"教学点"概念的来龙去脉的基础上，为提高课堂教学效率、确定考点要素课堂的实绩服务。

福建省中考从 2017 年起采取全省统考模式，简称"省考"。作为初中阶段的终结性考试，中考命题有自身的标准与要求。《基础教育课程改革纲要（试行）》2001 年颁布时指出："国家课程标准是教材编写、教学、评估和考试命题的依据，是国家管理和评价课程的基础。"可见日常教学要遵照《课程标准》，考试评价也应严格依照《课程标准》，这样"教-学-评"就可一体化了。而在现实中，《课程标准》是面向全体学生的学习要求，评价主要面向全体学生，是对全体学生学业的考量。学生是有客观差异的，而如今的中考要肩负"毕业水平测试"及"为高中选拔优秀学生"的双重使命，这就是中考"两考合一"的特点。中考既要遵循《课程标准》，也要照顾到与《课程标准》不完全一致的地方，甚至要考虑到高于《课程标准》的功能。与此同时，中考还属于大规模纸笔考试，存在一定的局限性，比如考试内容范围缩小，检测能力目标弱化等问题。如果进一步从命题与评卷环节来看，客观题虽然有方便评卷的优点，但也会限制学生的创造性思维等高阶思维；而主观题在评卷环节则会因主观因素对检测结果产生一定的不确定性。因此有必要提升省考背景下的命题技术，改变观念，既进行主观题客观化，建构主观题答题的边界；又不应简单地增加客观题题量。此时在《课标》指导下确定好"考点"，再进一步关联到"教学点"就尤为重要。

"教学点"脱胎于"教学内容"。相关研究重点来自语文课程论专家王荣生教授。"教学内容需要聚焦和集中。"由此进一步凝结为"教学点"。教师在《课程标准》视域下，依学生学情确定教学起点，依评价确定学习的终点。教学点即是这些"教-学-评"的关键点。省考基于《课程标准》确定"考点"，"考点"紧扣"教-学-评"的关键点，这就明显影响统编初中语文教材在单元教学点和课文教学点上面的确定。从原理上讲，考点和教学点可以是一致的。

《语文课程标准》是考点和教学点的源头。在选择与确定上因人而异。每年的中考注意命题人的继承衔接，但会有一定的变化。因此每年的考点大方向稳定，小细节会有调整。考题如人，总有些不确定因素，教学点的把握上总也会有些灵活变化之处。考点不能简单等同于教学点，教学点的外延应该大于考点。考点会与时俱进，在新政策、新理念的引领下缓慢而有序地演变发展。教学点受考点影响，也因教师的素养、能力进行确定，前瞻能力、预判能力强的教师，在教学上既能契合旧考点，又能暗合新考点；既在现实中稳固应试的需要，又在理想中培育核心素养。

由此可见，在省考背景下，统编初中语文教材对于"教学点"的确定，必须进行深入的研究，本文聚焦于文学类阅读文本"教学点"的确定。

一、文本类型"教学点"的确定

省考背景下的文学类文本阅读的文本，以福建省中考文学类文本阅读题为最重要的文本选择的依据，2017 年是《一棵小白杨》，2018 年是《好沉的一抔土》，2019 年是《火车上的见闻》，2020 年是《拜谒李时珍》，2021 年是《春走老山界》。从这五篇文章来看，《一棵小白杨》偏向军旅文学，属于革命文学的大范围；《好沉的一抔土》体现治黄成绩，属于社会主义先进文化的大范围；《火车上的见闻》表现人性的美好；《拜谒李时珍》属于中华传统优秀文化；《春走老山界》偏向革命文学话题。由此可见，省考背景下的文学类文本阅读的文本选择，不会是一个简单的方向，选材的范围比较广。除这些革命文学、社会主义先进文化、美好人性的类型外，还可以选择传统文化，选择人类共同的哲思，选择写美景、有寓意等类型的文本。

从省考五年的文学类文本阅读的文体或者体裁的角度来看，文本的选择从命题的需要出发，一般从文体角度会选择记叙文，从体裁角度会选择小说或者写人叙事、写景哲思类的散文。诗歌与戏剧都没有出现过。

二、考点类型"教学点"的确定

研究五年来福建省中考文学类文本阅读的 25 道大题，可以将其总结为八个考点类型"教学点"：

信息梳理与辨析。近五年中考的题型都呈现为选择题，共四个选项。每一个选项中的信息，都主要来自文学作品的文本内，或者同步加入一些语文的知识分析。考生需要阅读选项，结合文章进行梳理与辨析，从而做出正确的判断。

语段作用。对语段作用的理解和把握，要从内容和结构两方面考虑。

语句赏析。有两道小题。这体现了语文的学科特色，主要从词语句子两方面进行，除了要分析语言，具体的言语还要结合文本进行赏析。

分析人物形象。初中文学类文本阅读以写人写事、写景哲理之类的文学类文本为主。因此，对于文本中的人物形象进行评析判断，要结合文本内容进行分析。

主旨情感概括。必须要对全文有整体把握，掌握整体和部分的关系，抓住本质，进行概括，准确归纳文章的主旨与情感。

标题的含义、作用与选择。以人物为标题，以事物为标题，以事件为标题，以形象特征为标题，以时间、地点、环境为标题，分析作用。

梳理情节线索。线索梳理和辨析，要从全文的方向思考。梳理情节主要是对内容进行整理并归纳。学生先迅速浏览，获得整体印象，然后迅速阅读题干，有针对性地锁定答题范围，并迅速提炼出相关信息。梳理文章的情节，一定要围绕具体描写的事件来概括，在概括时还要注意语言的简洁性。

以上七点是考点类型"教学点"的确定，也是整个初中语文教材，中考或者平时考试中文学类文本阅读的重点内容。除此专项的文学类文本阅读的题目外，福建省中考试卷的第 3 题"音字词句题"也应该是此类文本阅读的内容。由此可见，文学类文本阅读考点类型"教学点"的确定，包含了以上八个方面。

三、课堂类型的确定

第一是日常课。在平常的教学中，我们并不生硬地在每一篇文学类文本的课文当中，生搬硬套这八大"教学点"，而是要结合具体的课文文本进行安排。"音字词句"，是每一篇文章的必修内容。比如七年级下册第 139 页第 22 课杨利伟《太空一日》课后练习三，结合课文体会下列语句蕴含的情感，就可以在这篇课文当中结合课后练习，进行第三题"语言品析"的训练。比如七年级下册第 129 页《伟大的悲剧》一课，课后练习一就可以实践对第 4、第 5 大"教学点"的探究，课后练习一：作者对斯科特的南极探险，说一说"伟大"在什么方面？"悲剧"在何处？比如说七年级下册《阿长与山海经》中第 55 页课后练习一，就可以训练第 4 种"教学点""人物概括"，让学生进行判断，阿长是个什么样的人？这属于人物性格概括分析。

第二是复习课。无论是日常的复习课或者中考的复习课，作为大规模考试背景下的文学类文本阅读的"教学点"，在确定内容之后，就应该有主动的意识，紧密地围绕着"教学点"的八大方面，进行专项的复习与训练，了解相应的知识与方法，也要训练并掌握相关的解题技巧，并准确应用。

四、易被忽视的文学类文本教学内容的确定

"教学点"的确定，不仅是在中考前复习，也不仅是在期中期末等考试前复习，而是应该放在统编初中语文教材日常教学使用中进行。虽然大规模考试背景下的文学类文本大多从文体角度看只选择记叙文，或者从体裁上面选择小说和写人叙事写景的散文，但是在统编初中语文教材的教学选择上面，却不能只停留于这几种类型。换句话说，我们必须在更加广阔的文学类文本的阅读作品中，进行教学讲解，从中来体现大规模考试背景下的文学类文本阅读的"教学点"。

文学类文本"教学点",从文体上分我们重点关注记叙文的课文。从体裁的角度看,我们重点关注小说和散文。以上从不同的角度进行区分,对于此种类型的课文,围绕大规模考试背景下的文学类文本阅读的八大"教学点",进行重点教学,整体比较方便理解和实际教学。至于其他省考中没有出现过的体裁,比如说现代诗歌,我们在教学过程中,可以重点配合第三方面"语言品析"来进行教学。再比如戏剧的篇目,我们可以重点配合第四大方面"人物概括"来进行教学,还可以配合第七方面"梳理情节线索"进行教学。

省考背景下的文学类文本"教学点"的确定,并不是仅仅为考试而服务,而是通过"教学点"的确定,反过来指导日常教学。我们应围绕统编初中语文教材的新理念,在大规模考试背景下的"教学点"确定的指导下,在《语文课程标准》中寻找支撑点,对教材的内容进行大胆的取舍,让教师有方向可依,让学生有方向可学。

五、最终指向语文核心素养的培育的"教学点"

在日常教学中,围绕文学类文本阅读的"教学点",需要进行贯彻与实践。在研究过程中,我们将这些"教学点"确定为语文核心素养培育的内容,并由此将其进一步放置在四个主要的方面:语言、思维、审美、文化。根据日常教学中不同课文的特点,在这四个语文学科核心素养的培育上面各有侧重。

省考背景下文学类文本阅读策略教学的类型

创意说明:客观辩证思考创意语文阅读策略教学。针对省考背景下的文学类文本的阅读,进行策略教学的类型总结。"策略教学"与"教学策略"有所不同,需要进行概念的厘清,并进行概念解读。在分门别类的类型确定中注意进行创意转换。

语文阅读策略教学,是指教师帮助学生为解决阅读中的困难而采取的行为过程,是教师指导学生用来理解各种文章的有意识的可灵活调整的认识活动计划。语文阅读策略教学,不仅需要教师指导一些需要记忆的陈述性知识,而且包括程序性的知识,这些知识的掌握,需要学生在语文教师的指导下,在阅读的过程中进行体验、感受、模仿、练习、创造。

阅读策略教学与阅读方法教学有所不同。阅读方法教学可以是独立的,语文教师要想指导学生掌握阅读方法,需要进行大量的重复的练习,直到学生完全掌握这门技能。而阅读策略教学是由语文教师先预设一系列方法及其使用情景，这些方法安排是没有任何规律的，需要学生在教师的指导下，根据不同的情景灵活选择，同时还需要依据阅读的目的和任务，对所使用的阅读方法进行灵活调节。可以说，阅读方法教学是组成阅读策略教学的基础。但是教师如果只知道阅读方法教学，不熟悉方法使用的环境，不能够依据环境的不同进行选择或调节，将不能够很好地掌握阅读策略教学。

根据西方阅读理论教学的最新观点，阅读是一个语文教师指导学生将已有的知识与阅读材料相互作用的过程，是一个建构和重新建构的教与学的过程。教师指导学生的阅读依赖于阅读材料的特点，也依赖于学生已有的知识和背景。从学生学的方面来说，学生既得的关于阅读材料的知识、对阅读材料的兴趣、阅读的目的，甚至拼读单词的能力，等等，均影响着学生自身阅读理解的水平。同时，从阅读材料来说，文章中生词的数量、语法、结构、句子的长短，文章题材，文章的内容、情感等，也都影响着学生阅读理解的水平。

因此，从目前中国的语文阅读教学的实际来看，我们的学生尚难以通过自身的自主阅读，主动运用阅读的策略，所以有必要通过语文教师，对学生的阅读进行策略指导。以下介绍几种语文阅读策略教学的类型，并通过语文阅读教学实践的实例，探讨语文阅读策略是如何丰富学生阅读的知识深度，指导学生提高自己的阅读水平的。

一、进行预测的阅读策略教学

进行预测的阅读策略教学，是语文教师通过预设看图或者文字，引导学生预测故事的题目；通过预设阅读的题目，引导学生预测故事的内容；通过指导学生对前面的阅读理解，预测后面故事的发展情节，等等。这个策略的目的是教师通过预设，激活学生原有的知识，调动学生的阅读兴趣。

它的过程是：激活原有的知识—预测—阅读材料—证实或推翻猜测。

例如：指导阅读微型小说《墙》。《墙》这篇微型小说，讲的是一所学校内有两个老师，一个是老潘，男，美术老师，大龄未婚；一个是李老师，女，音乐老师，离婚单身。二人陆续来到了同一所学校。二人分配的宿舍只有一墙之隔。陆续有好事者，热心地帮二人撮合婚事。二人似也有意，平时二人出门、相遇，也常一起打招呼，寒暄。学校的文艺活动中，也时有配合之作，都是搞艺术的，大伙儿都说他们两个很般配。

本篇作品，教师可以让学生阅读到这里，然后指导学生，对老潘和李老师的将来进行预测。学生结合自己的社会经验，大胆预测，合理想象。接着教师再次提供阅读材料，引导学生向下阅读。可是几年过去，二人的结合却没有下文。突有一日，老潘心脏病突发，撒手人寰。老潘没有亲人，大家在搬家具时，移动书柜后，赫然看到了柜后与李老师房间相隔的墙上，有一扇门。大伙儿都过来围观，大骂二人假清高，实则男盗女娼。

此时可以安排学生，谈对这篇小说的看法。此时，多数学生批评老潘和李老师的虚伪，也有人在思考二人不能结合的一些可能性因素。学生的阅读思维一下子被激活了起来。最后，教师再次呈现阅读材料。有一个年轻人过去拉门，却发现，这扇门根本不能打开，它原来是老潘画在墙壁上的作品，竟如此地栩栩如生。众人一下子鸦雀无声，都愣住了。

进行预测的阅读策略教学，适合在小说、戏剧、图片这类有一定连续情节的作品中开展。

二、有指导的阅读活动策略教学

有指导的阅读活动策略教学，是语文教师通过预设活动，来加深学生对阅读内容的理解。教师首先鼓励学生说出阅读的目的，来激活学生原有的知识，然后呈现阅读材料中的生词，让学生学习，随后在教师指导下，学生进行默读，教师鼓励学生在这个过程中进行猜测，证实或者推翻猜测。语文教师提出问题，让学生带着这些问题有目的地阅读，回答具体的问题，最后是扩展学生的阅读理解技能，开展创造性的活动，如独立阅读、戏剧表演、文学创作等。

这种类型的教学，适合平时的语文课本教学。例如指导阅读课文秦文君的《班级风波》。教师先提问学生说出自己阅读本文的目的，激活学生对于初中生活的体验，接着可以安排作者介绍、生字、注音、词语解释，接着教师可以呈现几个阅读思考题，再引导学生默读，鼓励学生在阅读过程中边阅读边猜测情节的发展。随着对秦文君的情节交代，学生得到了阅读中思考的乐趣。本文阅读之后，教师应当进行迁移运用，引导学生运用秦文君的笔法，进行初中生活的小说创作尝试。

三、敢于提问的阅读策略教学

敢于提问的阅读策略教学，目的是为了调动学生阅读的积极性。提问可以在阅读之前，也可以在阅读之中或阅读之后。问题的形式有三种：直接问题，能够从文章中直接找到答案；间接问题，通过对文章进行解释找到答案；创造性问题，教师通过引导学生与自己的知识相联系来回答问题。通过激发学生提出问题，尤其是创造性的问题，然后针对问题阅读文学，使他们加深对文章的理解。

这种类型的教学，适合在课堂内进行的现代文的阅读教学。例如：现代文阅读训练中的三大类——记叙文、说明文、议论文，都属于这种阅读策略教学。中考、高考中现代文阅读的问题的创设，都是以文本解读为核心。问题的设置，既注意到文章内部的关键信息，也注意到考查学生的阅读理解能力，让学生在阅读理解的基础上从文中找到答案。而每篇现代文阅读的最后一题，也大多属于开放性的问题，没有固定、标准的答案，用意在于让学生进行创造性的理解和解答，不让学生的思维受到限制。学生要合理、准确地解答问题，就需要在平时的阅读中敢于提问。做到心中有问题，心中也才会找到答案。

四、自我监控的阅读策略教学

自我监控的阅读策略教学，是教师指导学生，在阅读前通过分析文章的特点、阅读任务，引导学生确定恰当的阅读策略的教学。在阅读过程中，教师要指导学生通过自我提问，加强自我监控，及时调整阅读的速度，同时根据理解的水平，评价自己是否完全达到了阅读的要求。

这种类型的教学，适合学生自我选择的兴趣阅读，或者说是对学生的个人阅读进行了策略上的指导。例如：学生对托尔金的小说《魔戒》的阅读策略。小说《魔戒》属于现代兴起的奇幻文学的范畴，它有别于通俗小说，虽然以剑与魔法为主要情节，但在架空世界的宏大世界观面前，人物却显得有血有肉，情感细腻，情节跌宕起伏，笔法优美，也有正义与邪恶的价值观。这种类型的阅读，属于学生的个人阅读行为，需要学生进行自我监控，及时调整阅读的速度，在阅读中达到自己阅读的要求。

五、有故事结构的阅读策略教学

有故事结构的阅读策略教学，是指语文教师选择的故事要具有一定的结构性，如故事的开始—故事的过程—故事的结束。这类故事也具有一定的要素，比如时间、地点、人物、怎么样、为什么，等等。语文教师要引导学生对故事中的这些要素进行合理的组织，依据这样的故事结构进行阅读，从而提高学生的阅读理解水平。这种类型的教学，适合小说、戏剧这类文学体裁的阅读。这种教学，在具体内容上与前几种教学策略有相同、交错的地方，但也有自身的特点。它主要体现在叙事本身的特征上。所以情节的进程，作品各要素的关注，都要求教师在长期对学生的指导与训练中，提高学生的阅读理解水平。

应该说，阅读行为是读者和阅读材料相互作用，从而获得意义的一个过程。学生要想使用恰当的阅读策略，就需要对阅读的材料进行判断，从而不断选择新的阅读方法。在这个过程中，一定要有学生的主动参与，学生采用正确的阅读策略，达到理解阅读材料的目的。所以，教师在阅读策略教学中，首要任务就是调动起学生的主动性，激活学生原有的认知基础。

与此同时，阅读策略教学必须在阅读过程中进行，脱离阅读过程，只传授阅读策略，学生就只能记住策略知识，而无法学会如何应用策略，所以语文教师要多在阅读策略使用过程中指导学生学会阅读策略。这个过程是复杂的，既需要教师的指导，也需要学生的练习和反思，从而顿悟、体验阅读策略的使用方法。

阅读策略教学是近几年语文教育心理学领域教学研究的热门领域之一，是语文课程改革的突破口。阅读策略教学是策略教学研究的主攻方向，它在语文教学中的运用，必将给阅读教学带来新鲜的气息。

教学点确认视角下古诗群文阅读教学的方向

创意说明：古诗阅读教学内容繁多，有必要进行"教学点"的确认，这是对"减一减、定一定"思维工具的应用；同时结合省考大规模考试的现状，又根据题型特征，通过"加一加"的思维工具，将古诗进行组合形成群文阅读的形式进行教学。创意语文以"思维观"为创意的大概念教学设计，较好地统合了专题，针对性更强。

2020年福建省中考语文古诗阅读鉴赏题呈现的就是古诗群文阅读。甲诗是李白《闻王昌龄左迁龙标遥有此寄》，乙诗是李益《夜上受降城闻笛》。两首诗在简答题当中提到：这两首诗都写"乐"，但表达的情感不同，请简要分析。由这一道中考试题可以发现，两首诗都采用了共同的意象。根据相同意象进行古诗群文阅读的分析，可以呈现三个因素：呈现为比较阅读，呈现为群文阅读，呈现为关于情感的理解。分析本道试题对初中语文教学点的确认的影响，教师在日常教学过程中就应该构建一种古诗群文阅读的教学状态，在群文阅读中进行比较，同时可以针对"内容、写法、情感或者主题"这些教学点进行比较阅读，以达到有效高效阅读的目的。

第一，古诗群文阅读教学点的确定

1. 可确定相同意象

由2020年福建省中考作文古诗群文阅读中相同的"月"这个意象出发，还可以进行像花草树木，像江河湖海，像乐器武器等意象的选择。比如在选择相同的"兵器"的意象上面，可以选择李贺的《雁门太守行》，当中写到了"提携玉龙"，是宝剑；辛弃疾《破阵子·为陈同甫赋壮词以寄之》当中写到了"醉里挑灯看剑"，也是写到了宝剑；在杜牧的《赤壁》中写到了"折戟沉沙铁未销"，写到了兵器"戟"；在苏轼的《江城子·密州出猎》中写到了"会当雕弓如满月"，写到了"弓箭"这样的兵器。"兵器"意象的使用，其实是作者报国情怀、爱国主义情感的体现。

2. 可确定相同题材

有古诗群文阅读选择了"秋"作为相同的题材进行教学设计，选择了"秋景"呈现出"秋情"，设计中引导学生进行评析。由此思路出发，还可以选择其他相同的题材，比如选择"山水田园"的诗歌题材，比如选择"三国"的题材。"三国"题材在诗歌当中的呈现有杜牧的《赤壁》、苏轼的《酹江月》。"山水田园"诗歌题材可以选择王维、孟浩然等人的诗歌作品，形成群文阅读。

3. 可确定相同作者

初中课文当中，对同一作者不同时期的作品，都可以进行群文阅读。比如杜甫的《江南逢李龟年》《望岳》《春望》《茅屋为秋风所破歌》《石壕吏》等诗作呈现了不同的时期，表达了不同的情感。还有其他比较著名的诗人，可以选择李白、苏轼、辛弃疾，等等。课堂也可选择李清照《如梦令》和《渔家傲》进行比较群文阅读。

教师还可以选择同一作者由课内向课外拓展的作品。比如由李清照的《渔家傲·天接云涛连晓雾》，进一步拓展到《声声慢·寻寻觅觅》这首词，这同样是李清照晚期的词作，有一种国破家亡的氛围在里面，呈现了一种凄凉的心境。还有像陆游的作品，可以将他的《十一月四日风雨大作》和《书愤》等作品合并进行群文阅读，从课内走向课外，体现出作者壮志难酬的悲愤之情。

4. 可确定相同风格

比如可以确定同为豪放词的古诗群文阅读，在九年级下册通过《词四首》一课，选择四首豪放风格的词，引导学生进行赏析。语文教师应该有一个群文阅读的意识在里面，由此还可以进一步拓展，比如采用同为婉约风格的词确定教学点。这样相同的风格，可以使学生的诗词赏析更加集中。

5. 可确定相同的写法

语文教师可以精心地选择在诗词作品上运用到的相同写法，进行教学点的确定。比如可以确定在"用典"的写法上，例如李清照的《渔家傲·天接云涛连晓雾》当中"九万里风鹏正举"的典故；再比如苏轼的《江城子·密州出猎》当中采用了"射天狼、遣冯唐"等典故；而辛弃疾在《南乡子·登京口北固亭有怀》，采用了"生子当如孙仲谋"的典故；而他还在《破阵子·为陈同甫赋壮词以寄之》的作品当中采用了"八百里"等典故。对"用典"的写法的教学点的确定，可以使学生关于典故对诗词作品内涵影响的作用，做更为有效的理解。

6. 可确定相同主题

对初中语文六册进行分化组合，教师可以有意识地将主题集中在"壮志难酬、爱国、旷达、思乡、怀古伤今、爱情、隐居"等的古诗群文阅读的赏析上面。

7. 可确定相同诗眼

围绕古诗群文阅读，研究诗眼可以有意识地进行教学点的确定。比如《子衿》中的"我心悠悠"，两字"悠悠"还体现在范仲淹的《渔家傲·秋思》"羌管悠悠霜满地"的"悠悠"；体现在辛弃疾的《南乡子·登京口北固亭有怀》中的"悠悠，不尽长江滚滚流"；还体现在唐朝陈子昂《登幽州台歌》"念天地之悠悠，独怆然而涕下"。"悠悠"二字可以作为这几首诗词的诗眼，呈现了人物复杂的心理状态，以此进行群文阅读确定教学点，可以深化学生对于古诗的鉴赏。

8. 可确定相同诗歌的类型

这方面可以选择像同样是酬唱应和的诗作，同样是赠别离别的诗作，同样是山水田园的诗作，同样是咏史怀古的诗作等等进行教学点的确定。

9. 可确定相同的赏析点

古诗群文阅读还可将教学点确定在赏析点。比如聚焦在都有体现"日暮"二字的两首词，将"日暮"作为相同的赏析点进行教学点的确定。这样在比较阅读中，群文阅读就可以辐射到多种知识点，可以让学生深度地了解古诗作品的内容，从而进一步提升学生的古诗阅读学习的效率。

第二，古诗群文阅读教学点的确定应改善学生学习方式

1. 体验式诵读，升华学生情感认知

古诗群文阅读不应分割为简单的言、文、知识、解题等应试之举的教学，应该将教学点确定在对一些古诗的优秀的学习方法的传授上，比如有节奏有感情地朗读，这样可以带动学生对于古诗的韵律节奏、句式、曲调等多方面的理解和把握。古诗群文阅读《品秋情》一课就特别注意到朗读影响古诗赏析的细节掌握，通过外在的体验式诵读，达到了情感的认识，可以进一步走向对内在的情感的品味。

2. 比较式辨析，学生深度感受文化

比较式辨析，可以求同，也可以求异。古诗群文阅读《品秋情》在三首与"秋"有关的诗词的解读当中，在以上教学点的确认的比较过程当中，进行辨析。通过细腻的感悟，让学生走进诗词的内涵当中，从而深度地理解诗词作品，并进一步感受优秀的中华传统文化。

3. 连读式探究，拓宽学生思维品质

从多文本研读，比如"三国"的教学点的确定，特别是对"孙权"这样的英雄人物的理解和缅怀，到理解诗人抒发的情感和抱负，在连读式的阅读当中进行探究。在对借古讽今、抒情言志的写法的把握当中，可以促进学生诗词赏析的思维，从而提升学生古诗鉴赏的评价能力，这样的教学点确定，会比简单的单首诗的教学，或者应试的教学来得更有效果。

第三，古诗群文阅读教学点的确定可优化学习效果

1. 在群文比较阅读的确定中，由点到面较完整地了解一位诗人

古诗群文阅读对于李清照的词的确定，注意由词到人，再由人到词，这样由点到线，由线到面，能够比较全面地关注到李清照的早期词，再到晚期词的变化和发展。从她半生安逸，到半生凄凉的走向，虽然词作的变化比较大，但和诗人的生平经历有关。通过这样的群文阅读，我们可以发现，诗词当中同样能够看到李清照在坚守自己的生活处事的原则，比如说对于有质量的人生态度，对于目标的不妥协不随意……这样的教学点的确定，可以使我们更加完整地了解一个诗人。

2. 在群文比较阅读的确认中，可以走进一个诗派，走进一种诗风

李清照的婉约词在通过两首配乐诗朗诵中，互相衬托。在这种诗风比较阅读当中，教师以及教学的内容，有了适度的延伸。学生对于诗人所处的政治社会的背景的了解更加有效，从而更有利于对一个诗派、一种诗风的整体把握。由此我们可以建构古诗群文阅读的相互对应的网络，丰富学生的文化底蕴。

3. 在群文比较阅读的确定中，可以认知一种体裁

古诗群文阅读《品秋情》的课堂关注到"秋词"和"潼关"，选诗都属于

七绝。也有群文阅读关注的是"词"。通过群文阅读的比较，可以深化对"七绝""词"等体裁的认知。

初中基础教学年段，对于统编教材的教学点的确定，不应只停留于教材孤立的单一的教学点。围绕中考的考点，围绕语文核心素养点进行提炼教学点的确定，通过拓展、分化、组合，能够进一步提升古诗教学的有效性，进一步整体提升学生的语文综合素养，从而真正达成提高学生语文学习质量的目的。

新时代初中语文教学融合劳动教育价值实践途径探索

创意说明： 学科哲学的学科观要求学科教学要与时俱进，在学科融合劳动教育的新型评价要求之下，创意语文解读了"语文教学融合劳动教育"的概念，通过"加一加、定一定"的思维工具，运用组合创意法进行教学实践探索。

2020 年 3 月 20 日，中共中央、国务院下发《关于全面加强新时代大中小学劳动教育的意见》（简称《意见》），要求"其他课程结合学科、专业特点，有机融入劳动教育内容。"新时代对学科课程与劳动教育的融合提出了新的要求。语文学科的教学要从以前的知识传授能力培养，转变为对核心素养的培育，对学生的关键能力与必备品格提出了更高的要求。语文学科需要被赋予更多的新时代劳动教育的内涵。"劳动教育是一个动态、发展的概念，其内涵随着时代的变化而不断丰富、发展和完善。"初中是学生重要的成长阶段，初中语文在教学中更应该融合劳动教育，以达成劳动育人的教育目标。二者的融合可以让劳动价值，即育人导向价值、德育创新价值、课程创新价值和综合素质提升价值，在统编初中语文教材的创新使用过程中，通过教学设计、教学实践、教学资源、教学评价四个途径进行实现。

一、新时期初中语文教学融合劳动教育的必要性

传统的语文教学，教师通过语言文字、文章篇目，以"语、修、逻、文"进行知识传授，学生在"听说读写"中形成知识结构，经过训练进一步形成能力。实际上"语文课程是一门学习语言文字运用的综合性、实践性课程"。语文不仅是掌握知识与能力的学科，更是综合实践的学科。"综合性、实践性"的语文学科课程性质，决定了语文学科可以自然融合劳动教育，实现劳动价值。

根据《意见》要求"设立劳动教育必修课程"，将与语文学科一样包容在新时代基础教育课程体系中，语文学科与劳动教育形成既相对独立，又联系紧密的有机整体。在劳动教育的基础上，语文学科的内容、目标和效果可以受到

劳动教育精神和实践的信息影响。新时期初中语文教学是以培育学生语文核心素养为主要目标的活动,语文学科的教材、作业等知识载体的部分内容来源于作者、编者对劳动的认识而形成的语言文字材料,师生的语文教与学的行为也是劳动活动的组成部分。初中语文教学融合劳动教育,就应该根据初中阶段学生的身心特征,结合初中语文的学科特点,有机融合劳动教育;二者的融合,以语文教学为主,劳动教育为辅,保持适度倾斜,二者功能各有突出,可优势互补。劳动价值既包含"劳动的价值",也包含"劳动对教育的价值"两个维度。初中语文学科融合劳动教育,可以更好地实现劳动价值的两个维度;这样可以优化初中语文教学,提高融合劳动教育的质量,深化劳动教育的价值内涵。

二、初中语文教学融合劳动教育价值实践途径探索

传统初中语文教学,劳动教育属于隐性知识,教学中偶尔呈现;新时期的语文教学,劳动教育要转变为显性知识,教学中要有机融合,常态化呈现。二者融合应当以教学设计、教学实践、教学成果、教学评价整个流程作为途径,从而更好地实现劳动教育价值,体现劳动价值两维度的内涵。

(一)在教学设计融合中树立劳动的观念,实现育人导向价值

初中语文教学设计根据《义务教育语文课程标准》,结合统编初中语文教材,围绕劳动教育进行有序安排,制定融合劳动教育的教学方案,有设想有计划,以树立学生正确的劳动态度和观念,使学生热爱劳动,养成劳动习惯,实现育人导向价值。劳动教育融合在教学设计中,有机有序地细化到教学目标、教学重难点等环节,体现"劳动对教育的价值"维度。

初中语文教学融合劳动教育应该采用大单元融合宏观教学设计与具体篇目融合微观教学设计相结合的方式进行。语文教学的重点还是在语文核心素养的培育上,不能为了劳动教育而出现偏离。大单元融合宏观教学设计,以学期为背景,统筹确定六单元融合劳动教育的计划。大单元融合是一个任务学习,包含主题、项目、活动、评价等要素。再结合到具体篇目中,将劳动教育融合到教学目标、教学重难点、教学过程当中。

大单元宏观融合教学设计培养劳动精神。九上第四单元大单元设计时以"劳动助推少年成长"为主题,以"少年成长与劳动"为学习项目设计语文教学活动。融合劳动教育的主问题有"请从劳动角度谈谈鲁迅笔下少年闰土与'豆腐西施'的形象美""《我的叔叔于勒》中少年若瑟夫对老年于勒从事服务性劳动的情感""《孤独之旅》中少年杜小康在放鸭的劳动过程中是如何锤炼身

心的"。在单元综合性学习"走进小说天地"中设计学生到农贸市场观察采访，体验并寻找与劳动相关的小说素材，虚构、演绎、编创一篇小小说。以上诸环节主要从正向培养学生劳动精神，体现育人导向价值。

具体篇目微观融合教学设计树立劳动观念。在《故乡》教学设计中，以上大单元主问题要在教学目标中细化为"树立劳动光荣的观念"。在教学重难点中，思考"劳动是老年闰土与杨二嫂'辛苦麻木、辛苦恣睢'的原因吗?"在教学过程中安排小组讨论环节，突破此教学难点要放在前后的观照上，让学生理解少年时代的人物形象美在于劳动持家，老年时期人物的形象变化在于社会时代大背景下普通百姓的劳动幻灭。对正反两面的人物形象与劳动的关系的思考，能进一步树立学生正确的劳动观念，同时懂得珍惜现今美好的社会主义新时代，从而实现学科融合劳动教育的育人导向价值。

（二）在教学实践融合中提高劳动的能力，实现德育创新价值

"综合性学习主要体现为语文知识的综合运用……语文课程与其他课程的沟通、书本学习与生活实践的紧密结合。"初中语文教学实践融合劳动教育，是在教学设计的基础上，在语文教学过程中融合劳动教育的内涵，树立劳动观念，加强学生的劳动思维，在语文的综合性学习等活动中提高劳动的能力，体现德育创新价值。劳动教育在教学计划中，是在语文教学中实践；体现在课内教学实践，也存在在课外语文实践。

初中语文教学关注学生核心素养建构的质量。劳动教育的部分内涵与语文核心素养之间有交集；这促使初中语文教学要与劳动教育进行融合生成。教学实践生成中要充分对学生进行劳动教育，解决人文学科重脑力劳动轻体力劳动的现状，从树立劳动观念向提高劳动能力提升，这是德育创新价值实践的体现。语文学科是一门语言、思维为主的学科，通过融合劳动教育的大单元教学设计可以有效带动教学实践，实现德育创新价值。

初中语文教学与劳动教育融合以综合性学习为主要教学形式进行实践，融合实践环节，可以有效引导学生亲身参与劳动，促进学生积极进行体力劳动，体脑并用，在一系列的综合性学习活动中学语文、用语文，身手劳动实践，心脑领悟劳动，在积极积累提高劳动能力的同时，自主获取并掌握语文知识，提升学习能力。二者融合起到了积极有效的作用。

七下第六单元综合性学习《我的语文生活》，设计"'啄木鸟'正眼看招牌"活动。让学生走进社会生活，到街道去，做扫街式的服务性劳动，拍照并文字记录"招牌中的错别字，发现违反书写、拼音规范等现象"，小组分工合作整理形成图文并茂的报告，送达主管部门，并请相关店铺进行整改。上街时的调查访问，要注意这类服务性劳动的交流方式、态度与行为。学生就是这样在语文教学实践中提升了自身的劳动能力。

（三）在教学资源融合中丰富劳动的成果，实现课程创新价值

初中语文教学资源是为了语文教学更有效开展，是教学过程中可以被教师与学生利用的要素，包括了常见的教材、课件、图片、语言文字材料、音视频等。师生在初中语文教学过程中要积极开发各种融合劳动教育的资源，这些资源可以直接与语文教学有明显关联，也可以作为外围备用的资源，在需要融合的情况下产生关联。可见二者融合的资源较为宽泛。教师应主导并引导学生在劳动教育过程中产生劳动成果，为语文学习服务，为提升语文核心素养服务，实现课程创新价值。

语文教学资源的劳动成果，有物质成果、精神成果；不能局限于语言文字，应该以课程意识提升教学资源的内涵，将劳动成果的产生和丰富提高到更重要的位置，做为教学资源的有机组成部分。劳动成果与学生核心素养、学习经验相关的资源都应该作为语文教学资源。这些体现了劳动教育的课程创新价值。

在语文融合教材资源应用中产生劳动成果。比如仿用七上《从百草园到三味书屋》中蒙绣像方法进行美术活动；在七上教读课后"读读写写"进行影写习字，进行书法活动，在单元教学结束后举行书画劳动成果展览。

在语文融合家庭资源开发中产生劳动成果。比如结合八上《回忆我的母亲》，在一个月的周末体验"母亲是个好劳动"的人，参与母亲的日常生活劳动，分担部分劳动项目，记录劳动经历与体会；掌握一项家庭劳动的技能，并在班级活动中展示劳动成果。

在语文融合社会资源参与中形成劳动成果。在八下第二单元综合性学习《倡导低碳生活》活动中，在"世界土地日"前走出校园，实地考察本地环境，图文记录需要改善的水土地域，撰写宣传文稿，设计环保海报等劳动成果，在节日期间进行"低碳生活、绿色环保"的宣传。

（四）在教学评价融合中提升劳动的品质，实现综合素质提升价值

初中语文教学融合劳动教育的教学评价，以新时代"立德树人"育人观为二者融合的评价目标，在语文教学过程和结果中对学生劳动教育的效果进行价值判断。教学评价是初中语文教学活动过程中，对教师教与学生学的劳动品质的评价。融合劳动教育的语文教学过程，要对教师、学生、教学设计、教学内容、教学实践、教学资源等因素进行评价，最后要指向培养学生劳动精神，促

进学生劳动品质的提升，实现综合素质提升价值。

形成性评价要有助于培养劳动精神。八下《社戏》一课对双喜的人物形象进行性格分析时，教师要适时重点引导学生理解双喜向八公公借船解决交通工具问题，正是文中的伙伴具备了生活劳动的技能，才能看成社戏，才会给"迅哥儿"留下"好戏"的正向情感体验。这类教学过程中的形成性评价，应适时地在课间进行，有助于培养学生良好的劳动精神。

终结性评价要有利于提升劳动品质。考试是语文主要的教学评价方式，教师在命制试题时，要有意识地增加劳动知识、劳动过程、劳动经历的内容，帮助学生体验劳动、尊重劳动、热爱劳动，实现综合素质提升价值。在名著知识竞赛中，《骆驼祥子》设置"祥子在北平城拉洋车有什么本事，让他拥有第一辆车"；《简·爱》设置"简·爱具备什么样的职业劳动技能使她逐渐养成追求平等爱情的精神"；《红星照耀中国》设置"毛泽东在少年时代白天帮长工干活晚上替父亲记账的劳动经历对人物性格形成有什么影响"。终结性评价关注劳动教育的内涵要适当分散，在问答的潜移默化中提升学生优秀的劳动品质。这也是"劳动对教育的价值"维度的呈现。

新时代的发展对人才培养有了迫切的需求，对语文核心素养提出了更高的要求，语文教学融合劳动教育被赋予了新的时代内涵。二者的融合，不一定天天讲、课课讲，但在教学中要适时讲、专题讲。二者的融合进一步实现了劳动教育的价值内涵，在统编初中语文教材的创新使用过程中，通过教学设计实现育人导向价值，通过教学实践实现德育创新价值，通过教学资源实现课程创新价值，通过教学评价实现综合素质提升价值。语文教师可以继续深化探索在教学设计、教学实践、教学资源、教学评价等方面的劳动教育融合途径，增强融合的实效性，更好地达成五育并举、立德树人的教育目标。

第二节　创意语文阅读实践

教读课后"积累拓展"课外阅读题的教学现状与课型

创意说明：针对统编初中语文教材教读课后"积累拓展"课外阅读题的实践困境，创意语文在教学实践的基础上进行归纳，提炼成课型。对"教读课、课外阅读题"的概念要进一步进行解读。通过"联一联"的创意工具，发现课外阅读题之间的规律，再通过"类比创意法"厘清各种课型之间的共性。

统编初中语文教材教读课后作业系统设计"思考探究""积累拓展"两个栏目。编者在部分教读课后"积累拓展"栏目最后一题设计了"课外阅读题"。

例如七上第16课《猫》"积累拓展"课外阅读题第五题："猫是与人类关系亲密的一种动物，人们常通过写猫，表达丰富的人生体验。课外阅读夏丏尊的《猫》、靳以的《猫》和王鲁彦的《父亲的玳瑁》，与课文比较，体会这些文章中作者表达的思想感情。"

此类题目的特点是：编者结合本篇教读课文，按课程教材编写精神，从某种评价要求出发，在课文后"积累拓展"最后一题，直接给出拓展阅读篇目。题目直接表述课外阅读，或者教材直接不附阅读文本，要求师生课外自行解决阅读材料。题目有明确的问题指向，即有阅读任务要求。题目指向课外阅读，却是课内题目，需要进入课内教学活动，成为课堂教学的必然环节。

该题引导学生拓展知识，训练能力，辩证思维，深度学习。这类题属于统编初中语文教材"教读、自读、课外阅读"体系中的"课外阅读"，是阅读体系的重要组成部分，在作业系统中有明确的学习任务要求。

统编教材已完成一轮的教学实践。对于这些课外阅读题，语文教师的教学实践现状如何？笔者在任教县域内进行问卷调查，现分析如下：

1. 参与问卷的语文教师的学校位置类型。40%为市区中学，29%为城镇中学，31%为乡村中学。从比例看学校位置比例相对均衡，调查对象分布较广泛。

2. 对课外阅读题是否进行过教学实践？10%从来没有，51%偶尔有过，32%精选再做，7%一直坚持。说明大部分语文教师并没有真正开展课外阅读题的教学实践。

3. 在课外阅读题上安排了多少课堂教学时间？3%从无教学，31%偶尔提到，38%10来分钟，9%半节课，9%一节课，10%一节课以上。三分之一教师的教学时间使用在半节课以上，应该就是前一题"精选再做""一直坚持"的那部分老师；但有三分之一的教师只是"偶尔提到"，二者都说明本题的阅读教学实践时间相当少。

4. 课外阅读题教学实施的难点在哪方面？27%没有阅读时间，45%没有阅读材料，12%增加教学工作量，3%与考试无关联不必开展，13%不知道怎么做。接近一半的教师认为"没有阅读材料"就不开展，说明有必要通过一定的方法或途径，帮师生们解决阅读材料的难题。

5. 课外阅读题最佳阅读材料解决途径是什么？52%认为要有现成的读本材料，8%认为要教师主动整理打印，10%认为要学生自行整理阅读，17%认为可以手机 APP 如"人人通"推送阅读，7%利用网络发布推荐阅读，3%利用"微信、QQ"发布阅读，3%其他方式。一半多的教师希望"有现成的读本材料"；阅读材料解决方式的多渠道也说明了课外阅读题在教学实践中的混乱。

6. 课外阅读题的有效学习方式有：12%提出问题，问题教学；47%开展活动，任务驱动；4%拟制试题，考试检测；35%广泛阅读，积累拓展；2%其他形式。近一半老师希望"开展活动，任务驱动"，但前面同比例老师认为没有阅读材料，这组矛盾要解决。

7. 课外阅读题的实施最需要何种教学专业支持？30%公开课示范，39%讲座指导，17%专家引领，1%不考因此不实施，13%有经验不需要。各有三分之一的教师希望有"讲座指导"或"公开课示范"的支持，说明一线教师实践上有困惑，需要专业研究进行教学支持。

综上分析，少时间，少材料，少实践，"三少"现象是初中语文教师对课外阅读题的教学现状。无现成阅读材料造成无法开展本题的教学，也就难以安排相应的阅读教学时间，无专业支持造成本题教学实践有效性不佳。因此本文旨在针对课外阅读题的现状，进行有效的教学课型的指导。

一、课外阅读题的教学突破

1. 阅读材料的突破

阅读材料的具备，是课外阅读题教学实践的关键。在没有直接的教辅书，学生自主搜索阅读仍存未知的情况下，教师主动整理材料，才更具可行性。教育信息化2.0时代，教师可搜寻整理阅读文本，可以借助教师网络空间、手机应用"人人通空间"等在线教学工具。笔者将教材六册中的课外拓展阅读的文章，上传至教师网络空间各相关课文的"教材资源"栏目，进行全区域共享。省域内的初中语文教师能快速地找到阅读材料，同步推送给学生阅读，这就解决了师生阅读材料的难题。

2. 教学时间的突破

以课外阅读题拓展篇目最多的八上为例：课内课文 7 篇，课外阅读题拓展阅读达 22 篇。大单元教学统筹安排，以一学期 20 周为参考，22 篇文章，有长有短，每周一篇，阅读时间是可行的。语文学科每周每班 5 节，为有课外拓展的每篇课文安排一个课时，共 7 课时，在漫长的学期中教学时间也是可行的。

解决了课外阅读题阅读材料、教学时间的困难，进行教学实践也就水到渠成。

二、"积累拓展"课外阅读题的教学课型

统编教材中有课外阅读题的教读课共 23 篇课文，拓展阅读 67 篇文章：

	七上	七下	八上	八下	九上	九下	合计
有课外阅读题的教读课	2	7	7	4	2	1	23
拓展课外阅读篇目数量	6	16	22	12	9	2	67

以群文阅读为特点，呈现六种阅读拓展的类型，在教学实践中有以下几种课型。

1. 拓展类型为同一人物，采用目标评价课

每篇课外文章总会有很多可学习的内容，学习目标的精准制定，可以聚焦"教学点"。单元说明是起点，属单元教学要求；单元说明也是终点，属单元教学评价。以目标评价促进教学，课外阅读的评价意识更强烈，阅读就更高效。

七上第 12 课《纪念白求恩》第五题：除了毛泽东，许多老一辈革命家也写过纪念白求恩的文章，如朱德的《纪念白求恩同志》、宋庆龄的《我们时代的英雄》、聂荣臻的《"要拿我当挺机关枪使用"——怀念白求恩同志》等。课外阅读这些文章，小组交流：白求恩大夫身上有哪些优秀品质？哪一点对你触动最大？

三篇拓展文可以学习的有写法赏析、情感把握、主旨概括等。但单元说明评价课精准聚焦学习目标："白求恩大夫身上有哪些优秀品质？"这符合本单元说明的"从不同方面诠释了人生的意义和价值"，也符合本课预习要求"了解白求恩其人其事"。学习方法上采用单元说明的"学习默读""在喜欢的或疑惑的地方做标注"，"在整体把握文意的基础上""小组交流""对你触动最大"的"优秀品质"。

本课型教学环节，首先课前在课外默读四篇文章，边读边勾画白求恩事迹，标注序号，并提炼人物品质。课内前十分钟小组交流整合人物事迹，查缺补漏，深入归纳人物品质；组员整理评价，推选发言人。课中半小时聚焦人物评价，随机小组发言互相补充。最后五分钟教师总结。

精准的学习评价，每篇课外阅读的背后都有统编教材的单元说明在关照。此课型还可在同类的另两篇课文实践：七下《叶圣陶先生二三事》拓展阅读吕

叔湘《怀念圣陶先生》，都指向叶圣陶先生。九上《智取生辰纲》拓展阅读《水浒传》有关杨志六回目，都指向杨志。

2. 拓展类型为同一对象，采用群文比较课

教读课课外拓展，都为群文。或同或异，在群文比较中深入学习。

九上第10课《岳阳楼记》第六题：岳阳楼是江南名楼，古往今来，无数文人登临览胜，留下了许多名篇佳作。如李白《与夏十二登岳阳楼》、杜甫《登岳阳楼》、陈与义《登岳阳楼》等。找来这些诗读一读，体会其中的思想感情。

课内外阅读都与岳阳楼相关，课内为文，课外为诗。横向比较分析，学习目标为"体会其中思想感情"，符合单元说明"要注意体会古人寄托于山水名胜中的思想情感"。对象相同目标相同，但诗文不同，因此"存同求异"，让学生展开思维，让课堂教学丰满起来。《与夏十二登岳阳楼》是李白流放遇赦、心情舒畅，表达的是乐以忘忧、闲适旷达的感情。《登岳阳楼》是杜甫漂泊于此，表达的是怀才不遇又心忧天下的悲壮之情。陈与义在《登岳阳楼》中想到亡国之臣万里逃难，表达的是国破家亡沦落天涯的凄凉愤恨。此为求异。

本课型教学环节，让学生课前在课外早修时间背诵一文三诗，了解作者知人论世。课间以三首诗朗诵导入，各个击破再合并比较。课中聚焦诗中带"思想感情"的字词：李诗中的"愁心去、好月来、接行杯、舞袖回"；杜诗中的"坼、亲朋无、老病、孤、涕泗流"；陈诗中的"多难、凭危、吊古、无限悲、夕、日落、白首"。由字词到句段到全篇到群文，出于文本，提炼感情。多给学生时间品味，按班级号数轮流发言，在全员参与中互相启发、补充。最后五分钟安排三位学优生进行归纳。

群文比较课在存同求异间，辩证思维得以培养，语文素养得以培育。此课型还可在同类的另三篇课文实践：七上郑振铎的《猫》拓展阅读夏丏尊《猫》、靳以《猫》、王鲁彦《父亲的玳瑁》，都是猫。七下《阿长与<山海经>》拓展阅读《山海经》内的《九头的蛇》《三脚的鸟》《一脚的牛》，都与《山海经》相关。八上《回忆我的母亲》拓展阅读邹韬奋《我的母亲》、老舍《我的母亲》，对象都是母亲。

3. 拓展类型为同一主题，采用议题感悟课

课外阅读文章的阅读议题因人而异，教师要选择恰当贴切的议题，指导学生感悟。

八下第2课《回延安》第六题：延安，曾经是中共中央的所在地，是"延安精神"的发源地，也是无数人魂牵梦萦的地方。访问你的祖辈、父辈，或查找相关资料，了解"延安精神"内涵。还可以对照这首诗，延伸阅读莫耶《延

安颂》、祁念曾《延安，我把你追寻》、曹靖华《小米的回忆》、吴伯箫《记一辆纺车》等，看看这些诗文体现了怎样的"延安精神"。

本课所在单元说明"……感受到多样的生活方式和多彩的地域文化，更好地理解民俗的价值和意义"。可见课外拓展阅读的议题可以是了解"信天游"民歌和感受陕北地域风俗，但题目有任务驱动"这些诗文体现了怎样的'延安精神'"，因此后一个才是恰切的议题。议题要求有感悟，重在思想感召，以达到"立德树人"目的。

此课型要用好圈点批注，拓展文有现代诗，有散文，字数不一。课前阅读圈点能体现议题"延安精神"的词句。课堂从贺敬之、莫耶、祁念曾三首诗的朗诵导入，显性议题如《延安颂》的"筑成坚固抗日的阵线"；如《记一辆纺车》的"跟困难做斗争，其乐无穷"的感悟，安排学困生发言，教学时间可少些；隐性议题如《延安，我把你追寻》《小米的回忆》，可鼓励语文能力强的学生发言。说感受，谈感悟，板书以"延安精神"为中心圆圈，向四周发散感悟的精神词汇。下课前用一句话进行组织表达："延安精神"表现在全民族抗日；全心全意为人民服务；自力更生、艰苦奋斗；勤俭节约、艰苦朴素等。

议题的选择可对应单元说明，更应关注题目编者设置的阅读任务。议题在学生课外阅读的思考感悟中，化为学生"立德树人"的精神品质。用一节课时间来交流展示，速度放慢，能力固化，通过课内课文与课外阅读的学习使用，会更熟练，效率更高。此课型还可在同类的另两篇课文实践：七下第 6 课《老山界》拓展阅读杨得志《大渡河畔英雄多》、杨成武《越过夹金山，意外会亲人》，议题是革命精神。八上《苏州园林》拓展阅读《红楼梦》第十七回，议题是建筑风格。

4. 拓展类型为同一作家不同作品，采用读写共生课

以读促写，读写结合，可以能力迁移，素养共生。

九下第 5 课《孔乙己》第五题：看客是鲁迅笔下常见的形象。课外阅读鲁迅的《示众》《药》等小说，看看其中描写了怎样的看客形象，他们共同的特征是什么，并进一步思考，鲁迅写形形色色的看客，主要想表达什么。有兴趣的同学，不妨以《鲁迅笔下的看客形象》为题，写一篇小论文。

大部分课型以说为主，本课型以读激写。课前学生边读边圈点勾画，读中搜寻归纳，在外貌、言行举止、正侧面描写等人物形象的把握中，汇集材料，找到"看客"的共同特征。课堂前半节，教师在明确论点论证要求后，让学生在思考中动笔写小论文：《孔乙己》中的"我"、掌柜、短衣帮等人是"看客"，《示众》《药》中的众人是"看客"，这些人有什么共同特征？"鲁迅以'看客'

表达什么？"后半节通过电子白板投影快速呈现并交流小论文，在多篇的阅读比较中，教师将学生的论述点逐渐向"人性""国民性""民族精神"等方面进行思辨性思维，最后进行修改提升。

读写共生课实施方便，以写促读，以读激写。循环往复间，学生的逻辑思维、辩证思维等思维素养得到提升。读写结合，学生的语文能力语文素养方能共生共长。此课型还可在同类的另七篇课文实践：七下《说和做——记闻一多先生言行片段》拓展阅读闻一多《太阳吟》《死水》《静夜》，七下《紫藤萝瀑布》拓展阅读宗璞《丁香结》《燕园树寻》《好一朵木槿花》。七下由《伟大的悲剧》拓展阅读《滑铁卢的一分钟》《黄金国的发现》《越过大洋的第一次通话》，八上《藤野先生》拓展阅读鲁迅的《<呐喊>自序》，八上《三峡》拓展阅读郦道元《水经注》中的《孟门山》《拒马河》《黄牛滩》《西陵峡》，八上由《朱元思》拓展阅读《与施从事书》《与顾章书》，八下《社戏》拓展阅读鲁迅同篇《社戏》原文开头部分。

5. 拓展类型为同一作品不同篇章，采用主题活动课

课外阅读，课内主题活动，以生动的课堂激发学生兴趣。以主题促读，以活动促教，相辅相成。

七下第5课《黄河颂》第五题：课外阅读《黄河大合唱》第三部分《黄河之水天上来》。

此类阅读拓展是课文的延续。本课型可为红色经典配乐朗诵，配合本单元综合性学习课"天下国家"，开设一场"陶冶心灵：'黄河之水天上来'朗诵会"。课前可在下课休息时间多次播放乐曲《黄河大合唱》。课堂活动时从熟悉内容到熟练朗读，师生多次交流品赏体会后，引导学生想象情景，有感情地朗读，音调由小到大，配乐读出气势，诵出情感。小组竞争，全员参与，最后诵出激情。它是《黄河大合唱》第二乐章《黄河颂》的下一篇章，单元说明要求"应注重涵泳口味，尽量把自己'浸泡'在作品的氛围之中，调动起体验与想象。"组诗豪迈磅礴，谱曲后的音乐作品气势恢宏。教师讲授本课时，课外阅读在课内举行活动，活动紧扣学生课文学习的兴趣点，在满足和激发学生好奇心的同时，让其长见识，接触红色经典革命文化。"立德树人"内化于趣，外化于读。

只要用心设计，对于课外阅读题的拓展文章，教师都可以通过课堂活动来激发学生阅读兴趣，提升阅读效果。此课型还可在同类的另两篇课文实践：八上《愚公移山》拓展阅读《列子》里面的《歧路亡羊》《詹何钓鱼》《造父学御》《鲍氏之子》《九方皋相马》，可设计为寓意争辨课。八上《周亚夫军细柳》

拓展阅读《史记》中的廉颇、蔺相如、屈原、项羽、张良、韩信、李广等人物的章节，可设计为巨人风采课。

6. 拓展类型为同一体裁，采用聚焦品析课

阅读，要有一个量增质变的过程。由课内到课外，是量增；由单文到群文，是量增。量增，不仅是增加认识，更是提高能力，以培育语文核心素养。聚焦品析的课型可以促进深度学习。

八下第10课《小石潭记》第五题：柳宗元的山水游记上承郦道元《水经注》的成就，而又有突破性的发展。明代文学家茅坤说："夫古之善记山川，莫如柳子厚。"课外阅读"永州八记"中的其他作品，如《始得西山宴游记》《钴鉧潭西小丘记》等，体会柳宗元山水游记的特色。也可以阅读后世的游记作品，如袁宏道《满井游记》、袁枚《峡江寺飞泉亭记》等，体会其与柳宗元文章风格的不同之处。

此题，既有同一作家不同作品的拓展，也有不同作家相同体裁的拓展，核心点都在同一体裁。阅读目标是"体会柳宗元山水游记的特色""体会其与柳宗元文章风格的不同之处"。多篇文言游记的阅读，是量增，目的是质增。本课型要聚焦品析。课前在课外时间疏通四篇文章的文言字词。课堂前半节重点品析《始得西山宴游记》《钴鉧潭西小丘记》，获得对柳宗元山水游记的感性认识，注意对游记"记游、写景、抒情"特征的认识。后半节体会并品味《满井游记》《峡江寺飞泉亭记》的"写景、游记、风格"，更进一步从各细节处找不同。聚焦此类体裁的品析，从把握作者的游踪、写景的角度和方法，到揣摩和品味游记语言，再到逐渐掌握游记的特点，从而完成阅读的学习任务，达到量增质增、量变到质变的目标。

此课型还可在同类的另一篇课文实践：八下第五单元第17课《壶口瀑布》，由课文到《西溪的晴雨》《黄山记》《读三峡》，在游记的增量阅读中，聚焦品味，从独特的构思，不同的选材、语言特点等方面，可达到量增质变的阅读效果。

通过以上课型的实践，统编教材"积累拓展"课外阅读题的教学实践会更行之有效。在统编教材尚未充分使用的现状下，对课外阅读进行重构，既不合国家政策，更应缓行。课外阅读题归纳教学课型是为了促进此题的教学实践，应该视生情学情交融使用，不宜固化。灵活的课型将有助于学生培养核心素养，提升阅读有效性。

在学生问题创设实践中提升整本书阅读的思维层次

——以七年级上册《西游记》为例

创意说明： 创意语文从学生本位进行整本书阅读的问题教学实践。通过递向思维，让学生以问题命题的方式，在整本书阅读中不断深化学习，提升思维层次。"整本书阅读、问题教学"是本文的概念核心，在解读中与"思维"进行组合创意，试图对名著阅读进行深度阅读探究。

一、学生整本书阅读的问题创设实践

（一）整本书阅读问题创设实践的学情

"经典名著阅读不同于普通的课外阅读，它带有鲜明的学科烙印，其教学目的是发展学生的独立阅读能力，提升语文核心素养，为学生未来的发展打好基础。"如何提升初中学生的整本书阅读思维，达到更佳的阅读效果？每位语文教师有各自的"绝活"。名著《西游记》的整本书阅读问题创设实践在七年级19、20班开展。两个班级学生有一定的知识积累与思考能力，学生的学力层次较好，语文基础相对较为扎实，但学生面临刚从小学向初中在学习习惯、学习方式等多方面的转变，因此，在七年级上册进行《西游记》的整本书阅读问题创设实践，具有较大的挑战性。

（二）构建整本书阅读问题创设实践教学模式

整本书阅读问题创设实践教学，充分体现学生的主体地位，以问题为核心贯穿在教学全过程，学生在问题创设的过程中产生以自主学习整本书阅读为驱动的进取心理，形成自主学习的习惯，在阅读实践中不断优化自主学习的方法，并形成一整套训练听说读写的综合能力的实践模式。教师在整本书阅读问题创设实践过程中建立了较为稳定的教学活动结构框架和活动程序，从结构框架上突出了教学活动整体及各要素之间内部的关系和功能，从活动程序上则突出了教学模式的有序性和可操作性。

本次的整本书阅读问题创设实践教学模式呈现以下七个教学活动程序：阅读—准备—问题创设—听说—提问—回答—评价。

阅读环节。《西游记》共100回，一学期有20周。从教学时间的安排看，期中考前阅读到50回，期末考前阅读完整本书100回。每周5回，安排到每天的阅读进度，每天 1 回。实际阅读进度都要略有提前。此进度综合考虑了学生的学科作业、学习时间、及时复习、每周小测等因素。阅读时，教师同步进行阅读方法指导，圈点批注等能力要求要同步进行。这一环节在课前时间内完成，包括部分晚自修前的晚六点半到七点的时间。

准备环节。每节课上课前，轮到讲述情节的学生迅速到讲台前黑板左下方，用粉笔分三行，第一行写上第几至第几回。第二行写主要情节内容，如"三打白骨精，大战青牛怪"等。第三行写出自己的号数姓名。以上信息的直观呈现，可以方便师生了解该学生的阅读进度、归纳能力、书写能力。对于七年级新生，也是认识学生的途径。

问题创设环节。学生在每日阅读之后，进行问题创设实践。教师可先期教授名著问题的常识，引导学生进行问题创设。学生根据名著文本创设问题，并为问题拟制答案。接下来的三个环节——听说、提问、回答，主要在每节课的课前三分钟阶段进行。三分钟是个相对的时间概念，正常在 5—8 分钟左右。

听说环节。听说，是每节课前按班级号数顺序，轮流进行名著情节讲述。轮到的学生，要提前两三天进行准备。每节课复述两个章节，学生提前结合名著，进行归纳复述，形成约一百字的材料在名著笔记上。课前进行记忆，课间脱稿讲述。其他学生的任务主要为听与记。听学生讲述的情节，记情节中的主要词句，及时同步记录整理在名著笔记中。

提问环节。由讲述的学生进行提问，提问的问题由学生个人进行命制。不仅要呈现问题，也要形成答案。课堂提问是 2+1 模式。讲述的学生提问二题。之后再随机挑选一位学生，向讲述的学生提问一题。一往一返，达到了一种提问回答的互动。随机提问，保证了每位学生每一节课都要保持适度的紧张，提前去做好一定的问答准备。

回答环节。学生互动式的提问，由教师随机或者有意地点学生号数或姓名，被提问学生起立回答。学生阅读水平与能力有高低，回答问题时，相互补充，直到问题信息指向全部回答完整为止。如果三五个学生回答不完整，由创设问题的学生进行回答，呈现答题的完整性。教师可以参与回答环节，是一种补充，也是一种师生的互动，教学相长。

评价环节。教师当堂反馈，及时评价。点评学生归纳的情节主题，表扬有准备的归纳内容。点评学生的书写能力，褒扬良好的书写，鼓励书写后进。点评情节的题文契合度。点评学生整本书阅读的归纳、讲述、提问、回答、语音语气等要素。评讲学生的问题与答案，等等。还有一种评价环节在每周每月的小测，以及每学期一次的名著知识竞赛环节进行，这一环节主要是书面评价。

以上整本书阅读问题创设实践教学模式的开展，已经经历了两届完整的初中名著整本书阅读的教学实践的检验。

二、学生整本书阅读问题创设实践的思维层次

"所有的学生都有能力成为一个创造者，并且从中体会到创造的喜悦。"学生在问题创设实践上的体验正是这样一种过程。《西游记》共100个回目，在学生的整本书阅读周期中是较为漫长的。在一个学期共20周的整本书阅读实践中，学生的问题创设、题目类型呈现了以下的思维层次。（以下括号内标注的数字为周次）

第一层次：问题创设呈认知性阅读思维。

认知性阅读思维以记忆为主。学生此类思维问题为简单问答，表现为对阅读材料的简单客观梳理。

问1：孙悟空在菩提祖师处学到了哪些法术？（第3周）

问2：白骨精先后变化成什么骗唐僧？（第5周）

问3：孙悟空是如何消灭红孩儿的三昧真火的？（第8周）

问4：如来给观音的金、紧、禁三个箍儿分别收了谁？（第10周）

认知性阅读思维问题出现在学生的名著问题创设的作业时间上比较早，也贯穿在作业的始终。前期所有同学都主要呈现这种题型，后期后进生仍停留在此类问题。认知性阅读思维问题的特点是问和答的信息量都比较少。有部分题目类似填空题，一个词或一个短语作答，通常用一两个句子答题，如问2白骨精的三次变身的题目。认知性阅读思维问题让进入初中阶段的新生们通过一个较简单的问题，走进了自主思考发问的通道中。不能因为简单而加以批评，而应该将其作为一个过程中最重要的起始点对待。后期此类型问题会随着学生的阅读与思考的提升，在情节与表述上慢慢地充实、丰富起来。

第二层次：问题创设呈理解性阅读思维。

理解性阅读思维是在认知性阅读思维基础上，对名著整本书阅读的内容的理解和把握的能力，是阅读的关键环节，它是认知的发展和深入。

问5：泾河龙王为什么犯了天条？（第4周）

问6：盘丝洞服妖的情节中，悟空为何直接去救唐僧？（第12周）

问7：孙悟空为什么说如来佛是大鹏金翅雕的外甥？（第13回）

问8：比丘国京城中，家家户户门口都放着鹅笼，笼中关着什么？用来做什么？（第14周）

理解性阅读思维问题出现在名著问题创设二三周后，此时学生已经有了十

几个回目阅读的积累，开始有了较多的思考，对题目的问与答的表达更加流畅而详实，开始脱离简单词语答题的认知性阅读思维形式。理解性阅读思维问题的问与答的信息都较详细到位，提问与释问的指向都很清晰准确，答句一般都在三四句以上。它是整个初中阶段的主要的名著测试题型，一般由中考语文考试说明的题型驱动，带动学生的名著问题创设与测试。一问一答是其初始形式，一段时间后会过渡到连续性的几问几答。比如问 8，既问"笼中关着什么"，还进一步推问"用来做什么"。这种连续二至三个问题的呈现，保证了对情节阅读掌握的深度。

第三层次：问题创设呈评价性阅读思维。

学生经过了认知、理解两个层次阅读思维训练，整本书阅读基本完成了对名著"读"的任务。整本书阅读教学的目的不仅在于知道整本书写什么，为什么这样写，还要知道写得好不好。学生对整本书的部分内容，应给予一定的思考评价，这就是评价性阅读。评价性阅读思维应该高于理解性阅读思维，是学生对整本书阅读材料的各方面内容进行思考评价，产生独立见解的思维过程。它带有鉴赏性、批判性，因此可以进一步理解为批判性阅读思维。

问 9：唐僧师徒一路遇到各种险阻，为何能得到神仙们的大力帮忙？（第 14 周）

答：西游中有将近百分之七十的妖怪都是天上的，不是神仙的坐骑，就是天上的神仙。天庭的法律如此森严，各路大神的能力又是无所不能，不是轻轻松松就能察觉吗？或者说，取经路上的一切，都是由天上的神仙们导演的一出好戏，目的是考验唐僧师徒的毅力与决心。这样来说，他们纵容门下制造困难，考验唐僧，所以一旦事情难以顺利解决，也就只好辛苦地帮忙降妖吧。

问 10：为什么西天取经路上，悟空功劳最大，唐僧反而更加宠信八戒？（第 15 周）

答：因为悟空比较强势，有时调皮，总之就是较难管教，不好控制。经常不顾及师父的存在，自行决定。能力太强，可以到处请神仙帮忙。人脉太广，名气太大。作为领导的唐僧，当然心里不爽，不太乐意。而八戒，虽不太老实，不太勤奋，但在唐僧面前会装乖，能说出一些唐僧不好说的话，做一些唐僧不好做的事。唐僧又是肉眼凡胎，分辨能力有限，所以不疑八戒，屡屡听他的话。这可能也是人的弱点的体现吧。（另一学生评价）我认为唐僧看重出身。八戒是天庭的天蓬元帅，悟空是一个石猴。唐僧偏袒出身高贵的徒弟，这揭露了某些社会现象。

问 11：如何评价奎木狼下凡为黄袍怪？（第 16 周）

答：从黄袍怪的角度看，它是一个十恶不赦的妖怪，但作为二十八星宿的他，本不慕凡间之事，却因爱情而下凡。神仙与妖魔，在他身上集中在一起，为了爱情，他与人一样，在爱情面前很是伟大。在道义面前，他也许是个小个，但在爱情面前，他是个伟人。神仙，是凡人所仰羡的对象，是凡人追寻的目标，而奎木狼却主动下凡，还为妖为怪，让人难以想象。

但这位同学却能从爱情的角度，从爱情这一凡人特有的情感为切入点进行分析思考，让奎木狼的神性上更多地多了点人性的特点，从这题来看，就是很好的问题意识的主动觉醒。

问 12：与黄袍怪大战那一回，八戒把黄袍怪的孩子摔个粉身碎骨，妖怪的孩子也是孩子，也是一条活生生的命，何错之有？这样的做法，不是有违佛道的要求吗？（第 18 周）

从第一小题看，学生有了一个横向的人物比较。从第二小题看，学生思考到了人性，也思考到了一些宗教的东西。这两道题目，有立有破，立的是原著知识，破的是思考辨析。

评价性阅读思维问题出现在名著阅读的最后三四周。此时对《西游记》的阅读已经基本完成，已经开始第二轮的阅读。学生对全书有了较清楚的认识，知识、情节已经可以前后联系，互相对应，直到有了自己的思考。自主思维的意识的觉醒和实践，是这种题型最大的特点。评价性阅读思维问题重在"评价"二字，敢质疑，有思考，能突破常规。有时"天马行空"，有时"钻牛角尖"，有时"翻转常识"。只要学生能大胆提问，大胆质疑，就应该加以鼓励。还要进一步鼓励学生能自圆其说。本问题阶段的问与答，是学生心智慢慢成长的过程。部分学生已经能够联系生活，联系社会。

第四层次：问题创设呈创造性阅读思维。

学生在整本书阅读实践过程中，熟练认知、准确理解、大胆评价，优秀的学生就会具有提出或解答超出整本书原意之外的新问题的能力，这种思维属于更高级更复杂的心理过程，是整本书阅读中的创造性思维。在这种思维下学生敢于提出有疑难的问题，运用独特的思维方法，创造出有一定社会价值的新观点、新知识、新方法。整本书阅读中的创造性思维体现为：提出新问题、发展新意见、得出新答案。

问 13：《西游记》后文在取有字真经时，写出了阿傩伽叶的贪婪，如来也不以为怪。既然这样，神仙们为何依然得到了人们的崇拜？（第 18 周）

答：因为神仙可以拥有享用不尽的仙酒仙果，能长生不老，有至高无上的权力。书中写神仙贪婪，也是暗指人的贪婪。人总是会有"认为别人的东西是最好的"的思想，觉得神仙们的日子是最幸福的，所以神仙们得到了人们的崇拜。

在本问题的思考中，对在西天极乐世界出现的神仙索贿现象，学生能从现实的角度进行思考。虽难免触及社会阴暗面，但学生也不至于成为书呆子。

问 14：《西游记》中六耳猕猴以假乱真。在这之后的情节中，悟空的能力进一步下降了。那么在佛祖面前，被打死的究竟是六耳猕猴，还是悟空呢？（第19 周）

答：我认为是悟空被打死，因为自那一回之后，悟空的法力明显进一步变弱了，动不动就要请神仙帮忙。首先，如来与菩提的关系不好，《封神榜》上提到过，悟空又是菩提之徒，菩提赶走悟空时，要求悟空不能说是菩提之徒，是为了避免以后的冲突。如来纵容六耳猕猴，他才能和悟空打得难解难分，背后正是有佛祖的暗中支持。如来怎么能让对手的徒弟取来自己的真经呢？路上一定要找机会解决此事，所以来个以假乱真，真真假假。再说了，有法力的变来变去，最后能以何真身出现，当然就是成功者、胜利者的身份了。

这道题对于悟空与六耳猕猴的关系的思考与回答，可能还有些牵强与浅薄的成分，但创设问题的学生却能大胆发问，小心自圆回答，却不失为一种惊喜。若将来哪位导演哪位编剧在《西游记之真假美猴王》中来个反弹琵琶，改写取经故事，其中反转悟空与六耳猕猴的故事，也未必没有可能。

《泉州晚报》2016 年 1 月 13 日第 15 版《今年"西游"电影 9 部待上映——一部〈西游记〉，养活多少电影公司？》一文中，作者列举了几个数字。由《西游记》改编的影视作品中，《西游降魔篇》有 12.48 亿元的票房，《西游记之大闹天宫》有 10.46 亿元的票房，动画片《大圣归来》取得了 9.53 亿元的票房……2016 年更是有 9 部与《西游记》相关的电影在等待上映。这些电影都基于《西游记》，却有自己的一番改编与创新。改编，要能让观众接受。创新，要有独特的内容。这些都考验着编剧与导演的创造性思维阅读的广度与深度。读整本书，读名著，读西游，如果只停留在应试上，整本书阅读就只停于表象。懂阅读，会阅读，用阅读，让阅读为自己所用，在整本书阅读的基础上放飞自己的思维风筝，这样的学习，才能创造出一些新的独特而有价值的东西。

《西游记》整本书阅读的问题创设的思维类型，出现的时间和次数并没有统一的规律，主要还是与学生的知识能力水平相关。但一学期下来，学生在整本书阅读的思维层次，总体上呈现了这四种思维类型层次顺序。从细微的角度加以归纳分析，可以发现，学生的整本书阅读的思维层次，通过学生问题创设的系统性训练，从朦胧到觉醒到熟悉再到创新，呈现了梯度性的思维成长。这种思维的培养与训练，为今后的整本书阅读走向深度学习奠定了良好的基础。由此，"学生不再受无效碎问的牵绊，而是直接与文本语言对话，凝聚阅读注意，加深思考层次，养成良好的阅读习惯，提高了阅读能力和思维品质。"

第三节 创意语文写作实践

谈求异摹仿写作训练法

创意说明：针对农村中学初中生写作无话可说的窘态，创意语文思考给予学生合适的写作支架，帮助学生通过一定的学习支架途径，学会写作，学会学习。对"求异、摹仿"二词需要进行解读，采用"代一代、搬一搬、改一改"等多项创意工具，采用模仿创意法、移植创意法进行教学实践，有了合适、有效的写作教学结果。

设计求异摹仿写作训练法的目的，是设想在《语文课程标准》的构架内，教学生初步接触、了解，进而掌握写作基本过程。相对于小学与高中而言，在初中进行的求异摹仿写作训练，起到了承前启后的桥梁作用。

求异摹仿写作训练法的提出，是在实验了传统写作法（老师解题—学生写作—老师讲解）、日记写作法（每日一记，以日记代替作文写作）、快速作文写作法（每周一练，作文当堂完成，同学互评）等以后，重点针对农村学生感到的写作素材匮乏，学而不会用，思维能力开发不够等问题，以及从美术、音乐、书法等学科的学习阶段的教育方法中总结出的一种写作方法。

一、求异摹仿的概念及经验

首先应该厘清"摹仿"而非"模仿"的概念。"摹仿"来自书法领域，"摹"是薄纸蒙在字上，笔直接隔着纸仿效原帖的字照着写；"仿"是眼追原帖，通过眼睛阅读字帖后，在练字纸上通过视觉记忆，通过头脑思维效法，尽量在练习纸上进行尽可能高比例相同点的还原。书法"摹仿"是两个步骤、两个过程。写作"摹仿"即借鉴这两步环节。什么是摹仿？完全按照事物本来模样重新复述一遍，就是摹仿。什么是求异？求异即寻求变化，以原有的语言模式为基础，更换若干语言材料，重新说出来或写出来，就是求异。

在学校教育中教师的任务是通过一系列的教学及练习设计，指导学生知道应摹仿什么，怎样进行摹仿，在摹仿基础上如何进行求异，求异实践中是否正确，能否熟练运用，熟练运用后能否不断提高自己的能力，以至能否创造性地使用语言。

在传统的语文教学中，学生摹仿的对象主要是课文。然而课文只是综合地向学生传授字、词、句、语法、写作特征等知识，它固然是很好的可供借鉴的材料，然而距离学生所接触到的作文训练，二者之间却有层较大的隔阂，因而有必要寻求一些有效的方法，既使课文所学的知识能有意识地被加以使用，又使学生在写作上感到有很强的操作性。为了沟通阅读文章与作文之间的隔阂，笔者设计了求异摹仿写作训练法。大胆使用同龄学生的优秀文章，优秀的学生可直接借鉴中外名家的散文，通过对文章的阅读、分析、综合、取舍、联想、想象，激发学生的内在潜能，通过一系列有针对性的训练，逐步向独立写作过渡。

我国教育家关于"仿写"多有论述："使用语文是一种技能，语文课的主要任务是培养学生使用语文的，所以一般标之为工具课——"（《吕叔湘论语文教学》68页，山东教育出版社1987年版）"语文课既然主要是技能课，上课的时候就应该以学生的活动为主，教师的活动应该压缩到最低限度。"（《吕叔湘论语文教学》63页。）"学习语言的一般过程是模仿→变化→创造。"（《吕叔湘论语文教学》36页）"在学校教育里，教师的任务是指导学生摹仿什么，怎么摹仿，检查学生的实践是否正确，是否熟练。"（《吕叔湘论语文教学》59页）"常言道'举一反三'，选本的阅读是举一，推到其他东西的阅读是反三。"（叶圣陶《大学国文［现代文部分］序》）

二、求异摹仿的教育心理学准备

求异摹仿的目的，是通过对同龄学生优秀作文的学习来达到掌握技巧的目的。文章是形象思维，但有相当明确的表现程式。因为写作的技巧体系是专门化而且狭窄化的，可以通过固定的形式结构而达到固定的程序，再由固定的程序发挥到变化的程序。对文章的把握是一个心理发展的过程，它可以灵活发挥，又不能随心所欲。没有对范文进行求异摹仿，学生就难以体验和掌握这种方法的基本特征，以及伸缩的范围。

求异摹仿写作也是同一原理。仅仅把求异写作看成是对视觉形态中的现成格式进行揣摩是次要的，而深入去研究它的本质特征，使学写作的人在摹仿练习中，能从优秀文章中获得语言、技法、节奏、情感、议论、叙事等内容，才是深层的教学内容。以上理由为必须依靠求异摹仿掌握写作技巧，提供了一种方向性。在文章的求异摹仿中，要把握以下几点目标：

1. 对文章内在美的体验，包括摹仿后，对文章情感的分析，反复体验后的进一步挖掘。

2. 对文章外在结构美的认识（文章三部分：凤头、猪肚、豹尾及变异形式）。

3. 掌握写作技法，深入文章各部分，认识和运用可能出现的修辞手法、说明方法、叙述方式与顺序、议论的出发点、情感的渲染等。

4. 文章创作的预备阶段，求异摹仿主要锻炼眼（观察力）与脑（表现力）之间协调的能力。文章创作则指创作意识与眼、脑的协调能力。求异摹仿能力强的学生在创作实践过程中更具备得心应手、信手拈来的能力，因为他本身已掌握了可供选择使用的多种技法。

由以上几点目标可以看到，在求异摹仿促进的两方面，文章内在美的体验与外在结构美的认识，组成文章本身的和谐，写作技法的掌握与走向文章创作又构成了发展的关系。

三、求异摹仿的三阶段

从一般的直接摹仿到深入的求异摹仿意识培养，其中要经历三个环节的转换，由低层次到高层次，教学层次由简单到复杂。

第一阶段：直接摹仿（抄）。是对文章结构、语言、描写、情感的大体摹仿，几乎完全忠实于原作，过于单纯。这种直接摹仿与抄写有相通之处，它只适合小学阶段，是对启蒙的迅速导入。

第二阶段：内在摹仿（读与思）。德国美学家谷·鲁斯提出"内在摹仿"概念，指的是一种心理摹仿，即不以具体的行为为媒介，而在感觉对原文风格精神的摹仿。

学生在选读范文（包括优秀作文）时，看到了文章中的字、句、段、结构形式、中心思想等，在阅读过程中变成体验过程——问问自己，为什么文章开头设置悬念，引人入胜；为什么结尾令人为之长思；为什么文中主人公的命运令人为之扼腕。对文章每个细节做出分析体验，从中感受文章作者在构思乃至创作时的心思所出现的急切或舒缓的规律。

内在摹仿以作品为基点，以缺乏自我意识为主（但已有部分自我的入侵）。它具备了由客体（文章）转向主体（我）的基本条件。在进行内在摹仿活动中，内心的体验与感觉等主观感受是最基本的内容支柱。如果它的感受以他人作品为要点，那么它是一种从作文到技巧摹仿（我），再到内心体验感觉（主观）的三套式转换。

第三阶段：内在摹仿的外化（写）。

对文章的阅读与思考是为了激发自己的灵感，更好地把握自己，而不是使自己的思维出现惰性、停止不前。我们应把经过过滤和经过转换后的较纯粹的主体内容，转移到文章中，这就是内在摹仿的外化。把被提炼出来的感觉通过写作技巧回复成新的文章，它仍是摹仿，但是是一种高层次的，经过浓缩与强化过的摹仿，既可以有文章思想风格的表现，也可以选择其中一点不及其余，强调自我感受的获得与提出。

这一阶段有三方面质的飞跃：

主观思想动机发生根本转变。从小学时的单纯直接摹仿（无我）到部分有选择的摹仿（部分削弱自我）到发挥主观能动性的摹仿（有我、有意识）。

写作技巧获得充分使用的机会。技巧不要被范文所制约，它已可以为自己的内心思想服务，灵活性增加，文章更生动、更有感染力。

内容的升华。当主体本身的意识渐渐增大，当主体由阅读文章中的视觉印象转换成一种情绪、一种思想时，已掌握的写作技巧便可以游刃有余地被使用，主体在起支配作用后，主观意识、主观感情便上升为主导力量，这时文章的内容便充分体现主体的意志，内容得以升华。

上述求异摹仿的三个阶段，是一个在摹仿范围内从技巧到精神层次构架的问题，是从简单到复杂，从低级到高级的过程。而作为教师，在作文教学的实施过程中应根据学生水平特点来分清层次，有针对性地加以运用。水平较低的学生可以从直接摹仿开始，水平中等的学生可以学会内在模仿的要点，水平较高的学生应发挥主观因素，激发潜能，在摹仿的外化上加深练习，以便向创作方向发展。

综上所述，求异摹仿写作训练法紧密围绕《语文课程标准》中"写作训练"的以下几点要求展开：随时收集、积累语言材料；观察、分析周围的事物，用自己的话写出观察的结果和感受；根据写作需要，确定表达的内容与中心；表达自己的看法，有一定的根据，做些简单的分析；运用联想或想象，丰富表达的内容；根据目的、对象、场合，选择比较恰当的语句；根据需要对文字材料做缩写、扩写、改写、续写。

当然求异摹仿写作训练法只是一种深化《语文课程标准》"写作训练"的

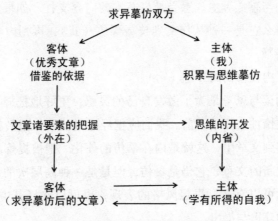

（图一）求异摹仿过程操作示意图

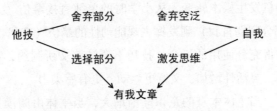

（图二）求异摹仿文章形成示意图

方法，在实践中仍会存在大量不足，希望各位方家能指出这些不足之处，使这种写作方法能进一步得到完善。

附录：求异摹仿写作训练法流程图

一、准备阶段

优秀作文选；中外名家散文选；摘抄本。

二、实际操作阶段

老师定题；学生选择借鉴用的作文；学生精读并取舍作文内容、题目、开头、经过、结尾；学生摘抄；学生构思；学生动笔；学生检查修改。

三、辅助阶段

交流评议；重做修改誊抄；汇集并整理成作文集；老师抽查、评改。

四、伸缩阶段

议论文的求异摹仿写作

创意说明：创意语文研究"求异摹仿"，研究《谈求异摹仿写作训练法》

的拓展应用，并从记叙文向议论文写作迁移应用教学实践。创意语文使用辩证法，进行教学反思与观察，形成个性化的教育教学理念，进行提升写作教学效果的实践研究。对"求异、摹仿"二词需要进行概念解读，采用"代一代、搬一搬、改一改"等多项创意工具，采用模仿创意法、移植创意法进行教学实践，议论文写作研究有了符合部分类型学生实际的实用教法。

议论文的求异摹仿写作训练，是求异摹仿写作训练法的一种类型。它的提出与实践，主要面向学习薄弱的初中生，同时符合《语文课程标准》中关于"乐于探索，勤于思考，初步掌握比较、分析、概括、推理等思维方法，辩证地思考问题，有理有据、负责任地表达自己的观点"的要求。

议论文的求异摹仿写作，是在记叙文的求异摹仿写作的基础上，进一步提出和实践的。它有着议论文自身的文体特征及规律，不能将记叙文的写作方法原封不动地搬过来，而是从议论文自身特点出发，提出符合学生思维与写作实际的方法。对初中生来说，议论文的写作要求更高，难度更大。下面围绕议论文的求异摹仿写作训练分六项进行阐述。

一、议论文的求异摹仿写作训练的目的

初步体会议论文的文体特征。议论文作为初中语文中的三种基本文体，在各知识点上有它本身的规律，掌握的难度有所增加，进行议论文写作，可以加强学生的文体认识。

掌握议论文写作的各环节，如议论文的三要素、最基本的结构等。

最为重要的是借助、通过作文选，沟通课文与学生、作文之间的隔膜，使学生掌握论题的分辨、论点的提出、论据普遍性与适合性的确立、论证的安排等实际操作知识。借鉴作文选的目的是激活学生自身记忆与思维中的惰性，使对作文的思考更灵活，更成功，而不是照抄作文选，成为懒人。

二、议论文求异摹仿写作训练的难点

议论文中心论点的确定与提出。许多学生不会或忘了提出中心论点，或者中心论点与论题不相适合。

选择适当的事例，充当论据的材料。学生经常无中心论点，或以想当然的形式乱举事例，缺乏针对性与准确度，选用的道理论据也常与论点不合。

议论文篇章结构的设计与安排。学生写作前没有有意识的大局观，作文的结构没有整体感。

三、议论文求异摹仿写作训练的准备阶段

合适的议论文范文。以课文中的议论文为主要借鉴对象，议论文作文选为参考对象，灵活运用。

以课文单元作文训练为主的命题类或材料类作文。这可以在课标的范围内，增加学生接触的作文类型，还可以适当使用练习册上的作文训练题目。

摘抄本，起材料积储作用。它是写作中最重要的工具，为学生材料的积累创造条件，又可以为写作时的材料使用提供便利，起承上启下的沟通作用。

四、授课过程

审题。教师选择适当的作文题目，可以是命题作文，也可以是材料作文。先给出学生思考题与范围，再提问学生让其回答，教师讲评对与否；也可以直接由教师解题。审题的同时应构思中心论点的提出，并在题目的内涵与范围内将其确定下来，为下文起指明方向作用，中心论点是整篇作文的灵魂。

选择。根据对作文题目的理解，选择作文选中类型及范围相同的题目，一般约三篇左右，依据阅读速度，可适当增加或减少，这一方面可以减少范文借鉴时的盲目性，另一方面可以提高下一步"阅读"的效果。

阅读。这是求异摹仿写作训练中最重要的一环，分为泛读与精读。泛读指快速地将范文阅读一遍，初步感知文章的内容与结构，初步判断可否借鉴的内容，并进行初步的取舍，符合题目要求的内容将进行下一步精读；不符合题目要求的内容将放弃，并考虑借鉴下一篇文章。精读是指在通过初步的选择与判断之后，确立可供借鉴的内容与范围，进行精读。精读的范围包括：开头（提出论点部分），学习如何由题目来提出中心论点的方法。经过（证明论点部分），仔细阅读和判断作者在文章中如何讲道理，如何引用名人名言、俗语、警句，如何采用符合中心论点的事例论据，论据的表述是如何符合中心论点，以及具有普遍性与适合性的特点。结尾（总结论点部分），阅读怎样在论证的基础上，联系实际，增加文章的说服力。

经过上一轮的泛读与精读，对文章内供借鉴的材料已做到心中有数，此时进行摘抄，可以增加材料积累的印象。摘抄的范围可以据时间与需要进行灵活的安排。名人名言、俗语、警句；事例论据，具有说服力的名人事迹，可据时间有选择地抓住关键字词来摘抄；道理论据，选择作者具有说服力的理论性句子，供自己借鉴或进一步发挥；其他认为与作文有关的字词句。

取舍。阅读及摘抄的内容相对自己作文的需要而言，不一定都适应，此时便

应进行取舍，取舍的前提是为中心论点服务。另外在确立论点论据的同时，应发挥自身其他知识积累的特点，联想出不在作文选范围内，但又可以使用的论据。

构思。写作前，应先有一个整篇文章的空间概念，这样文章的结构才会成为一个环环相扣的整体，同时各部分之间的详略安排，前后呼应，也才能做到心中有数。构思的过程，已是写作前的最后一道工序，它是前述几个步骤的再认识、再判断、再思考。在确定了可供借鉴的论据材料以后，可按以下几层来构思。

1. 题目：重新认识题目的内涵与外延。

2. 结构提纲（三段式）。

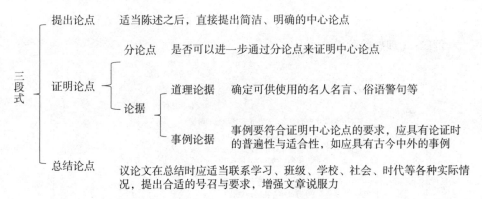

动笔。在完成上述各步骤之后，学生对议论文的总体特征的认识基本上做到了整体感知，各部分的材料已在脑海中有适当积累，因而运用进一步的联想与想象，便可以动笔写作了。

综上所述，议论文的求异摹仿写作训练可有意识地分出几个层次，使学生对作文写作前准备工作的重要性有个清醒而完整的认识。在学生实际写作过程中，却应根据具体学生、具体题型、具体条件与环境进行综合的运用，也就是说实际写作过程中，各步骤的顺序并没有固定出现，而是随着写作需要，灵活地、反复地综合出现。当方法熟练掌握后，学生便初步准确地掌握了议论文的写作方法。

五、议论文结构的借鉴

议论文写作的重点有三：中心论点的准确提出；论据材料的把握与使用；议论文的结构安排。在这一节里，我们着重认识一下议论文的结构安排。在初中阶段，主要掌握一种结构：三段式（即提出论点、证明论点、总结论点）；为了方便学生直观感知效果，我们可以选择几篇课文的板书设计来体会"三段式"的整体构造。

例一：《畏惧错误就是毁灭进步》

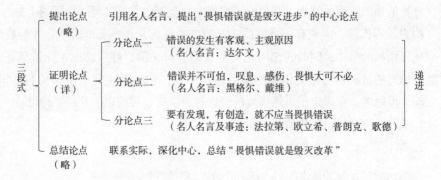

例二：《理想的阶梯》

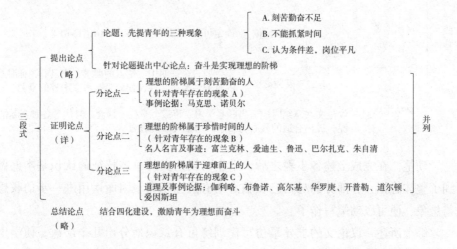

通过这两篇文章体现出来的结构设计，我们可以很清晰地观察到议论文结构"三段式"的全部结构。由此引导学生先从总体上感知三部分的详略安排，再进行各局部的安排处理，如名人名言、古今中外的事例等，然后思考作者是如何由局部来构成文章的整体的。

六、交流评议

学生既应知道怎么写，还应知道错在哪里。只有经过交流才能互相促进，可以利用课内或课外时间，采取同桌互评、同班互评、班级交流评议等形式进行。评议的原则是要有利于学生进步，不应面面俱到，不应凭感觉修改、马虎了事。

在学生作文中，常出现以下病例。同时附上评分规则，使学生对于好作文心中有一个标准。

（一）评改作文注意事项

1. 格式（5分）。作文纸左上角，注明写作日期（年、月、日）。在作文右上角，注明修改日期（年、月、日）、修改者班级姓名。题目下一行右边写上作者的班级、号数、姓名，达到要求即给满分。

2. 卷面书写（10分）。清晰、有条理10分，据卷面情况给相应分数。

3. 错别字（5分）。出现的情况：笔画增减；偏旁部首混用；形似字误用；同音字误用。出现上述情况，用圆圈圈起，在旁边改正，按错别字出现的次数多少，给予分数。

4. 词语（5分）。词语常见错误：音同、音近词误用；近义词误用；词感情色彩误用；词语体色彩误用。用方框将错词框出，在旁边改正；按错词出现次数多少，给予分数。

5. 句子（10分）。句子有以下常见错误：

结构残缺：主语、谓语、宾语、定语、虚词等残缺；多余累赘；搭配不当；语序颠倒；指代不清；误用虚词；词性误用；句式杂糅；含义不清；生造词语；滥用成语；文白互杂；偷换概念；前后矛盾；错用修辞；前后不连贯。出现病句，就在其下边画上横线，在旁边空白处修改语句。按病句出现的次数多少，给予分数。

6. 标点符号（5分）。强调句号、引号、感叹号、问号、破折号、省略号、书名号、冒号的使用。按错误出现的次数多少，给予分数。

7. 审题（10分）。审题应当细致入微，勇于挖掘，又要紧扣要求，出现粗心大意，离题万里，扣相应分数。

8. 立意（10分）。立意，即对于中心思想的界定。事情千千万万，主要的是要写出新的思想内容，如果属于走套路，思想老掉牙的，扣相应分数。

9. 结构（10分）。指文章的三部分：开头（凤头）、经过（猪肚）、结尾（豹尾），或者提出论点、证明论点、总结论点。看三部分能否互有联系、互相呼应，详略安排是否得当。开头应点题，经过解题，结尾应照应题目，概括结构三部分的衔接关系予以相应分数。

10. 选材（10分）。常见错误：同类多余重复，缺乏表现，偏离中心，不生动新颖，不能符合本地环境实际，不能符合学生身份年龄、经历的实际。按真实性、新颖性给分。

11. 语言表达（10分）。要求简练、通顺、明白。常见错误：叙述平淡无波澜，描述的立足点混乱，抒情、议论偏离内容，想象扩展不开，写景没有写出特征，外貌描写含混不明，动作描写简单、不生动，心理描写不够充分，对话描写没有重视，语言不清。按文章表达能力给予相应分数。

12. 文体特征（10分）。记叙文、说明文、议论文各有各的文体特征，因此对题目要求中的文体，要予以恰当考虑，倘若文体判断错误，文章也就失败了。

13. 综合评语的适当性与针对性。学生综合以上评议内容，针对文章中明显出现的问题写出评语。不必面面俱到，但明显的优点及缺点则应写出，并评出最后的分数。

（二）重作修改抄写

经过其他同学的修改后，原作者应修订并誊抄自己的作文，也可由其他同学修改并抄一遍。

（三）汇集并整理成作文集

每次作文中都明显记录了写作日期、修改日期及誊抄日期，通过一个学生几次的作文训练可以看出这名学生的作文水平提高与否，从中可以有针对性地促进一名学生作文水平的提高。到八年级时，可与美术课配合，设计各自作文集的封面与封底，并取一个自己满意的集子名称，做一本作文集使学生在心理上有一种成就感的优势。

（四）教师抽查与指点

前面的作文教学操作过程，主要发挥学生思维上的能动性，教师的作用主要是引导、点拨、激发。为了更好地发现学生写作过程中的优缺点，及时抽查就十分必要。教师可以每星期按组或按排来抽查学生的作文集，对原作、改作、评论、评分等过程进行总结，并提出有助于学生水平提高的意见。

七、作文的修改符号

编号	符号名称	符号形态	符号说明	用法示例
1	改正号		表明需要改正错误，把错误之处圈起来，再用引线引到空白处改正。	提高水口物质量

编号	符号名称	符号形态	符号说明	用法示例
2	删除号		表明删除掉。文字少时加圈，文字多时可加框打叉。	提高出口物物质量 结构完整，语文较通畅，但错别字较多。
3	增补号		表明增补。文字少时加圈，文字多时可用线画清增补的范围。	要搞好校工作。注意错误对 语法修辞方面的错误。
4	对调号		表明调整颠倒的字、句位置。三曲线的中间部分不调整。	认真经验总结 认真经结总验
5	转移号		表明词语位置的转移。将要转移的部分圈起，并画出引线指向转移部位。	校对工作，提高出版物质量重视
6	接排号		表明两行文字之间应接排，不需另起一行。	本应用文书，语言通畅，但个别之处……

议论文求异摹仿写作过程图：

	审题	选择	阅读	摘抄	取舍	构思	动笔	完篇	修改
人数									

交际情境视域下中考任务驱动型作文教学策略

创意说明：创意语文前瞻性地运用高中高考任务驱动型作文进行初中中考的教学策略思考。需要对"任务驱动型作文"进行概念厘清、解读，对于"交际情境"也需要进行概念分析,在写作的教学策略中,注意结合写作实践进行辩证思考。

"任务驱动型材料作文"概念最早出现在教育部考试中心张开先生2015年《语文学习》的第7—8期合刊中,几年来任务驱动型作文已经多次在高考或显或隐地出现,并迅速成为高中作文的主流写作类型。高考作文的写作测试类型,对初中写作教学与测试产生连动影响。2016年中考开始呈现此类作文测试。山东泰安中考作文,要求考生帮张山以"给张山爸爸的一封信"为题作为任务,在"专心学习,升入重点高中"与"不想牺牲自己的爱好,坚持参加足球社团"之间进行思辨驱动写作。此中考作文类型,2017年进一步出现在浙江衢州、江苏南京、浙江金华等地。2018年又出现在浙江嘉兴舟山、浙江衢州、湖南长沙、北京等地。

交际情境视域下中考任务驱动型材料作文,是中考作文命题者根据新时期教育"立德树人"根本任务,按照《语文课程标准》的要求,创设符合初中学生理解的真实交际情境,使用具有普遍适用性特点的现实性材料,呈现思考问题的特质,有针对性地引导学生产生思维,提供主要指向记叙文写作的任务型指令,要求学生在指令的方向上完成写作任务,同时符合写作要求的作文测试形式。

一、题型特点分析

以2018年浙江嘉兴舟山中考卷为例:

小华同学在写给学校心理咨询室的信中倾诉了自己的烦恼:小学时成绩很好,老师也很喜欢我,即使不主动问问题,老师也会主动问我有没有问题;到了初中感觉什么都不是,曾经的好学生感觉成了学渣,爸爸妈妈总是要我多问老师问题,但是我就是不敢问,现在即使想问也不知怎么问了,这个该如何是好?

题目一:请以知心朋友的身份给小华回一封信,劝导他重新振作起来。

题目二:小华的烦恼具有代表性,班主任准备组织一次演讲比赛,引导学生正确对待这类心理问题,鼓励学生勤奋好学,请你写一篇演讲稿。

1. 交际性:模拟真实交际情境,激发感受体验,产生写作激情。

舟山卷交际性强,题目一"以知心朋友的身份给小华回一封信",题目二"班主任准备组织一次演讲比赛,请你写一篇演讲稿"。"以知心朋友的身份"或"帮班主任写演讲稿",都是在交际情境中的活动。题目模拟初中生较普遍的成绩焦虑情境,在老师与父母的不同关注中激发体验,在中考现场表达、呈现写作激情。通过模拟真实的交际情境，可以防套作、防宿构，在现实生活事件中激发学生在交际体验中融入情境、唤起回忆，在交际体验中形成写作材料，从而产生写作激情。这种作文题型还将培养学生具有一定的读者意识、评价意识，懂得自己写的文章，不仅是给自己看，还是给读者看，给阅卷老师看，具有更好的文章价值与写作意义。

2. 德育性：体现立德树人，渗透到对题目的思考和写作中。

舟山卷里，初中的小华同学心里有烦恼，题目一引导学生劝导小华重新振作起来，题目二引导考生鼓励学生勤奋好学。二题目都是通过写作对学生进行德育渗透，做到立德树人。当前我国新时代写作教学要求的导向是，要有助于培养学生对社会主义核心价值观的认同和践行，要有助于培养学生对中华优秀传统文化的热爱和参与，要有助于培养学生依法行世，要有助于学生形成正确的思想和积极主动的理念，要有助于学生形成正确的价值观、人生观。

3. 思考性：呈现思考特质，导写性材料有助于明确立意。

舟山卷写到了小华同学的烦恼，这种消极的情绪"该如何是好"？题目一导写提示思考"以知心朋友的身份劝导他重新振作起来"，题目二导写提示思考"引导学生正确对待这类心理问题，鼓励学生勤奋好学"，思考中的正向立意很明确。本题型的题目材料来自现实生活，开放性中有情节，需要学生反复读准导写性材料，呈现出思考的思维特质，明确要求学生运用习得的分析思考能力，准确立意。初中阶段，不一定有很强烈的二元对立或者多元角度的思辨要求，但考题明显需要通过思考才能正确立意。

4. 指令性：发出驱动指令，明确范围，适当限制写作方向。

中考任务驱动型作文材料，从导写材料到写作指向，都会给学生具体的驱动指令。文体指令，初中作文主要应该写成记叙文，舟山卷要求写信或者写演讲稿；思维指令，主要要针对材料后的重点词、关键词，舟山卷要求"劝导、鼓励"；内容指令，应该在作文已经命好题目的范围内结合材料选择写作素材，舟山卷要求"劝导小华重新振作"，或者"鼓励小华勤奋好学"；对象指令，重点从学生自身经历出发，要求针对题目中的提示性材料，明确记叙的对象，舟山卷要求"以知心朋友的身份"写作。

二、教学策略

任务驱动型材料作文在中考出现，是初高中考试的衔接，也是交际情境写作的发展和实践。荣维东认为："中国写作教学的问题，从根本上是写作观错误、写作理论僵化、写作知识陈旧所致。"因此熟悉交际情境写作的规律，对此作文类型采取正确的教学策略，可以帮助教师矫正传统写作在教学中出现的问题，可以帮助考生写好这种作文类型，提升学生的核心素养。

1. 改变传统文章写作的教学观念，建构交际写作的新型写作教学理念。

在初中任务驱动型材料作文的教学中，教师要改变"作文教学要教学生写出真人真事真情实感"等传统的文章写作的教学观念，要向建构交际写作的新型写作教学理念转变。

（1）师生都要认识到写作是一种言语交际行为

中考任务驱动型材料作文是一种交际写作，是在特定的交际情境中，在学生与文本、文本内容与写作内容之间的一种言语的交际行为。对此的教学策略，教师要培养并教会学生形成交际的意识。交际方是多元的，题目与学生写作、题目内的文本对象、主体客体之间也是交际行为。这样的交际意识需要激发学生形成读者意识，在写作构思环节，将写作的读者意识与写作者的主体意识交融在一起。教师与学生都要清楚自己要从哪个角色的角度写，要写给哪些人阅读。2017年衢州卷，要求帮小强或小文写信，帮助他（她）化解烦恼。写作是种言语交际行为，考生要有主体写作意识，同时兼有读者意识，在此题中应预判小强或小文读完信后的情感反应。

（2）师生都要认识到写作是解决交际的问题

中考任务驱动型作文的题目命制中，创设了一定的交际情境。教学策略就是要教会学生在主客体之间进行阅读思考，来解决交际情境的问题。真实或者模拟真实的交际情境，就是一种交际问题。教师在教学策略运用上，要培养学生解决这种交际问题。或者代入叙事，或者以事以人以情解决交际问题，都是本教学策略的解决目标。2017年南京卷要求写一篇发言稿，解决30年后回初中母校聚会的发言的问题。由此可见，这种类型作文要培养和形成解决交际问题的能力，以具有更好的真实写作的目标。

（3）师生都要认识到写作就是要进行有效的交际和沟通

中考任务驱动型作文将有效的交际和沟通放在比较重要的位置，题型中特定的写作问题情境触发教学策略指导，要在写作内容、写作文件、言语形式的选择上多加审思。它们必须围绕在特定的交际情境中进行，要随着交际内部的因素的变化而产生变化，体现了一种动态生成动态解决情境问题的过程。2017年衢州卷作文题目的交际与沟通的目的，就是"帮助他化解烦恼，说得入情入理，使人信服"。

2. 改变传统文章写作的教学材料，丰富交际写作的教学内容。

（1）确定交际本位作为初中语文写作教学新起点

传统写作教学以文章本位为起点，教会学生写成一篇文章，写好一篇文章。这是一种静态的写作方式，体现的是写"作者—文章"的静态关系。任务驱动型作文材料，重视写作的目的和功用，重视写作的动态过程，在"真实交际情境"下围绕写作驱动的任务，经过一定的动态思维的思考过程，进一步丰富了现实生活中的问题解决的写作目标。根据本题型，通过"为什么写"来解决"怎么写"的问题。这样交际因素作为最重要的核心点，成为写作教学策略的起点、核心。交际本位的确定，说明了这类作文题型训练，就是要解决交际问题。2018 年长沙卷，要解决写作"说真话抒真情"与"经常虚构"的问题。2018 年北京卷，要"任选一处古迹或一件文物"，向读者谈"（这）让我心生敬意"。

（2）丰富交际文体，作为初中语文写作教学的体式

传统写作教学围绕表达方式，形成"记叙文、说明文、议论文"三种文体。可是在实际写作中，各种表达方式却经常重合使用。表达方式不应该成为文体分类的标准。本题型就是要从"交际本位"出发，进一步丰富交际的文体开发，在记叙性文章大概念下，整合并丰富交际文体的写作体式。既要打开任务驱动型作文的驱动体式的范围，也要解决好学生在实际生活中面对的种种交际情境写作。交际文体从现实生活的需要出发，重视写作中的现实因素，从记叙性文章大范围来看，既有这三年中考作文中出现的书信、发言稿、演讲稿等，还可以有舞台剧本创作、家族历史写作、个人回忆录、科幻想像写作、奇幻想象写作、校园生活写作、个人随笔写作、目击事件写作……这些偏重于记叙性的交际文体，呈现了鲜明的写作目的的意识。

（3）增加交际要求，建构初中语文写作教学的体系

任务驱动型作文的交际语境写作呈现六个要点：话题、体式、目的、作者、读者、情境。教师建构初中写作教学体系时，要相对应地进行话题意识训练、体式意识训练、目的意识训练、作者意识训练、读者意识训练、情境意识训练。这六个要点，既可以单独进行训练，也可以进行综合训练，可以将其分解到初中六个学期的具体写作实践中。

3. 改变传统文章本位的写作训练，创新交际写作的教学方法。

（1）任务驱动教学法

2018 年衢州卷用"生活中某一物品的口吻，以独白的形式讲述关于你的故事"，导写材料也明确了以"物品的口吻、独白的形式、讲述真实的故事、刻画你自己"这些任务进行驱动。这些要求教师运用引导学生在任务驱动下进行言语行为的写作的语言教学法。教学法注意突出交际情境任务设计中的真实性，引导学生结合自己实际生活，对照现实生活，注意到任务的多个层次，体现出

梯度来。教学法在一系列的写作试验中，让学生达到了言语交际、语言习得的目标。

（2）交际情境教学法

2017年金华卷创设了"一只蚂蚁爬到海岸边面对大海忧愁"的交际情境。2018年衢州卷创设了"校园《未来作家报》征文大赛的启事"的交际情境。这些要求教师运用交际情境教学法，引导学生了解、读懂上下文语境、明确交际的目的与任务、联系时代背景等。引导学生辨析任务驱动型作文，围绕作文题目已经创设出来的情境，引导学生体验这个交际情境。学生在这样的具体语境中完成构思写作。

4. 改变传统文章写作的教学评价，增加交际写作的教学评价。

中考任务驱动型作文在教学策略设计与写作实践过程中，要制定相适应的交际写作的评价标准。

（1）从交际角度进行评价

中考任务驱动型作文主要有六个要点：话题、体式、目的、作者、读者、情境。因此交际角度的评价细节，也就从这六个方向进行：话题明晰度、体式明确度、目的达成度、作者主体度、读者意识度、情境适合度。我们可以进一步将这六个要点评价，更进一步细化成细则，逐渐建立评价指标细则，方便操作。2018年北京卷，话题要与"古迹（圆明园除外）或文物"有关，体式明确为记叙文或议论文，目的达成是要写一篇文章，不限文体（诗歌除外），作者要谈"让我心生敬意"，要让读者意识到"对本国过往历史心怀敬意"，情境适合在古都北京范围内。

（2）从综合角度进行评价

中考任务驱动型作文的交际要素是其主要特点，但传统的文章本位的写作要求也不能缺失，传统写作中的主题、结构、选材、语言、首尾、写作手法等要素，同样要具备。交际本位的特点不意味着对传统写作要素的革除，而是二者相辅相成的综合运用。写作过程中的综合，包括写作评价的综合、文章写作与交际写作交融、评价标准整合，整体化、综合化形成了新评价标准，这点通过全国各地中考语文作文评分标准得以体现。

（3）从差异角度进行评价

中考任务驱动型作文通过学生的实践写作，完成写作教学的训练，补缺了交际情境写作的环节，整合了写作评价的标准。我们还需要从学生的实际情况出发，结合具体的交际情境，基于学生个体差异性，进行不同层次的评价的思考，逐步归纳学生的实情，制定面向全体学生的评价标准，更要同步建立面向不同层次学生的写作评价标准，让每个学生都能具备写作自信。

交际情境视域下中考任务驱动型材料作文是否会在今后全国各地的中考试卷中进一步推广实践，需要持续的跟踪和总结。笔者相信，清晰把握好此题型特点，正确运用和实践相应的教学策略，学生的交际情境写作的意识就会得到培养。"而这一意识的形成，一定会内化为学生的写作素养，从而实现语文学科核心素养的培育。"

中考情境任务作文命题"四缺"现象及矫正策略

创意说明： 创意语文研究近五年全国各地中考情境任务作文命题的特征，通过"定一定"的创意思维工具，发现试题中缺失的特征进行研究，这是对"概念观"的具体解读与应用，在案例实证之下强化观点，并从命题构念的思维角度进行"情境任务"特征的矫正。

情境任务作文是中考作文命题者根据《义务教育语文课程标准》的要求，按照"立德树人"根本任务，创设符合初中学生理解的情境，"使用具有普遍适用性特点的现实性材料，呈现思考问题的特质，有针对性地引导学生产生思维，提供主要指向记叙文写作的任务型指令，要求学生在指令的方向上完成写作任务，同时符合写作要求的作文测试形式"。此类中考作文题目最早出现在2016年山东泰安卷。此类题型与传统材料作文有明显的区分度，但五年来命题存在"四缺"现象，亟须矫正。

一、"四缺"现象

（一）缺漏情境，作文命题评测的载体不够完善

"真实、富有意义的语文实践活动情境是学生语文学科核心素养形成、发展和表现的载体。"遗憾的是有些命题者对情境的认知有些偏差。

设计导写型试题文本，缺乏详细情境。文本材料以导写为主，进行规定标题的写作，本属传统的材料作文，命题者却在写作要求中突兀地进行一定的情境写作的要求。例如2020年福建卷，先阐述"读书学习，塑造着我们的性格"，再引用培根的名言说明"凡有所学，皆成性格"，接着从学习向生活启发。文本是标题"学习与性格"的导写材料。为响应将情境作为考试评价体系的考查载体的指导，命题者生硬地在写作要求中加上"在主题班会上与同学交流分享"的情境要求。

设计假设型试题文本，缺乏真实情境。命题用假设关系"如果"一词，属学习探索情境，但文本情境缺乏学习生活实践，不够真实。如2020年金华卷作文题一即假设型情境，"如果青蛙醒来，发现大海的水干了，又会发生什么呢？"命题来自试卷的文学类文本阅读文本。还有2020年北京卷作文题二，命题虚拟"你得到神奇的控制器"，以"如果"进行假设及情境交代。假设类的情境与学生学习生活情境关联不大，写作检测的效度与信度不易考查。

设计想象型试题文本，缺乏生活情境。试题直接指向想象，写作要求"展开想象"。如2017年金华卷，命题设计以"一只蚂蚁爬到海岸边望着海浪忧愁"的情境开头，要求展开想象续写故事。这类命题缺乏与学生相关的生活情境，也就不能正确有效地考查学生运用语言文字进行交流和沟通的能力。

设计图表型试题文本，缺乏具体情境。命题者创设问题情境，过度关注情境局部的"点"细节，信息较为分散，呈现碎片化。如2020年温州卷"探寻笔记世界"。命题选择"笔记"这个"点"，给学生解释了什么是笔记，有哪些方式，并通过表格设计了指向三种写作对象的三个写作任务。表格清晰地向考生说明了各个任务，提供了一定的写作支架，但碎片化的信息使得试题情境不具体，多达七种的参考角度，既干扰了学生情境选择判断，也给作文阅卷增添了很多评分效度上的困扰。

在作文情境设计方面，命题者做出了多向的探索，但情境设置不合理、载体不完善，测试有效性存疑。

（二）欠缺任务，作文命题评测的要素不够完备

语文情境任务是"为评价学生语文素养水平而选取的具有代表性价值的语文实践活动"。这些任务重视在交际语境中应用，丰富了写作评测要素，能有效地防宿构、防套作，但有些命题任务要素不足，或者穿新衣走老路，是不可取的。

缺乏细致的文体任务。如2020年台州卷，有一个家长和孩子的任务情境，聚集在自家孩子和别人家孩子的比较上面。家长认为孩子不如别人，孩子认为自己也有优势。作文题只要求"写一篇文章"，虽提示"可以讲述经历，也可以抒发感想"，但主要指向记叙文或议论文的传统文体写作，不符合交际文体。情境任务作文具有交际性，文体任务应细化为具备交际特性的具体文体，如演讲稿、发言稿、书信等。

缺乏明确的思维任务。如2019年长沙卷，关于"将社会实践活动等材料上传到'综合素质评价'网络平台上"，是初三学生"自己动手上传"，还是"爸

爸替你做"，要求学生"联想、思考"。这类常见的思维指令，只是泛化而谈，虽可通用，但缺乏细致、明确的思维任务。

缺乏具体的内容任务。如2019年南京卷，"奶奶送来了端午食品——绿豆糕，你却不领情"。作文要求"你以'你的和我的'为题写文章"，围绕"你喜欢的、我喜欢的"进行"联想和深思"，命题的写作内容要求过于宽泛，不够聚焦。

缺乏指定的对象任务。如2020年武汉卷，"7岁的小睿在小区骑车时撞倒了一个3岁的小朋友"，他妈妈认为应教育孩子懂得"勇于担当，才能有所作为"。试题只是让考生进行"理解和思考"，"或叙述、或论述"，并没有要求考生以一定的对象身份进行写作。

（三）缺少思考，作文命题检测的思维不够深入

情境任务作文测评考生写作知识、能力，特别是思维方向的考查。缺少思考的命题总是过于浅显，深入探索的思维品质不佳。

命制选择型任务，只需确定，无须辩证思考。如2019年郴州卷，"初中三年学校或班级举行了丰富多彩的活动，比如篮球赛、拔河比赛、元旦晚会……请你回忆参加过的一次活动，写一则通信。"只要在提示的三种活动中进行选择即可，无须进行更深入的辩证思考。还有2019年淮安卷，毕业时班级准备编纪念文集，设了三个主题"精彩瞬间、活动收获、抒写情谊"，题目要求"任选其一"进行写作。缺少辩证思考的作文试题文本，对于考生的写作思维品质的培养效果有限。

命制确定型任务，已定方向，无须批判思考。如2020年杭州卷，设计让考生参加"新学校的社团活动"，考生只能在确定的"参加社团"的任务内，进行"有则加入，无则新建"的选择，结果都是要加入社团活动。考生只能在规定的方向写作，无须太多的批判性思考。

命制宽泛型任务，易用宿构，无须深度思考。如2020年广西北部湾经济区卷借助综合题"小孩泽泽与护士相互鞠躬"的情境命题，要求考生"记录存档""你的生命中一定有值得感恩的，给你的成长以滋养的人或事"。"感恩、成长"内容的作文，是学生常写的内容，容易扣题套用化用优作，命题没有给予学生深度思考的机会。

（四）缺乏德育，作文命题评测的核心不够明确

立德树人的要求具有考试甄选功能，是命题的核心标准，但有些命题弱化了德育要素，德育指向意识淡薄。

试题文本缺乏德育内容。如2017年南京卷，要求学生模拟"30年后同学们回初中母校聚会"，"以'无情岁月有味诗'为题写发言稿"，文本的德育指向比较弱化。同学母校聚会，要品味岁月"无情"，十几岁的学生，人生与生活才开始，"无情"的德育指向有些消极，什么是"诗"？何为"有味"？"有味"中的德育导向也并不明显。

试题文本缺乏积极德育表述。如2017年金华卷，题目情境是"蚂蚁爬到海岸边望着海浪忧愁"，蚂蚁想的是"海这么大，而我这么小……我还活在世上干什么呢？"表述消极。再如2020年北京卷作文二，只是假设了"得到一个神奇的控制器"，可操控时间，问学生"会在什么情况下使用？使用后会发生什么事情？"缺乏积极正向的德育表述。

评测缺乏明确德育导向。如2020年金华卷选题作文一，让考生根据虚拟情境"青蛙醒来，发现大海的水干了，又会发生什么呢"发挥想象写故事。2019年宁波卷，设计学校文学社出"话说家乡"专刊，设置了"家乡风味、家乡风光、家乡风俗、家乡风尚"四个栏目，"任选一个角度"写作。试题写作内容都缺乏更进一步的德育导向。

二、矫正策略

命题构念是考试测评的起点，是试题设计的基础，也是命题矫正的重要架构，明确地对情境任务作文的属性、特征进行再辨析，矫正的过程也就是命题构念的再确定。由此，"四缺"现象的对应矫正策略如下。

（一）明确情境内涵、形式、支架，提升融合度，矫正情境认知

缺漏情境，或者是情境与问题背离，导写型试题文本重点放在解决问题（导写）上，忽视了情境；或者是情境的内在丰富性不明确，看重了假设性、想象性，忽略了真实性；或者是情境的包含性差，关注到任务，遗漏了生活。"'情境'即'问题情境'，指的是真实的问题背景，是以问题或任务为中心构成的活动场域。"作文情境是以语文学科写作测评内容，融合进真实的世界背景，或者融合进学生的生活经历，形成情境活动。"'情境活动'是指人们在情境中所进行的解决问题或完成任务的活动。"可见真实性、生活化、活动化，以及学生、问题、任务等详细的情境要素的综合，构成了情境的内涵，并以外在显性的"背景、活动、任务"等情境"场域"形成具体情境形式。作文命题者应该准确把握这些情境的内涵与形式，让学习者可以此为支架，运用知识技能解决问题，培育核心素养。

认知写作情境，应将情境内涵与形式融合起来。同样是导写型文本的 2020 年绍兴卷，作文材料是王鼎钧《一朵花》："花能入选庭院，或早如梅；或久如月季；或迟如菊。"初看与传统材料作文无异，但命题者巧妙地在任务指令"写一封信劝导表妹"之后，加括号添加了以下详细情境："读初二的表妹最近很苦恼……你决定写封信劝导她。"写作要求中通过加括号补充内容进行了详细情境的命制，可见 2020 年福建卷作文亦可在写作要求中补充"主题班会交流"的详细情境，情境的形式可以灵活，这样命题的任务载体就会更真实、更详尽。

认知写作情境，亦可包含假设型、想象型文本，但忌胡编乱造。假设、想象应该基于真实生活，基于学生实际的创编或虚构；假设、想象型情境中的事件、形象，应该有助于学生进一步发挥，命题构念应有助于学生建构出新的可能与价值。情境应能连接想象与现实，引发学生独立思考，这样的假设与想象才更有意义。"青蛙醒来发现海水干了""蚂蚁望着海浪忧愁"，这些试题文本虽然建构在优秀文章来源的基础上，但命题者如能矫正认知，选择契合时代潮流的素材，将假设或想象的文本阅读与时代与生活相连接，这样的假设、想象型情境的作文考查将会更符合命题构念。

认知写作情境，还要注意情境支架的融合。写作导写、要求、图表等支架，应保证测试具备完整的情境，具有存在的价值并充分发挥作用。图表型情境应该创设在有助于学生理解、方便知识能力内化的问题情境中，图表的"点"信息，应方便学生将其勾连成综合情境。比如 2020 年宁波卷就有具体的问答情境，"我们常常会遇到这样的情境：'怎么办？'……'自己决定。'"从情境"点"形成情境"簇"。同样是采用表格辅助学生理解情境，提供写作支架，宁波卷较好地呈现了典型场景的情境，一问一答之间，还有意味深长的省略号。这样的问答以及让考生补充的情境，丰富了情境的外延，更加翔实、具体。

认知作文情境应该详细、真实，生活化、具体化，情境应该有真实的问题背景，以问题或任务为中心，形成考生的写作活动场域以提升情境内涵、形式、支架的融合度。命题应能模拟出符合学生的真实情境，在现实生活的事件中，引领学生产生体验，使其融入到情境中，唤起回忆，产生写作激情。

（二）统筹规划写作测试要素，矫正任务驱动

命题构念的统筹意识，既体现在试题立意、内容组织上，还体现在对测试要素的规划与设置上。命题者对于情境场域的写作要素的规划应更加全面，从而矫正任务驱动的层级。统筹规划得越好，不同层级的写作指令就越多，就能越好地防宿构、防套作，真正地评测学习者的写作素养。

矫正任务驱动要素的欠缺，需要命题者改变文章写作的类型观念；将有效的交际放在重要的写作试题命制的位置；命题过程中，对作文言语形式、内容、文体等要有更多的审思，要从传统的静态写作向动态生成解决情境问题转变。需要命题者改变试题文本的材料；呈现"作者—任务—文章"的动态过程。需要命题者丰富任务体式内涵，从传统"记叙文、说明文、议论文"的文体，向具有交际功能的文体转变，丰富任务写作"大概念"，规划出更细致的任务驱动的写作要素。

情境任务作文的活动是人们在情境活动中或解决问题或完成任务的活动，这具备了交际性的特征。交际情境，赋予了中考写作是学习者在一种言语交际状态下的行为的特征。试题文本的内容，学生与文本，写作的内容等之间呈现特定的言语交际的行为。写作、交际、情境、活动等试题文本，统合起来就包含了很多写作要素。话题要素，文本说什么；作者要素，要求学生怎么想；读者要素，文章写给谁看；视角要素，文章从谁的角度写；目的要素，要达成什么目标，解决什么问题；体式要素，要用什么更具体明确的文体来写……这些就是构成任务驱动的写作要素。

情境任务作文要有明确的任务要素指令驱动，话题、文体、思维、内容、对象等评测要素命题时皆应具备。情境活动中的文体要素指令应更细致，更丰富多彩。如写信、写发言稿、写通讯、写游记、写征文稿、写说明类文章、写国旗下讲话讲稿、写故事，等等。比如2018年嘉兴舟山卷统筹规划，设置了多样的任务驱动，有明确的思维任务"劝导、鼓励"；明确的内容任务，请你给小华写一封信，"劝导他重新振作起来"，或者写演讲稿"鼓励同学们勤问好学"；明确的对象任务，"你以'知心朋友'的身份"回一封信。

（三）以思辨性活动呈现显性思考特质，矫正思维缺失

命题构念要关注"命题思维"，即试题命制过程，以及存在在试题中的或隐或现的内在逻辑，包含着该学科的核心素养、必备知识、关键能力等；包含命题时、答题中出现的思维方法、思维品质。命题者在命题思想的主导下，遵循命题原则，呈现较好的思维含量，让命题与答题过程中都将思维方法、思维品质与学科思想、知识、方法有机融合。

作文试题思辨属性缺失，体现在指向性不明确，题本给学生判断的选择有限，主题封闭、立意限定，辩证性活动表征不强。这些说明命题构念时将试题的问题结构封闭化，设计的试题使学生在解决问题过程中思维活动收束快，过程性的思考弱化。命题过程一定要注意试题的思维指向，跟踪试题思维的趋往

以及过程方向。中考作文要测评的核心能力是语言和思维，命题者在关注语言表达能力的同时，也要反复比量思维含量与思维张力。优秀的中考作文的命题思维，有着清晰的思维发展的痕迹，有助于学生推进思维的变迁。

作文命题的辩证思维是从限制到开放的过程，是有联系有发展的观点，也是一种典型的逆向思维。试题的思维活动呈现相对的正与反、对与错，活动问题之间因为一些条件可能转化，不同条件不同选择得出不同结果，而答题者的判断与选择体现本身反复思考的过程。而批判思维需要对思维对象进行判定，对试题活动对象进行理解分析、评价推断。试题活动应该让学生运用学得的知识能力进行辨别，对活动进行对错优劣、善恶真伪的判断，进而得出自身认为的正确选择来指导自己的写作行动。批判思维，让学生从试题文本中，从表到里，从现象到本质进行分析，层层推进。这些思辨过程，命题文本材料要有较大的思辨的空间，既能彰显主题，又能符合学生个性，最后升级出思辨的思维性特质。辩证、批判等思维就在正向逆向思维间流走，思辨中的人、情、事、物等的辩证关系、思维广度、思维深度就渐趋深入，渐达本质，这就形成了深度思维。学生在作文思维过程中能够主动调动已有的个人知识体系，通过辩证、批判等思维活动迁移到当前的任务情境中，在概念解析、信息加工、能力运用等方面进行更熟练、更深刻的理解，并较好地高质量完成接下来的写作实践活动。

如 2020 年长沙卷，"学校广播站'心灵驿站'栏目决定举办一次以'成长有困惑，爱思才会明'为主题的征文活动。"要求写出"困惑、思考、启迪"就是对学生心理问题的辩证思考，试题在情境中引导学生直面自己的心理困惑，创设情境让学生"爱思、会明"，最后要能走向"成长"。这样的思考，正向立意很明显，有明显的辩证思考的特质。而 2020 年荆门卷作文一，要求围绕"自觉"一词展开思考，辩证思考如何"从不自觉走向自觉"，对"自觉"的两面都要进行批判思考，为何会"不自觉"？如何"走向自觉"？通过写作要求增加了作文批判思考的力度。学生在写作中既要写到曾经的"不自觉"，更要围绕"自觉"进行写作。批判思考"自觉"的两面，较好地培养了学生的批判性思维。还有 2018 年衢州卷，命题者设计了"生活中有很多东西见证着你的故事"，并举了"鞋子、手表、自行车、硬币、留着你牙印的笔……"等物品进行启发导写。你需要深度思考这物品如何"成为故事的讲者"，"以独白的形式讲述"，还要表现出"更多精彩"。丰富的情境与多元的思考方向，挖掘了学生思考的深度。

（四）拟真"德""境"相生，突显立德树人根本任务，矫正德育缺乏

作文命题构念中的"道德性"就是落实立德树人根本任务。"立德"应自然融合在试题的"血肉筋骨"里。命题者先要清楚"德"的内涵，情境任务蕴含的"德"的要素才会更明确。"德"是人与人、人与社会之间调整关系的规范，它在日常生活中，学生的认知判断，能表现出个体对道德认知水平的高低。基本道德规划，应从学生个体出发，从人生观价值观进行观察，再到他人、社会、国家层面。德育要与时俱进，适应社会发展，体现时代精神，结合传统美德，彰显民族特征。还要从个人私德拉升到公德层面，学生任务情境活动，很多是对"公共伦理精神"的思考。私德与公德融合，再契合社会主义核心价值观，进一步注重德才平衡。"德"在"境"中，就是将道德放在情境中，学生在辩证思维后进行判断，在这样的潜移默化间最后要内化熔铸成学生的"道德"本心。

因此作文试题要有德育指向，引导学生践行社会主义核心价值观，认知革命文化、中华优秀传统文化，正确对待私德公德。要有积极的德育表述，传递积极的价值观，创设温暖的情境，传递向上的精神。这样的道德情境，让考生在阅读试题文本时产生正向的情感体验，做出积极健康的思想与精神的信息回馈。试题构念还应该明晰德育导向。德育在写作评测的过程中要自然内化。

如2016年泰安卷模拟张山同学与爸爸在学习与兴趣之间的选择进行辩证思考，明确了具体的德育指向"张山不想牺牲自己的爱好，还是坚持参加足球社团"。考生在文本的思考过程中，深化理解了学习与兴趣的关系，对"学习"有了更深入的认识，对"兴趣"的内涵理解也更到位，二者的德育指向很具体。再如2020年杭州卷将情境拟真在学生"即将升入高一级的学校"，围绕"参加社团活动"，"申请加入，申请创建"，就是比较积极的德育表述，命题对于个人的兴趣与社团活动，都有了更积极的正向德育表述。而2019年衢州卷，试题以"私家地图"表现出个人独特的爱，通过"每个坐标都是你与家乡最深情的纽带"，进一步提升对家乡的认识，并在"最深情"中升华了对家乡的情感，德育渗透更加明显。通过"青山绿水图、欢乐农家图"，再加入几个定语，使命题者的主观德育导向更加清楚而热烈。

厘清五年中考情境任务作文的命题缺失，及时矫正，命题者、学习者都可以更全面地把握这种作文类型的特点，更好地使用"情境"载体评测，更能发挥新课程标准新评价体系的积极导向作用。

基于网络平台的生活作文实践

创意说明：在"移动学习"融合语文教学的课题中，创意使用网络应用平台作为写作支架，让学生进行生活作文的尝试。将写作拓展延伸到网络空间，与时俱进。语文教师对于"移动学习"的概念，对于"网络平台"的实践应用要比较熟悉。在"扩一扩、加一加"的创意工具的运用中，使用组合创意法进行语文的实践经验的总结。

一、中学生作文现状

不知道写什么好！没有东西写！这类学生写作时无话可说的现象，在我们的作文教学中时常会遇到。我们经常看到这样一些文章："假"，说假话，写假事。有一次期中考，一年段三百多个学生，四五十个写"帮父母看家，却意外毒死猪"的事情。"大"，学生说大人话，没有属于自己年龄特点的事情。比如学生会在作文中大谈如何做好事，有成就，应该怎么做，却对班级里卫生的脏乱差熟视无睹。"空"，内容空洞，不实在，不具体。写老师的课堂，记下课堂流程，无重点，无细节。"抄"，一段甚至整篇地抄写别人的作文。老师布置的作文，一回家先找"度娘"帮忙。"套"，千人一面，没有个性和特点，几乎是从一个模式里走出来的。找"百度"帮忙后，马上边抄边套。

究其主要原因，在于作文与学生生活、学习严重脱离，学生不会观察生活，不会积累生活，不会从经历生活迁移到写作生活。要改善学生写作过程中的观察、积累、选材、构思等环节，笔者进行了以下作文教学实践。

二、生活作文的"前身"——日记作文

日记作文，有以下优点：

扩大写作选材来源，日记内容丰富多彩。老师指导学生有意识地观察周围的人和事，并将看到的、听到的或读到的连同自己的生活、学习，有选择地写入日记。如学校教学活动中一堂生动别致的课、家庭生活中的亲情和烦恼、对某种社会现象的评价等，都可以纳入日记，使日记真正成为写作材料的仓库，这样日积月累，就有许多亲身经历的材料，写起作文来就会得心应手了。

强调真实记录生活，培养细心观察习惯。日记让人敞开了心扉，真实记录生活，发挥出潜能。特别是记录校园生活，因为师生共同生活其间，也就解决了"假大空"的现象。引导学生学以致用，逐渐养成客观观察的习惯。

　　落实写作习惯，让作文在日记中成长。要求学生选用标准书写格的中学生日记本，这样可以对书写提出明确的要求，做到字迹工整，标点正确，养成书写规范的好习惯。每篇日记都要有时间，有一个明确的题目，这样有利于学生从一天众多的见闻中选取最有意义、最感人的事例，同时也便于学生围绕中心选材。每篇日记写完后要自我修改两三遍，消灭错别字，修改不通顺的句子，逐步养成反复修改的好习惯。

　　积极评价，反复督促，提升写作水平。日记作文，每周教师批阅一次，对日记中出现的好词、好句、好题材、好写法、好思想等闪光点，都一一记录下来，在评讲时予以表扬。在征得学生同意的前提下，当堂朗读写得好的日记，并到墙报、黑板报和校刊上发表。

　　关注日记中的学生思想状态，及时沟通思考情感。从日记中可以了解到学生的心理问题。教师应从实际出发，关心学生的心理健康，帮助他们克服困难。比如：有的父母双双外出打工，孩子感到孤独无助；有的迷上了网络或游戏，不能自拔；有的学习成绩不好，丧失信心；最多的还是同学之间的关系。他们在日记中向教师袒露出自己的想法，笔者就一篇一篇认真地读，写上批语，在日记本上与学生娓娓谈心，针对不同的问题，提出不同的解决办法。每当学生拿回自己的日记，看到教师亲切的话语，心里就像打开了一扇窗户，豁然开朗。学生最关注的是这个环节。

　　日记作文的缺点：学习态度影响写作态度。在农村"读书无用论"大有市场，每高一年级，就有一部分学生的学习态度消极起来，日记作文没能"与时俱进"，原地踏步了。每日一记，学生受不了。中学阶段读得越多，作业量越大。每日一写，占时多，学生受不了，还形成了学科之间的冲突。没有时间保证，每日一记成为空谈。每周改两个班的日记作文，一百多个学生，量太大，时间一久，老师受不了。日记作文，时效性很重要，每周及时反馈才有好效果。

　　日记作文在初中，也在高中实践过。初中到九年级就难以进行，因为有中考压力，时间、精力不能保证。高中过了高一年级就难以进行，因为高中要求写议论文，日记内的叙事，虽有议论，但局限于阅历与见解，少有出彩之处。日记作文的写作量，从每日一篇，改成每周五篇，再改成每周三篇。当要改成每周一篇时，就已经不是日记作文，而是周记了。所以，改变日记作文，确立新的记录生活的作文教学必须重新形成。

三、基于网络平台的生活作文的形成

　　记录生活，学会观察和积累，促进写作，这些是生活作文的优点。另一方

面，福建省教学常规中，对每学期的作文写作量"八大八小"有明确规定。学校对"八大八小"的写作量的检查，简单划一。八篇大作文，八篇小作文，都要体现在作文本上，全批全改。教材中的单元写作训练，已经占据了大部分的写作训练时间。但对生活的观察、积累、记录，才是促进写作的最好途径。必须找到一个平衡点，既能有助于观察、记录生活，又能助益于常规作文教学。这个平衡点就是基于网络平台的生活作文。

四、基于网络平台的生活作文的流程

(一) 案例描述

参加基于网络平台的生活作文实践的是初二年级 1、2 班，各 44 名学生。本届学生采用摇号的方式入学，生源一般。经过小学系统的学习，学生已经能写简单的记叙文，但写作材料老套，内容平淡，标点符号和错别字多。本周是第 6 周，轮到每班 8-14 号同学发表生活作文。14 日，周五，下午第三节课放学后，就进入本周的周末时间了，英杰同学被父亲开车接回春天小区的家中。本周轮到他发表生活作文。写什么好呢？他有点没底，打开电脑，仍没有头绪。一周来，可写的事挺多的，但要有点意思，最好能引起同学与老师的关注，这样就有点难了。这时，几位同学过来招呼他一起去打篮球，英杰想了想，就出门了。也许会找到思路，他这样告诉自己。

两小时后回到家里，吃饭，洗澡，生活作文还是在那里等着。英杰想了想，就将下午找寻篮球场的事情记了下来。在电脑上输入后，他不太满意，但没有更好的思路。英杰找出记在《语文》封二上的网络平台用户名和密码，登录新浪网络博客平台"鲍语斋微语文"，将自己的文章复制粘贴上去。

他在标题栏输入《114 英杰无题》，将正文全选，调整字号为"32"，又想了想，在网络平台下端的分类选择好"1、2 班"栏目，点击"发博文"，正式发表。此时时间记录为"（03-14 20：42：12）"。发表作品后，他还是有些不满，于是点击"编辑"，在文章末尾自己评价说：幼稚园记事方式（流水账）+小学生笔法+初中生的字数。但他还是有些底气，因为自己感觉其中的细节描写还是很详细的。

过了不久，同班同学 13 号念一正在网上逛，点击进入了"鲍语斋微语文"的网络平台后，就看到了同学的这篇生活作文。读完后她用自己的新浪网络平台用户名"_簿柾"登录，并给英杰进行了评论回复："诶，我摁了 Alt+F4 就突然不见了!!! 好吧我又卖蠢了。我认为呢，这写的是整件事情吧，手写的不

舍得删吧，你重点要突出表现什么呢？无重点啊，请删改。沙发？113。"这时时间是 3 月 14 日 22：32。

（二）详细流程

1. 教师注册一个网络平台，绑定自己的手机号，如新浪博客、教师网络空间等。

2. 将网络平台的用户名与密码，在所教班级共享。所有学生的生活作文，发表于同一个网络平台上。从这个角度看，基于网络平台的生活作文更像是"班级日志"，但以写作为主导，因此又有很大的不同。鼓励学生每生自行拥有自己的网络平台账号，方便积累、转载、写作、评论等用途。

3. 以周为单位，学生轮流在网络平台上发表生活作文，以 6 周为一轮，三轮 18 周组成一个学期。例：我教的班级有 44 名学生，每周 7 名学生发表生活作文，1 人 1 篇。第 1 周 1-7 号学生；第 2 周 8-14 号学生……以此类推；每周人数视情况而定，可适当增减。

4. 其他同学互相阅读，互评互改。

5. 教师每周一反馈。教师点评。学生推荐。自荐与他荐。学生点评。当堂小测。落实到有阅读，有评论，有交流。

6. 迁移训练。介绍由生活作文迁移到作文任务的方法。

7. 广义发表。发表在各类正式报刊或网络平台。

（三）具体要求

生活作文，取材于生活，要求学会观察，学会选材，学会提炼。同时也要求学生放胆作文。放开胆子，大胆写，敢写人，敢写事，敢描绘，敢抒情。要大胆写出自己的真情实感，当一名忠实的记录者，不回避一些所谓的违反纪律的事情。

格式与内容：

要有文章标题。格式如已经发表的这几篇，有时间，有倒计时，有标题。标题下有号数和姓名。例：101 晓晴《开学的日子》

每篇文章要有背景意识，要有读者的意识。必要的交代是丰富文章内涵的一大因素。

文章要有人物。有人物了，各种描写就要写出对话、动作、神态。特别要注意性格的塑造。

文章的事件，从起因，到经过，到结果，都要写出来，不应几句话扔在那里，让读者莫名其妙。（这两点结合，人中有事，事中有人）

文章要有细节描写，要写出人物的情感，这样才有鲜活的人和事。

有图片的同学，可以在文章中插入图片。

尽量将平时的课文材料积累，运用在文章中，做到学以致用。

五、基于网络平台的生活作文的目的及其特点

基于网络平台的生活作文是以观察、描写生活为主题，以网络为平台，培养学生主动地、有目的性地观察生活，整合信息、表述事情、表达情感、传递思想的作文教学模式。基于网络平台的生活作文的核心理念是：生活和对生活的认识是作文的源泉；作文教学是为了学生的发展，以学生的生活为出发点，遵循"生活→感觉→表达；生活→感受→表达；生活→感悟、思考→表达"的逐步加深、循序渐进的作文训练思路。

（一）基于网络平台的生活作文的目的

唤醒学生的主体意识，提高学生智力水平，重视学生非智力因素的发展，促进学生语言的发展。

（二）基于网络平台的生活作文的特点

充分发挥学生的主体性。学生为作文的主体，是生活化作文观的根本。学生作文其本质是学生主体的生命活动，是他们生活和生命的一个组成部分。

立足于学生的现实生活。主要是引导学生关注社会、关注人生、关注大自然，表达自己独特的感悟和体验，从而养成积极的人生态度、科学的世界观和价值观，促使学生对写作产生冲动，迅速提高学生的写作水平，做到做人与作文的有机统一，养成健康的个性心理，形成较强的表达能力。

构建学生完整的生活空间。学生亲历的生活，就是他们开放的作文课堂，主要有四方面：学校生活、家庭生活、社会生活、大自然。

建立对话型的师生关系。师生借用网络平台互动，建立对话型的师生关系。老师学生一起到网络平台阅读、发表、评论，进行分享、交流。在互动中，发言不再四平八稳。各有各的表达语言，比如网络中的符号、新近网络热词，或者专业点的评价术语……

基于网络的平台与传统网站相比，网络平台的信息发布和传递方式更加快捷，内容、形式更为灵活，有更大的自主性，操作简单，效率高，活动显得更有影响力。

六、基于网络平台的生活作文的优缺点

（一）优点

个性表达描绘生活。生活作文没有内容上的限制，没有形式上的约束，只为学生联系生活、感悟生活，产生表达欲望。在这样的情景下，真正实现"自然生成""自然表达"。学生由此能悟到作文真谛，尽情表达自己。从个人来看，前后作文没有一篇相同。就全班来说，每一次十几篇作文找不到雷同的痕迹。每篇习作都是一个鲜活的思想，每篇习作都是一个充满活力的生命，每篇习作都跃动着个性的灵光。

互批互改轻松有效。在生活作文教学中，教师不把自己的意愿强加给学生。写作前教师可以多加鼓励，写作后无须对学生的作文进行精批细改。教师和同学们一样，是参与者，是观众，是读者。只须认真倾听，平等对话，于不经意中点拨写作技法，把评改的时间还给学生。于是教师就不会觉得教作文、改作文累。相反，学生们充满个性和真情实感的表达能使教师们更了解学生，走近学生的心灵，使教作文成为一种享受。通过互动交流，学生对作文方法有了更进一步的理解。教师应该善于利用网络平台的评论功能，引导学生自主地表达，引领他们走向更为广阔的学习空间。这些作文往往是学生们互相欣赏和评比的对象。有的是学生的个性抒发、情感表现。这些作文往往是他们真情的流露，有浓情蜜意在字里行间，让人不由感动。我们在感受作文的时候，更感受到了人性的交流、思想的领悟。

优秀习作层出不穷。生活作文内容来自学生的生活，学生们享受到酣畅淋漓的属于自己的快乐，再也不害怕作文。不少学生不用老师布置就能自觉地作文，作文真正成为学生的需要。最难得的是学生文风变了。一改过去刻板、枯燥、沉闷的文章面目而为生动的、活泼的、追求新意的姿态，学生过去被压抑的写作潜能得以迸发，求实求新、敢于表现自我的佳作大量涌现，不仅自由作文、课堂作文涌现大批优秀之作，就是限时严格、紧张状态下的考试作文，也涌现出一批佳作。实践多年，有多位学生习作在《快乐作文与阅读》《冰心少年文学》等报纸杂志发表，多位学生在泉州市各级征文等活动中获奖，在写作的同时他们也体验到了成功的乐趣。

（二）存在的问题

硬件、网络限制。虽然大部分学生都已经拥有家庭电脑，但仍有极个别的学生家庭没有电脑或不能上网。解决之道是请同学互助输入、发表。或者到班

级、年段室发表作品；个别学生有习惯性的惰性学习心态，不热情、不主动、少参与。越是写作差的学生，惰性心态越严重；写作迁移应用问题。生活作文写得好，在考试时，写作思维却没能向生活作文伸展，写作意识还需更敏捷、更活跃。

"活动型"诗歌读写教学实验

创意说明：创意地以任务活动驱动进行新诗读写实践。创意语文需要解读"活动型"诗歌读写的概念，在"搬一搬、代一代、改一改、变一变"等多种创意工具的应用中，采用"模仿、类比、转换、移植、组合"等多种创意法进行教学实验。

一、"活动型"诗歌读写教学实验的提出

1. 个人实验动机层面

二十年来进行语文课改教学实验，先后接触到语文出版社版本的《语文》教材、人教版高中《语文》教材，直到现在的统编《语文》教材。根据这些教科书中的选文及单元安排特点，笔者感受到了现代语文教育对于诗歌教学的重视。如何提高学生赏诗写诗的水平？怎么通过开展学习活动，培养学生读诗写诗的兴趣？这些一直是笔者在课改精神下进行的语文教学思考之一。在教学过程中，笔者摸索出了一套以活动为载体、与学生身心发展规律相适应的诗歌读写教学实验方法。

2. 语文教学层面

语文教学方式的改革，要求教师从学生学习的角度，设计语文教学的过程，应着重关注学生"核心素养"的培育，即多关注学生"在积极的语文实践活动中积累、建构并在真实的语言运用情境中表现出来的，是文化自信和语言运用、思维能力、审美创造的综合体现"。由此可见，诗歌的教学已经不能仅仅是关心课本上的诗歌的主题、语言的技巧等内容了。而诗歌的教学，一直是语文教学中的一个难点。诗歌是语言艺术的精华，是文学王冠上的明珠，诗歌的意象语义多变，诗歌意境因人而呈现不同的见解……如果我们仍然依照以往的经验教条般地解析诗歌，也有违诗歌的本质。语文的诗歌教学，应该有新的尝试。

3. 语文课程改革层面

《语文课程标准》中提到："语文课程应引导学生热爱国家通用语言文字，在真实的语言运用情境中，通过积极的语言实践，积累语言经验，体会语言文

字的特点和运用规律，培养语言文字运用能力；同时，发展思维能力，提升思维品质，形成自觉的审美意识，培养高雅的审美情趣，积淀丰厚的文化底蕴，……全面提升核心素养。"进行诗歌读写教学的活动，就是要致力于学生语文素养的培养，以诗歌熏陶感染学生，让学生产生对语文的独特体验。因此有必要通过一种可行的诗歌读写教学活动，让学生在诗歌实践过程的不同阶段中，都能找到最适合自己学习的切入点。综合以上思考，笔者提出并进行了"活动型"诗歌读写教学的实验。

二、"活动型"诗歌读写教学实验的内涵

"活动型"诗歌读写教学实验中的诗歌，包含古典诗歌和新诗。"活动型"诗歌读写教学实验，即以开展活动为载体，引导学生通过自主学习，鼓励学生合作学习，并尝试开展诗歌的探究学习。让学生全员参与，经历诗歌读写实践过程中的选诗、抄诗、设计诗页、读诗、背诗、赏诗、写诗、改诗、诗作结集等各个环节，从而提高学生的文学审美思维，促进学生阅读、鉴赏、书写、绘画、写作、设计等多方面的综合能力。

三、"活动型"诗歌读写教学实验的理论依据

1. 多元智能理论

美国发展心理学家霍华德·加德纳教授，经过多年对心理学、生理学、教育学、艺术教育的研究，证明了人类思维和认识世界的方式是多元化的，他通过大量心理学的实验数据和实例的观察分析，对传统的智商理论和认知理论进行了反驳，提出了与此相对的智力定义。在《心智的结构》一书中，加德纳把智力定义为"是某种社会和文化环境的价值标准下，个体用以解决自己遇到的真正难题或生产及创造出某种产品所需要的能力"。在此基础上，他认为人类至少存在七种智能：语言智能、数理逻辑智能、空间智能、身体运动智能、音乐智能、人际交往智能、自我认识智能等多种不同的智能。根据加德纳的观点，人的智能具有以下一些特征：智能的普遍性——每个人都具有多种智能，只是某些智能的发达程度和智能组合的情况不同而已，且智能经过组合或整合可以在某个方面表现得很突出；智能的发展观——人的智能可以通过后天的教育和学习得到开发和逐步加强；智能的差异观——既有个体间差异，也有个体内部的差异；智能的组合观——智能之间并非彼此绝对孤立、毫不相干，而是相互作用、以组合的形式发挥作用。

2. 建构主义理论

建构主义学习观：学习是学习者主动的建构内部心理表征的过程，而非对知识的被动接受。教师应成为学生学习活动的促进者，在确定学生主体地位的前提下，在教学活动中发挥主导作用，指导学生自发完成知识和能力的建构。认知建构教学：认知建构就是在外在刺激和学习者个体特征相结合的情况下进行具有渐进和累积性自我建构的过程。所谓认知建构教学，主要是指以促进学生建构良好的认知结构为目的，以启发学生自主建构认知结构为主要策略，以师生互动、生生互动为重要学习环境的一种新型的教学观和教学形式。

3. 合作教育、合作学习理论

合作教育理论：提倡在师生之间建立互相尊重、互相信任的合作关系。教师创造一个良好的心理环境，排除对学生学习的强制手段，培养学生的民主个性，有效地引导学生学习，提高学习的主动性和独立性，使学生感到有所收获，并在获得成功的体验中快乐地学习。合作学习理论：合作学习是以异质或同质学习小组为基本形式，系统利用教学动态因素之间的互动，促进学生的学习，以团体成绩为评价标准，共同完成教学目标的教学活动。合作学习包括五个要素：积极互赖、面对面促进性相互作用、个人责任、社交技能和小组自评。基本方法是：学生小组成绩分工法、小组游戏竞赛法、小组调查法等。

4. 素质教育的创新观

以培养学生创新精神和创新能力为基本价值取向，发挥学生的创新潜能，弘扬学生的主体精神，促进学生个性的和谐发展。中学阶段是培养学生创新能力的关键期，学科教学应根据学科特点和学生的心理特点，注重激发学生的求知欲，注重培养学生的学习习惯和学习能力，注重培养学生的创新意识和创造性思维能力。

四、"活动型"诗歌读写教学实验遵循的原则

教学实验是先进教育教学理论与教学实践之间的一种中介，是包括教学思想、方法、结构整体设计在内的相对稳定的一种教学思路。"活动型"诗歌读写教学实验遵循以下基本原则：

1. 基础积累与熟练实践的原则

基础积累与熟练实践的原则是指，活动使学生在理解的基础上，积累广博深厚和牢固的基础知识与基本技能，形成良好的个性品质，并进而使学生对知识、技能的掌握达到运用自如的程度，能够熟练地进行自主学习和实践。

2. 主体反馈与自主调节的原则

主体反馈原则，指学生应发挥主体性，及时主动反馈学习与活动中的信息，将其提供给教师做出及时的评价，并对教学活动做出恰当的调节。自主调节原则指在教师的指导下，培养学生自我反馈调节的能力，进一步提高学生学习的主动性，以及自主地调节学习过程中出现的问题。

五、"活动型"诗歌读写教学的实验过程

"诗歌，使人高雅地生活。"为了让青少年学生多读些好诗，从丰富的文化积淀和高超的语言艺术中汲取营养，提高自身的语文素养，从而提升文化品位，笔者在从事的初中、高中教学班级中，均进行了"活动型"诗歌读写教学的创新教学实验，在实验中不断学习，认真探索，引导学生走上热爱诗歌的道路。

"活动型"诗歌读写教学实验，包含九个环节，教师须有一个九环节的整体观。在实际实验过程中，也可以根据情况来决定实施哪一环节，做到整体性和灵活性的有机结合。在评价学生时，主要从看到学生在某一环节中的突出表现为主，鼓励学生有更多的收获。

第一环节：选择诗歌

选诗，也是一种鉴赏能力的体现。唐朝以来，唐诗的选辑非常多，但最成功、流传最广的选辑，却是清朝时的蘅塘退士的《唐诗三百首》。可见教会学生选择适合自己阅读的诗歌也很有必要。在这一思路的引导下，一是指导学生根据自己的性格、爱好选择诗歌。或依诗人的传奇经历，或依诗作风格等而定。二是如果有部分学生缺乏文学兴趣，即由教师先设计好诗歌活动专题，引导学生在专题内进行选诗活动。学生自主选诗与教师专题引导选诗，目的都是为促发学生进行诗歌阅读的兴趣。学生有了初步的诗歌阅读积累，就会获得感性的诗歌理解，为进一步的诗歌活动奠定良好基础。教师预先要求，学生在阅读之后，必须从诗集中选择一至几首诗歌，作为抄诗或设计诗页的对象。

第二环节：抄写诗歌

抄写诗歌是为了进一步提高学生的读书热情，引导学生到诗歌天地中寻芳探幽，撷取名篇佳句。学生抄诗的范围很广泛，古典诗歌、新诗及至一些优秀的流行歌曲的词，都在抄诗的范围之内。后来，笔者又有意识地将诗歌的摘抄，与近来流行的中考、高考中的诗歌鉴赏题结合起来，注意在活动的专题中抄诗，如设计以下几个专题，让学生在抄诗时多加留意。

专题一：四季，春夏秋冬。专题二：乡愁。专题三：花鸟草虫。专题四：名家专辑。专题五：爱国。专题六：名句锦囊……通过诗歌专题的设计，引导

学生摘抄，目的就是要引发学生对诗歌产生兴趣。同时培养学生的写字能力，使学生更注重积累的重要性，从而提高学生的语文素养。抄诗，包括将诗抄写入摘抄本。对于自己的学生，在初高中入学之初，即马上要求学生，每人准备一本摘抄本。摘抄的内容包括摘抄诗歌，从而做好诗歌的积累工作。一般是每周一首，依学生兴趣，自由添加。也包括第三环节的将诗歌抄入设计好的诗页里。（请参看附录一《"古诗苑漫步"活动方案》）

第三环节：设计诗页

设计诗页，是与选诗、抄诗同时配合的一个环节。设计诗页，即要求学生选定一首诗，将其抄写进 A4 的美术纸上，以纵向设计为主，要求学生围绕诗的内容、主题，选择与之相适应的插图、花边等，设计一张自己认为具有美感的诗页。设计诗页包含三个要素：一是所选诗歌；二是对选诗的赏析文字（字数视学生水平而定，一般从少到多）；三是必要的图案与美术字。设计诗页，是一项综合实践的活动，它以训练和提高学生的审美能力为主，包括分析、辨别、鉴赏、书写、绘画、组织等多种能力。设计诗页，也常常与诗歌专题活动相结合。笔者进行过以下一些专题诗页设计活动：七年级、高一年级"最喜欢的一首诗"专题；七年级《才露集》"我的诗歌作品"专题；八年级"古诗专题漫谈"专题；八年级"台湾现代诗"专题，等等。

第四环节：吟读诗歌

读诗，重在欣赏，重在品味。读诗中的"读"字，有着比第一环节"选诗"更丰富的内涵。朗读诗歌是"读"；唱歌曲中的词，也是"读"；研读诗歌，也是"读"。读诗，包括三方面内容：

1. 朗读诗歌。无论是中国古典诗歌，现代本土诗人原创的新诗，还是外国诗人的翻译作品，都格外关注诗作的音韵美，而汉语本身又有一种特有的音韵美，因此朗读诗歌，朗读课内选诗，朗读学生摘抄的选诗，让课堂上回响起琅琅的读书声，可以加深学生对诗歌的体味，激起学生的诵读兴趣。在诗歌的诵读教学中，教师必须给予学生方法上的指导。可以教师范读，录音听读，也可以抄读听写。

2. 听歌唱歌（犹如听诗唱诗）。中外诗歌都具有形声音韵之美感，有些作曲家，就在一些优美的诗上谱上曲子，进一步将汉字的音乐潜能发挥到极致。因此，也可以组织学生参与欣赏。学生可听可唱，还可以自己配乐咏唱其他诗歌，通过歌咏，让学生更深切地领略诗歌的情感美、音律美。例如古典诗歌中李清照的《一剪梅·月满西楼》、现代诗中席慕蓉的《出塞曲》，等等。（请参看附录二《"歌词欣赏课"教学设计》）

3. 研读诗歌。通过理性的思维，学生再一次地阅读诗歌，根据积累的诗歌技巧知识，分析诗歌的背景、主题、结构、语言等要素。这一步骤，也和第六环节的赏析诗歌相配合。

第五环节：背诵诗歌

《语文课程标准》中提到："诵读古代诗词……注重积累、感悟和运用，提高自己的欣赏品位。"因而诗歌背诵，目的是为了培养学生语感，增加学生语言上的积累，丰富学生的文学和语言的积贮。背诵诗歌包括整诗背诵和名句片段背诵。古典诗歌以其字少文精，力主整诗背诵。中国新诗与外国诗歌，鼓励整诗背诵，但也鼓励背诵其中的名句片段，以其字多、学生时间有限的缘故。背诵诗歌的得益，直接表现在学生的作文中。作文中以诗作题记，以诗开头，以诗作结的现象有了明显的增加。

第六环节：赏析诗歌

《语文课程标准》提到学生的欣赏能力的培养："阅读表现人与社会、人与他人的古今优秀诗歌……等文学作品，学习欣赏、品味作品的语言、形象等，交流审美感受，体会作品的情感和思想内涵。"教师教授学生以诗歌赏析的方法，进行赏析诗歌的训练，培养学生具有初步的诗歌赏析能力。学生通过自主的诗歌阅读理解，能初步从诗的主题、结构、语言、感情等方面来分析诗歌，提出自己的一些见解。欣赏、阅读诗歌重在品味，即进入诗歌的意境中去。诗歌，无论古典诗词，还是现代诗歌，都用词凝练，用极少的字来说明丰富、深刻、动人的事。储蓄的情不外露，奔放的情不内敛，情与韵恰到好处，少了觉得生硬，多了又嫌造作。……笔者对学生赏析诗歌有一个建议：一首诗品出一个味，一诗一得。学生诗歌赏析能力，在每学期的诗歌专题活动中不断得到促进、提高。在七年级、高一年级"最喜欢的一首诗"专题、八年级"古诗专题漫谈"专题、八年级"台湾现代诗"专题等活动中，随着学生鉴赏能力的提高，教师也对学生不断提出更高的要求。

第七环节：诗歌写作

学生在阅读、赏析、积累之后，在一种螺旋式的反复体验中，有了一定的情感触动，就可以提起笔，将心里想的，借助意象表达，创造出属于个人的意境。十七八岁的学生，青春勃发，思维活跃，情感细腻，正是写诗的黄金年龄，多少诗人，不就是少年成名吗？因此，应该鼓励学生写诗。诗歌的写作，在应试教育的平常作文训练中几乎是没有过的。课改下的写作训练，应该有诗歌写作的存在。写诗，不应该再成为写作训练的禁区，应该早日放开手脚让学生们去"诗言志"。诗歌作为最精粹的语言艺术，需要高超的创作技巧。虽说对学生为说写作有些困难，但对学生，我们可以用更宽容的态度来加以对待，降低要求。诗歌是情感的表现，"言为心声"，学生有情要抒，有感要发，那么，就应该大胆地在写作训练中针其安排进写诗训练。

诗歌写作，包含诗歌仿写和自主写诗。诗歌仿写：以刚进入初中的七年级学生训练为主，仿中外名作，仿写时引导学生注意摹仿诗作的结构、语言的类似，大力提倡学生在习作中体现新的主题。七年级结集的《才露集第一辑》就是以学生的仿作为主题。自主写诗：即鼓励文学素养较高、写作能力较好的学生，开始自主写诗。自主写诗期间，鼓励学生借助各类资料，完善自己的诗作。八年级的《星露集》就是以学生自主创作的诗作为主。

（诗歌写作辅导课，请见附录三《"尝试写作：写一首咏物诗"教学设计》，及附录四《"写一首诗"教学实录》）

第八环节：诗歌修改与改写

诗歌修改与改写包含两方面的内容。

一是诗歌修改。学生诗歌写作完成之后，先组织学生进行生生互评互改，培养学生的评改能力。因为评改能力也是写作能力的组成部分。在学生评改的基础上，教师再进行批改。既关注诗作整体效果较好的，也关注个别的精彩诗句。

二是古诗改写。古诗改写就是培养学生对古典诗歌的改写，追求对古典的韵味的体验，包括古诗局部改写与整体改写。笔者将古诗改写作为学生诗歌写作水平提高的重要尝试。

（具体操作过程，请参看附录五《"古诗改写"例谈》）

第九环节：诗作汇集成册及发表

教师指导学生将与诗歌相关的作品，汇集成册，极大地激发了学生的创作激情，促进了诗歌教学的良性循环，同时搭建了一个新颖独特的阅读平台，让学生在阅读同龄人的作品时，反思自身的作品，最后进一步开拓了新的交流空间。活动真正地把教学的落脚点由教师主体转向了学生主体，我们追求的活动过程中有学生的智慧在燃烧，精神在拓展，心灵在飞翔……诗作汇集成册及发表，包括以下几个方面：

1. 诗页设计作品汇集。如：命名为《诗海拾贝》的诗页汇集作品，就有七年级、高一年级的《我喜欢的一首诗》，八年级的《台湾现代诗选》等。还有以《古诗专题漫谈》为集名的八年级学生作品。

2. 古诗改写汇集。如：在《清铃集》中，主要刊登了八年级学生清烨、锦玲的古诗改写作品。

3. 学生诗作汇集。七年级有《才露集》，八年级有《星露集》。

4. 学生优秀诗作推荐发表。主要在校级文学刊物中发表。

六、"活动型"诗歌读写教学实验的反思

"活动型"诗歌读写教学实验至今已经实行多年，从农村完中校到省示范校，生源水平参差不一，阻力很大，难度很大。笔者在反思中认为，实验达到了预期的目标，也就是说，培养了学生较浓的诗歌读写兴趣。在实验中有以下几点收获：在活动中学生的参与度高，自觉性强。在活动中不同程度地培养了自主、合作、探究的学习方式，关注到学生的个体差异和不同的学习需求。学生具有初步诗歌意识，丰富了语言积累，培养了语感，发展了思维。学生创新意识有所体现，创作出的诗歌作品非常精彩。活动充分发挥了师生双方在诗歌读写教学中的主动性和创造性。活动的设计及开展体现了语文的实践性和综合性，整体考虑知识与能力、过程与方法、情感态度的综合，既开拓了学生的知识视野，也促进了教师的教育教学能力。

有收获的同时，仍存在以下不足：大班化教学，使得教师对学生的关注不能做到人人均等，这让一部分惰性心态较强的学生，以应付了事对待，减轻了实验的效果；非智力性因素常干扰实验的实施过程。

附录一：《古诗苑漫步》活动方案

实施前景

中国被誉为"诗歌王国"。古往今来，无数情趣高雅、语言优美的动人诗篇，滋养了一代又一代中国人的心灵。为了让青少年学生多读些好诗，多体会古典诗歌中的独特韵味，从丰富的文化积淀和高超的语言艺术中吸取营养，结合"口语交际"训练，设计以下活动方案。

原"口语交际"为"古诗漫谈"，"漫谈"的范围很广，这个"漫谈"其实也可以是有一定限制的"漫谈"，犹如现代诗讲究的"戴着镣铐跳舞"一般。结合几年来中考高考都有出现的，考查古诗某一专题，如：请分别写出一句和"春、夏、秋、冬"有关的古诗的句子，等等，设计了几项专题供学生选择，有一个范围的限制，既不会脱离考试的最终评价，又有针对性，还让学生有了独

立思考、判断的思维过程。为了活动更成功些，不至于使学生泛泛而谈，定了十个专题："春、夏、秋、冬、山、水、花、月、雨、雪"，要求每个学生作两篇，各选一个专题进行。

专题示例

引导学生到诗歌天地中寻芳探幽，撷取名篇佳句，是专题引领的主要目的。以下谈谈几个专题的例子。例如：

专题一：四季，春夏秋冬。一年四季，轮回更替，风景迷人，变幻万千。睹物思情，情何以堪。一班分成四个小组，按季节将任务布置到各个小组，分别以"春色无边""夏夜幽幽""秋月风情""冬日佳景"为题。

专题二：乡愁。乡愁，是中国人心中永远的一个伤疤。在这些习惯了家庭温暖的学生里，几天的离家求学，就是一种伤痛。

专题三：花鸟草虫。

专题四：名家专辑。学生个性不同，对现代诗人的诗风会有自己的判断与兴趣。笔者充分尊重学生的个人喜好，鼓励他们以一家为主，专门摘抄某一诗人的诗作，细加品位。学生后来的主题摘抄有：苏轼的诗、稼轩诗草、青莲印象，等等。

专题五：爱国。古今中外，爱国是每个国家的主旋律。爱国主义，是诗歌的永恒主题之一。诗人们的国家意识、爱国情操，在诗歌中自然流露，无不令人感动。对爱国诗歌的摘抄，也在潜移默化中培养了学生的爱国热忱。

专题六：名句锦囊。古典诗歌，是凝练的语言艺术。古典诗歌名句，更是精华中的精华、文学皇冠上的珍宝。一些名句字字珠玑，短短几个字间蕴含了精辟的哲理和深远的意境。字少也显得容易诵记，受到大多学生的欢迎。

实施思路

学生先以个人为单位，选择自己最欣赏的两首古诗，进行鉴赏。再组合为若干专题相同的小组。这样全班就分成了若干组。

活动着重于鉴赏诗歌，作品中每首古诗，至少要有 150 字的鉴赏文字。可以从诗歌意境、感情表达、写作特点等方面谈谈对古诗的理解、体会，并就所介绍的古诗展开比较，就自己不理解的问题向介绍者请教。

整理成作品，配上适当的图案进行修饰，增强作品的美感。

举行"品诗会"。在会上以专题为系统，进行"古诗专题漫谈"的鉴赏活动。可以说说自己选的古诗中对哪些印象最深，并简要讲讲原因（如催人奋进、富有哲理、形象生动、语言优美、朗朗上口、常被人引用，等等），也可以谈谈学习古诗的方法。

"品诗会"中可以讨论古诗对现代文化的影响，古诗在言语交际、现代歌词中的使用情况。

收集学生"品诗"后的作品，按专题整理，装订成册，由学生设计并配上好封面，在学生中流传、阅读、鉴赏。

活动要求

观点要明确，要有分析，要有根有据。尽可能谈出新意，避免重复叙述别的同学说过的观点。有不同的见解可以争论；争论时要尊重他人，不要随意打断别人的话。

活动漫想

"漫谈"需要营造宽松的环境，所以在分组、座位安排及时间选择上，要尽可能多给学生一些自由度。可以让各小组到学校草地上、景点里谈，甚至可以鼓励同学间网上漫谈，只要能交出书面纸质等载体即可。

可以谈本单元刚学到的某首诗，也可谈电视或报刊上某一古诗鉴赏栏目，甚至也可以结合音乐、绘画、金石、工艺品等谈诗。总之尽量少给限制。

有条件的，还可以发动学生将大家喜欢的古诗结集，或制作成一张多媒体光盘，以供日后课余传阅、观看。

活动反馈

以活动促进学生的语文学习兴趣，是本方案的总体思路。活动开展后，学生反应积极热烈，兴趣很高。作品各具特色，学生积累了较多的诗歌知识。

附录二：作品欣赏与口语交际训练辅导课

"歌词欣赏课"教学设计
——以《介绍自己喜欢的一首歌词》为例

【课程目标】

1. 语言目标：在欣赏歌曲的同时，注意欣赏歌词，学会欣赏歌词；发表看法，进行口语交际。

2. 思维目标：培养学生提高分辨歌曲优劣的能力；学会理性分析歌词并表达交流。

3. 审美目标：初步感受歌词与诗歌的联系，提高审美水平。

4. 文化目标：初步引导学生正确树立对待各种音乐的态度；学会在赏析中提升学科融合的意识。

【核心概念】

语言赏析。

【创意点】

歌词欣赏。

【问题思辨】

1. 如何分辨歌曲歌词的优劣？

2. 如何在欣赏歌词时对歌词的语言、感情、意境等不同方面进行准确把握？

3. 如何进行歌词评析？自主提出见解，小组合作评析，最后进行推荐及介绍歌词的讨论。

【课堂教学五步骤】

1. 创意设计：以"歌词欣赏"为创意点设计教学，在学习目标中导入。

2. 概念推演：通过本课问题思辨性设计，推演解读"语言赏析"概念。

3. 素养建模：在课堂创造性教学中，完成对"歌词欣赏"的素养建模。

4. 目标探寻：通过统筹性备课与创造性教学，在本课探寻学习实践中渗透达成四个目标。

5. 反馈检验：在课堂和课后作业布置中，进行科学性检验。

统筹性备课：

选择的歌词，要注意突出诗歌的属性与特征。对于学生的活动参与，多些宽容与鼓励。

创造性教学：

第一课时：歌词欣赏辅导课

一、导入新课

同学们，这单元我们学习了几首现代诗，通过选诗、抄诗、写诗，大家对现代诗歌有了自己的看法。当然，有些同学还认为诗歌是文字上的东西，只能从文学的角度欣赏。其实，诗也就是歌，歌也就是诗。我国古代的唐诗、宋词，多是诗人根据曲调填词，可以吟，还可以唱。而现在许多同学也喜欢听歌，都有自己喜欢的一些歌星。有些流行歌曲旋律优美，但并非所有的流行歌曲都值得欣赏，因此有必要提高一下大家的辨析能力。

今天，我们进行一堂歌词欣赏课，通过被谱成曲的古典诗歌及现代诗的介绍，引导大家欣赏几首歌词较优美的流行音乐。先让大家有点感性的认识，这些作品，将通过 FLASH 作品来演示。

演示之前，我们一起回顾一下上次教大家的，欣赏诗歌时的几个要点，它们分别是：诗歌要有意境，诗歌要有真挚感情，诗歌要有语言美，诗歌要使用一些表现手法。请大家在赏歌的同时，用这四点来加以赏析。

二、演示欣赏古典诗词音乐 FLASH

古代诗词，即是曲中之词，这些诗词多可以唱。以下选一首宋词《一剪梅·月满西楼》，它是北宋著名诗人李清照的词作，大家在听时，注意欣赏其中的词表达了什么情感。（演示李清照《月满西楼》音乐 FLASH）

一剪梅·月满西楼（李清照作词，安雯唱）（此词一说是与丈夫赵明诚别后之作，表达相思之情）

红藕香残玉簟秋（"残，秋"写悲凉气氛、伤心情感）

轻解罗裳

独上兰舟（独上小船，写离别后的孤寂）

云中谁寄锦书来（盼信衬思念）

雁字回时（借景抒情）

月满西楼（以"雁回，月满"写盼望之情）

花自飘零水自流（喻人生、年华、爱情、离别，有"无可奈何花落去"之叹）

一种相思（表达相思之愁、闲愁之深）

两处闲愁（由己推及对方，是双方面的，是心心相印；一分为二，又合二为一）

此情无计可消除（直抒胸臆，直抒感情）

才下眉头

却上心头（于无言中写出浓浓的相思之意）

三、演示欣赏现代诗谱成曲的音乐 FLASH

接下来，我们欣赏席慕蓉的一首配背景音乐的诗歌 FLASH。

（演示席慕蓉《一棵开花的树》音乐 FLASH）

一棵开花的树（席慕蓉作。有说树喻人，喻一个有所追求的人，他追求什么呢？）

如何让你遇见我（以假设起首，为展开想象做准备）

在我最美丽的时刻

为这我已在佛前求了五百年（夸张、渲染）

求它让我们结一段尘缘（对追求的执着）

佛于是把我化作一棵树

长在你必经的路旁

阳光下慎重地开满了花（期望与失落形成极大反差，读者情感冲击强烈）

朵朵都是我前世的盼望

当你走近请你细听

那颤抖的叶是我等待的热情（拟人化）

而当你终于无视地走过（反差，对比中产生强烈情感）

在你身后落了一地的

朋友啊那不是花瓣

是我凋零的心（有人说追求理想、事业、爱情？都可以。）

四、演示欣赏民族歌曲的音乐 FLASH

前面我们欣赏的，是先有词后有曲的作品，接下来我们要换一种思维，来欣赏一些歌曲。这些歌曲的词，在经过了长时间传唱之后，得到了大众的肯定，也就是肯定了它们的文学色彩和主题倾向。这一首歌都是歌唱一个地方，赞美一个地方，那么它们的歌词是怎么样的呢？我们一起来看看。

（欣赏演示《我爱你，塞北的雪》FLASH）

我爱你塞北的雪

我爱你，塞北的雪（开篇直抒感情，表现对"塞北的雪"的热爱之情）

飘飘洒洒漫天遍野

你的舞姿是那样的轻盈（运用拟人化手法进行描写）

你的心地是那样的纯洁

你是春雨的亲姐妹哟

你是春天派出的使节（赞美雪是春天的使者）

春天的使节

我爱你，塞北的雪（再次赞美，反复吟唱）

飘飘洒洒漫天遍野

你用白玉般的身躯

装扮银光闪闪的世界

你把生命溶进了土地哟

滋润着返青的麦苗（赞颂雪的无私奉献精神）

迎春的花儿

啊……我爱你（直抒胸臆）

啊……塞北的雪（再次赞美，反复吟唱）

五、演示欣赏流行歌曲的音乐 FLASH

前面三部分，分别是古典诗词和现代诗歌被谱上曲后的音乐，也有民族音乐，它们的曲词基本同步。我们是在歌出名后，才去更多地关注这些歌词。有些同学可能会这样想，有名的歌它的歌词当然好了。接下来我们再来欣赏一下歌词较好的流行音乐。同学们在听唱之余，请多注意一下它们的歌词。

1. **往事**（陈秋霞作词、作曲，孟庭苇唱）

如梦如烟的往事（往事令人回味）

洋溢着欢笑

那门前可爱的小河流

依然轻唱老歌（以拟人手法，唤起对往事的回忆）

如梦如烟的往事

散发着芬芳

那门前美丽的蝴蝶花（一二节结构相似，借小河流、蝴蝶花表现童年的美好）

依然一样盛开

小河流我愿待在你身旁（直抒胸臆）

听你唱

永恒的歌声

让我在回忆中寻找往日

那戴着蝴蝶花的小女孩（合一二节的"小河流、蝴蝶花"引人追忆童年）

2. **光阴的故事**（罗大佑作词、作曲）

春天的花开秋天的风以及冬天的落阳（通过多个意象，表达对岁月的感慨）

忧郁的青春年少的我曾经无知地这么想

风车在四季轮回的歌里它天天地流转

风花雪月的诗句里我在年年的成长

流水它带走光阴的故事改变了一个人（谈一个人）

就在那多愁善感而初次等待的青春

发黄的相片古老的信以及褪色的圣诞卡（意象叠加，引发伤感的往事）

年轻时为你写的歌恐怕你早已忘了吧

过去的誓言就像那课本里缤纷的书签

刻画着多少美丽的诗可是终究是一阵烟

流水它带走光阴的故事改变了两个人（谈两个人）

就在那多愁善感而初次流泪的青春

遥远的路程昨日的梦以及远去的笑声（三节诗，内容上逐层递进）

再次的见面我们又历经了多少的路程

不再是旧日熟悉的我有着旧日狂热的梦

也不是旧日熟悉的你有着依然的笑容

流水它带走光阴的故事改变了我们（谈我们，有递进意）

就在那多愁善感而初次回忆的青春（每节后二句反复吟唱，加深对青春流逝的感慨）

六、小结

歌词，无论是先词后谱曲的，还是先有歌后来显示出好词的，我们都可以将它们列入诗歌的行列。

通过今天的歌词欣赏课，希望能提高同学们的歌曲判断能力，判断歌的优劣，判断词的好坏。在我们下一堂开展的"推荐介绍一首最喜欢的歌词"活动中，希望大家能结合我们今天的讲解，提出自己喜欢的理由。

第二课时：推荐介绍最喜欢的一首歌词

许多同学都喜欢唱歌或听歌，一首好的歌词，就是一首好诗，它能触动你的心灵，引发你的联想。将你最喜欢的一首歌词介绍给同学，与同学们分享。

实施思路：

1. 每个人在小组内朗诵自己最喜欢的一首歌词（也可唱歌），通过分析和评价歌词，说明自己喜欢的理由。

2. 每组在评议的基础上，选派代表在班内介绍。

3. 其他同学在认真倾听的基础上，发表自己的看法和见解。

4. 将同学们介绍的歌词汇编成册，歌词后面注明推荐者和推荐理由。

实施要求：

1. 介绍的歌词内容要健康向上，可以不受创作年代、国别的限制。

2. 从歌词的语言、感情、意境等不同方面来说明你喜欢的理由。

实施要点：

这次口语交际训练，要突出活动过程，把重点放在"推荐"和"介绍"的过程上，不要把结果看得太重。教师要把小组讨论和班级推荐这两个步骤落实。

真正让绝大部分学生有参与和发言的机会。练习的重点是说明和简单评论。不要求说得多系统和复杂，但必须言之有理。说话要注意文明礼貌，注意根据听众的反应调整说话内容。听话要把握重点，弄清说话人的思路。

附录三：《尝试创作：写一首咏物诗》教学设计

【课程目标】

1. 语言目标：训练学生尝试写一首咏物诗，体味新诗的语言艺术。

2. 思维目标：学习运用一些简单的诗歌写作技法，如排比、拟人、反复等；理解新诗的创作技法，并尝试进行新诗写作。

3. 审美目标：学生能在诗中写出真情实感；引导学生感受汉语的语言之美。注意培养学生的诗歌写作积极性。

4. 文化目标：初步接触诗歌写作；诵读品位诗韵，初步接触中国新诗。

【核心概念】

尝试创作。

【创意点】

写一首咏物诗。

【问题思辨】

1. 新诗的创作是在怎样的情境下进行的？

2. 如何写出一首咏物诗？

3. 如何培养学生新诗写作的自信心？

【课堂教学五步骤】

1. 创意设计：以"写一首咏物诗"为创意点设计教学，在学习目标中导入。

2. 概念推演：通过本课问题思辨性设计，推演解读"尝试创作"概念。

3. 素养建模：在课堂创造性教学中，完成对"新诗特点、写作尝试"的素养建模。

4. 目标探寻：通过统筹性备课与创造性教学，在本课探寻学习实践中渗透达成四个目标。

5. 反馈检验：在课堂和课后作业布置中，进行科学性检验。

统筹性备课：

一、写前准备

读几首诗，在吟咏、理解的基础上，结合自己的生活经历，选择切入点，触发灵感。捕捉心中的意象，酝酿感情，进行由意境到意理的思考。觅寻描绘意象、抒发感情的语言、节奏、韵脚等。当你念念有词的时候，请提起你的笔来……

二、创造性教学：写作辅导

1. 简介现代新诗

现代诗是五四运动以来产生的白话诗歌，也叫新诗，它是与传统诗歌（旧诗）相对而言的。现代诗具有优美的意境，蕴含丰富的感情，语言凝练、含蓄、形象，具有音乐美。

把自己的所见所闻所感用诗歌的形式表达出来，有助于培养我们的审美情趣，丰富我们的精神生活，提高我们的精神境界，净化我们的灵魂。

2. 谈诗歌写作注意要项

A. 写诗，必须精心创造诗歌的意境。

意境，是通过形象描写表现出来的境界和情调。创造意境必须借助形象描写。诗歌中描写的形象组合在一起就是意象（诗人意中之象），诗人就是通过意象构成的境界和情调（意境）抒情言志的，如《乡愁》。要想跨进写诗的门槛，须逐渐领悟诗歌的意象、意境，并反复实践。

B. 写诗，必须倾注丰富的感情。

诗歌中的感情，是受诗中意象的刺激而产生的一种强烈的心理反应。这种强烈的心理反应展示的形式是多种多样的。一种是诗人将这种强烈的心理反应浓缩在诗的字里行间，如《大堰河——我的保姆》，另一种是感情在形象描绘中直接抒发出来，如《长城谣》，第三种，可以通过联想和想象来抒发感情，如《我爱这土地》。写诗必须倾注饱满的激情。用哪一种形式抒发感情，得根据具体情况来定。

C. 写诗，要注意语言凝练、含蓄、形象，富有音乐美。

如《致空气》，诗共五行，读起来朗朗上口。原因：首先诗歌是押韵的；其次诗歌节奏和谐，整齐中有变化，骈散结合。再次诗歌语言凝练、含蓄，意味深长。让人们在和谐的节奏和音乐般的词句中领略美，感受美，受到启迪，靠的就是诗的语言。

D. 写诗，要能灵活运用比喻、象征等多种表现手法。

运用比喻、象征等手法，往往能使诗中的形象更鲜活，诗的意蕴更丰富，如《我爱这土地》。读者在吟诵诗的时候，可以根据自己的生活体验去理解、感受……有不同的生活体验，就会有不同的理解。这样诗的意蕴自然就更丰富、更深刻了。诗，是以一种无形的持久的力量去陶冶人们的情操，锻炼人们的思想，提升人们的精神境界。

三、演练平台

当亲人的关爱拨动你的情丝的时候，请从下面的题目中任选一题（也可以自拟题目），写一首诗。

爷爷的皱纹；奶奶的白发；爸爸的眼神；妈妈的叮咛。

当大自然的春华秋实、风霜雨雪引发你思考的时候，请从下面的题目中任选一题（也可以自拟题目），写一首诗。

沃土；种子；耕耘；春花；果实；春雨；夏雾；秋霜；冬雪；轻风。

当你心中激情涌动时，请将这情思和某种事物联系起来，借物抒情，托物言志？题目自拟。

参考题目：桥；粉笔；笤帚；蜡烛；墙；梯子；窗灯；剪刀。

当生活的波澜触发了你的感慨，随之一种启迪了然于心的时候，请抓住生活中的这个片段，把这种感慨、启迪融进你的诗行，题目自拟。

参考题目：较劲；握手；交心；皮鞭下；回眸；项系金牌；尝试；考试；游戏；玩笑。

四、写诗流程

1. 先期提前布置写诗作业，引导学生对写诗的有意注意。

2. 提前两星期，要求学生创作诗歌，注意完成时间。

3. 收集学生诗歌，鼓励学生多写多尝试。教师阅读，了解学生诗歌情况。

4. 结合诗歌辅导，学生互阅诗歌作品。教师指导学生，尝试学生诗歌修改。改后教师有针对性地再加以修改。

5. 学生得到修改后的诗歌，根据自己的见解，从自己的角度，再对诗歌进行修改，完篇。

6. 进行诗歌结集，提供学生展示作品的舞台。

五、写作示例

在诗歌的教学中，以任务三尝试创作为任务活动，有意选入以咏物诗为主的例作。有针对性地讲解，方能加深学生印象。

六、科学性检测

结合九年级上册第一单元选诗的特点，尝试写作咏物诗。

附录四：《写一首诗》教学实录

（见第三章第七节：《写一首诗》教学简案和《写一首诗》教学课例）

附录五："古诗改写"例谈

一、"古诗改写"的思路

"诗歌写作"在诗歌教学和写作教学中，是属于比较困难的一个环节。

诗歌是所有文学中文字最精练的，运用了大量的联想、想象、抽象、譬喻的意象，描写含蓄隐晦的人事物、情与景。教师不容易教，学生不容易懂。诗歌读写的领悟还与学生的学习程度和文学素养相关。诗歌欣赏还是一种"再创作"，任何一首诗，在不同程度、素养的人眼中所形成的意象，所领受的意境，是有高低深浅不同层次差别的。

诗歌读写，需要学生有足够的文化程度了解诗的内涵，需要学生有相当的素养来赏析，需要学生有足够的表达能力，需要学生知道改写的技巧和方法……然而诗歌写作，是可以通过教学设计、取材、练习、试作、观摩获得掌握和提升，并从中学到赏析、认知、联想、想象、表达个人情志的效果。

为了给学生提供一些新诗写作的途径，使其既能得到一些写诗的技巧，又能避免出现新诗的浅薄，因此进行"古诗改写"的实践。古诗改写，在诗歌的取材上，可以以教材中的名作为主；教学步骤由浅入深，由"诗句"改写推展到"整诗"改写。

二、"古诗改写"的方法

借字借词化句；断句分行分节；联想修辞创意；无痕变为自己。

三、古诗诗句改写

古诗诗句：唐朝刘方平《月夜》

更深月色半人家，

北斗阑干南斗斜。

今夜偏知春暖，

虫声新绿透窗纱。

新诗改写：锦玲《改变》

夜空更加黑得深沉，

月色愈是影得皎洁。

唧唧的虫声

是春天的再胎。

窗纱外，

不再如水。

新生命跃动的上面

星斗依旧。

不是吗？

并非每一个生命都在春天结胎

借来"夜空、黑"等字词，化用"月色、窗纱"等词，进行联想想象，最后融化为自己的情绪与表达。

古诗简短精练，改写为新诗后，形式大多数都很短，适合学生，适合初学者。

接下来可以尝试复杂一点的。

如：李白《独坐敬亭山》

众鸟高飞尽，

孤云独去闲。

相看两不厌，

只有敬亭山。

试改作：清烨《愁云》

黄了的叶

随着风

在空中舞完了他最后一支舞

青鸟儿

追随着岁月的痕迹

终于也展翅了

只有孤独的薄云

守候着寂寥的天

在等待……

刮风……下雨……

坚持才是他的信仰

阳光才是他的追寻

四、古诗整诗改写

元朝马致远《天净沙·秋思》

枯藤老树昏鸦，

小桥流水人家。

古道西风瘦马。

夕阳西下，

断肠人在天涯。

新诗改写：锦玲《潇洒》

斑斑落日红，

悠悠古道上。

昔日的马，

今夕不再蓬发。

惟有秋风，

依然风骚。

桥下的流水，

几度淙潺。

月下的枯藤呀，

为何你要束缚我的心。

我依然要走我天涯。

古诗改写尝试，是考虑到时至现代，诗歌必须传承。目前大多数诗歌都是新诗创作，年轻的学生写作的也是新诗。而古诗改写教学，算是一种由古诗过渡到新诗的练习，一方面让学生能欣赏古诗，一方面是引导他们创作新诗。

五、名家古诗改写

将古诗改写成散文比将古诗改写成新诗要容易。将新诗写出中国风，新诗中蕴含更多的古风的诗味，这在台湾现代诗人中较为常见，名家诗作中也能看到依稀。例如：余光中先生的《梅花岭——遥寄史可法》诗，取其部分来说明。

城破时你火烫的头颅

赤裸裸昂向四面的刀锋

第一刀：众将不让你自尽

第二刀：史德威不忍心

临去时你的大呼声里

那一尊铁汉子涕泗不纵横？

这一小段诗意，涵盖了《梅花岭记》第一、二段的主旨。

训练学生进行古诗改写时，可以先让学生指出诗句是从课文中那些句子"诗化"出来的，再分析讲解。接着以第三段起义者均冒史公之名，可见其气节影响之深为主题，让同学仿作几句新诗，然后展示余光中先生接下来的诗句：

从英山到霍山你的威灵

每一阵风来都随旗飘动

不绝的风吹不降的旗

不同的旌旗同一个方向

指着北京岌岌城垛

飘呀！从梅花岭上到黄花岗上。

这样有对应，有借鉴，有名家诗作为参考，就有了直观可感的读写体验。

再如：李商隐《无题》。

昨夜星辰昨夜风，

画楼西畔桂堂东，

身无彩凤双飞翼，

心有灵犀一点通。

可改写成：

昨夜星光灿烂，

好风如水，

我在画楼西边徘徊，

满脑子想的全是住在桂堂东边的她。

我俩虽近在咫尺，

却恍如相隔天涯；

好恨自己，

没有像彩凤般的双翅，

可以自由自在地与她翱翔，

双宿双飞，

可庆幸安慰的是——

你我彼此心心相映，

灵犀相通，相知相许。

六、古诗改写训练

诗歌教学本来要重视整首诗的整体性、精致性、圆融性及饱和性，通常是不宜分割，将某部分单独抽出来作剖析的。但对一般程度的学生，为了提升他们欣赏古诗的兴趣，体验到诗歌阅读并不是那样困难，以"局部"到"整体"来指引学生练习改写是必须的。

（一）"局部"：古诗诗句训练

1. 碧云天，红叶地，秋色连波，波上寒烟翠。

2. 黄芦岸，白苹渡，绿杨堤，红蓼滩头。

3. 李商隐《无题》

相见时难别亦难，东风无力百花残，春蚕到死丝方尽，蜡炬成灰泪始干。

（二）"整体"：古诗整诗训练

1. 李白《子夜歌》

秦地罗敷女，采桑绿水边，素手青条上，红妆白日鲜。

2. 王维《辋川闲居寄裴秀才迪》

寒山转苍翠，秋水日潺湲。倚杖柴门外，临风听暮蝉。

渡头余落日，墟里上孤烟。复值接舆醉，狂歌五柳前。

再如《饮马长城窟行》的前八句：

青青河畔草，绵绵思远道；远道不可思，夙昔梦见之。

梦见在我傍，忽觉在他乡；他乡各异县，展转不可见。

古诗改写的结果，有些学生会把它当古诗翻译来直译，这时，教师通常要再度强调：古诗改写比译文，要多些联想，要放点情感，要多运用些古诗中成功的修辞技巧。更要在改写的作品中表现出自己新的主题思想。

最后教师可将优秀的古诗改写作品诵读给全班听，复制出来，让同学互相琢磨，以达到精益求精的效果。

第四节　创意语文评价实践

对语文教师写作评价的思考

创意说明：创意语文从"教师写作评价"的概念进行解读突破，采用"代一代"的创意思维工具进行思路创新。从语文教师评价写作的角度进行思考，创意地思考教师因素对写作评价的巨大影响力。

《语文课程标准》要求："能借助不同媒介表达自己的见闻和感受，学习发现美、表现美和创造美，形成健康的审美情趣。"这其中的"表达"包括"书面表达"，含有"写作评价"环节。语文教师通过阅读指导、教学传授、课外辅导等环节，促进学生的写作能力，这些常存于传统语文教学的组成部分，对学生的写作产生了很好的催化作用。《语文课程标准》更进一步提出，要在"写作评价"这一环节，通过多种评价的手段与方式，促进学生具体明确、文从字顺地表达自己的见闻、体验和想法。笔者侧重从语文教师的角度，谈谈对写作评价的思考。

一、语文教师写作评价的态度

语文教师在进行写作评价时，核心的思路就是要有利于学生写作水平的提高。学生的写作能力，有自身的因素，更多的是习得之后形成的具体写作能力。每个学生的写作水平不同，互有参差，但教师对学生的语文评价，却应该是统一的。运用好写作评价环节，激发其中的积极因素，尽量充分地从学生实际出发，尽量积极地从学生的能力提高考虑，教师应采用鼓励性的语言进行面批表扬，也应更多地采用鼓励性的语句给学生写评语进行评价。淡化学生在写作习得过程中仍未解决的细节，更积极，甚至是"以小见大"地发扬学生本次作文中的细微优点，也都能使学生的写作能量得到舒张，从而形成更好的评价后的写作进步。

比如，在一次学校布置的出版诗集的写作任务中，钢同学写了小诗《咏榕》，全诗首句这样写："石鼓山上斗转星移/我自岿然于顽石岗上。"钢同学本诗句含着对榕树精神的赞美，却能通过一些意象加以表达，这在八年级学生写诗都以抒情、直白为主的风格中脱颖而出，虽然后面的诗句表述，仍然显得直露，但语文教师在评价时，给予了钢同学鼓励性的评价，并鼓励他继续用这二句的风格改写诗的后部分。经过鼓励的钢同学，以更大的热情重写了全诗，该诗也得以入编学校精选的诗集。在促进学生写作能力的这一"玉壶"中，一切为了促进学生写作能力提高的这种教学核心，像"一片冰心"，永远是不会褪色变心的。

二、语文教师写作评价的感受

语文教师的写作评价，一切为了学生写作能力的提高是没错，但在实际写作评价过程中，我们却无可避免地会面临着教师写作评价的感受，以及学生作文中的一些因素的阻碍，使得写作评价成为一件很吃力不讨好的事情。

从教师的角度看。中学语文教师，有两个班级的教学任务，面对的是一百名左右的学生，学生人数多，教学常规任务或"八大八小"，或"作文每学年一般不少于 14 次，其他练笔不少于 1 万字。"这些繁重的教学实情，给语文教师的写作评价带来了沉重的负面压力。首先是要完成教学常规任务，其次才能更好地做好写作评价等一大堆要促进的环节，最后才是落实到"更好的写作评价"这一环节。当然，教学任务多、教学压力大不应成为'教师'不能用更好的写作评价来促进学生进步的借口。

从学生角度看。不同历史时期、不同社会阶段的学生，他们的成长经历会有很深的时代和社会的印记。各个阶段的学生，会形成具有自身特点的世界观、价值观、学习观……更加细化微小的写作观，乃至写作反馈，从而提升写作的观感。学生的成长环境、学习环境与他们的语文教师有如此多的不同，因而他们在作文中表述的"见闻、体验和想法"，也必然与教师间有很大的差距。师生之间这种"代沟"式的差异，再怎么由教师走进学生世界，也会客观真实地存在。更不用说学生还有自己的思维方式。

由以上两点看，在教师的写作评价中，有个人因素，也有学生因素。本学期，笔者要落实学生发表自己的生活作文到网络平台上这一安排，对个别学生因向其提问却答不出同学作文内容的情况，对其中一名颖同学评价说："说不出作文的优缺点，也说不出作文的大致内容，这样就有了没有去阅读评议的嫌疑，我们还是应该积极参与这一环节，努力促进自己作文水平的进一步提升。"不想这位学生却向家长表述为："我长着一张嫌疑的脸。"这种断章取义的语句，造成了家长的误解，产生了不必要的麻烦。回顾当时的写作评价，用的是一样的鼓励性的表述，但在具体情境生成的思维特质前，仍然产生了一些不必要的纷扰，所以说"怅望千秋一洒泪"，杜甫的诗句道尽了语文教师写作评价的万般无奈。但生活还要继续，职业操守仍然应该积极向上。

三、语文教师写作评价的体验

语文教师写作评价，不是新课程之后才出现的产物，而是教学环节中的一环，它客观存在，只是在新课程实践中，得到了更大的重视与强调。教师写作评价的体验，有三个特点。

首先，教师写作评价传统化。语文教学因地、因校、因生，也因教师个体，完全不同，但在作文的写作评价中却是传统化的。在学生作文上，用评语进行评价，这是教学传统，也是最常见的评价形式。

其次，教师写作评价个体差异小。教师的个性、学识、态度等各自不同，但在写作评价时，都主要采用写法指导。对于作文如何改进这类技法指导式的评价，教师千人千面，但写作评价却是千人一面。

第三，教师写作评价目标一致。无论前两点因素如何客观存在，教师的职业操守仍是一切为了学生写作能力的提高。

基于以上三个因素，语文教师写作评价的体验，显得更复杂。以笔者写作评价体验为个例思考，无可避免地出现了上述这些情况，具体在教学中，虽也经常更新教学评价方式，但用得最多的，还是那些常见的写作评价。虽然这些写作评价常见，学生也习惯，也听得懂，但不知道如何改，如何进步。传统不是用来推倒，而是用来发扬优点、抛弃缺点的。写作评价虽是"似曾相识雁归来"，但也是"无限风光在险峰"。

四、语文教师写作评价的建构

语文教师对学生的写作进行评价，要对学生进行最大化的促进与提升，写作评价应多元化，这种多元化主要体现在传统式写作评价多元化和网络式写作评价多元化两大方面。

（一）传统式写作评价多元化

教师评改。通过笔改、面授等方式，通过准确的评价表述，用积极向上的精神引导，有温情贴心的情感交流，以促进学生写作提高。

学生互评。学生互换作文，可同桌，可同班，也可两个教学班互评。在同龄人互评中，因经历相似，年龄相同，身心特质相似，学生的写作评价有比教师更贴近同学的一面。在教师的指导下，学生互评、互学，一起进步。

学生自评。师评、生评，最后仍要落实到学生的自评与提高。在外力因素帮助下，学生更清晰地了解了自己作文中的长处和短处，从而激发自身修改的潜力，在修改中提升自己的写作水平。

（二）网络式写作评价多元化

反思笔者已经实践多年的网络写作、网络评价的过程，得出了多元化的思考。

网络写作评价非分数化。笔者依托网络平台，网络平台中有评论功能，这项功能可以使教师和学生对写作进行评价。这种评价，以文字、图案为主，没有分数，淡化分数，非分数化，改变了写作评价的方式，更易于让一部分学生接受。

网络写作评价社会化。师生进行写作评价时，并非在同一间教室，而是在各自的家庭中，由各自安排时间进行。学生评价时，评价用语也异于平时，有更多自主的特点，也有更多的社会化因素。因此，套话式的评语不见了，日常社会的一些用词得以出现，也更符合学生实际和社会现实，学生的接受度更高。

网络写作评价立体化。学生的网络写作中的经历，常常不是个体的经历，而有一个群体在经历。比如写操场、写班级、写宿舍等，这些经历中，除作者外还有其他人在参与。学生发表作文在网络上后，其他亲历的同学会进行或弥补或更正的评价，这种评价是补充，也是一种写作行为。这样的写作评价呈现立体化特点，学生乐意采取这种写作交流方式。

网络写作评价交互化。网络评价的方式是写作评价交互化的体现。教师评价，用的是师化语言，表述有自身特点。而学生互评中，也有学生的自身特点，而这些写作评价，却同时出现在网络上，当事师生可见到，校领导、家长也可见得到，他们也可以参与其中。这种交互性，有很多的随机因素，也有很多惊喜。

综上所述，笔者对于语文教师写作评价促进学生写作，从四大方面进行了思考：态度、感受、体验、建构。而围绕这四方面的核心，就是一切为了学生写作的进步与提升。

写作环节千万般，入境方能成大家。善用评价方为高，无限风光在其中。

基于学生本位的初中语文阶段性检测试卷设计
——七年级语文上册期末试卷命题思路

创意说明：创意语文从学生的角度，从人性的角度，从创新思维培养的角度，进行阶段性测试的试卷命制的尝试，改变了应试教育语文试卷的结构与题型。本文深度解读了"试卷命制"的概念，采用"扩一扩、联一联、反一反"等创意工具，运用逆向创意法、转换创意法进行试卷命制的创意突破。

为了响应"教育局关于开展评选'课改优秀试卷'和'优秀命题教师'活动的通知"，笔者参与了七年级语文上册期末试卷的命题工作。下面谈谈此份试卷的命题思路。

一、关于试卷评价的目标

七年级语文上册的考试，不应只为了考查学生是否达到学习目标的程度，也就是说，不仅仅是关心学生的考试成绩，更重要的是通过此次考试，能够检验和改进学生的语文学习，更有效地促进学生的发展。因而在总体思路上，应该突出甄别功能，评价的目标体现在重过程、重体验、重调整将来语文的学习方向；而淡化选拔的功能，淡化成绩总分的绝对值，突出整体安排。期末考试（期末评价）是课程评价的重要组成部分，新课程着重培养的学科共通能力（探究能力、搜索和处理信息的能力、批判思考能力）和情感态度价值观，应成为期末考试（评价）的重要内容。笔者在设计新课程的语文期末试卷时，指导思想仍然是以《课程标准》为依据，一方面自觉地把这些基本的要求融入试题中，一方面也要体现考试的甄别功能。在这一思路下，笔者将语文试卷的总分定为100分，其实是有120分。120分的试卷，却只算100分，是否会引起混乱呢？笔者认为不会。学生在语文答题过程中，通过已获知识的分数，来弥补未得知识的分数，作为日常性的评价而言，应该是被允许和鼓励的。淡化总分绝对值，拓展语文试题范围，引导学生语文学习方向，也就是让试卷更注重对学生的发展性评价，既保留课程评价的甄别功能，又充分发挥了评价促进学生发展和改进教师教学实践的功能。期末语文考试还应具有"指挥棒"的作用。几年前中考的考试，已经渐渐地不再专考课内知识技能，而更注重能力的迁移运用。那么我们就应发挥考试这一指挥棒的作用，引导学生朝有利于提高自身素养的方向发展，而不再是局限于教科书的狭窄范围。因而，必要的、大胆的题目设计，才能为我们这些习惯于被动学习的学生，指明将来语文学习的方向。

二、关于试卷的整体安排

一份具有课改精神的语文试卷，应该能反映出不同层次学生的水平。

试卷进行分层次设计。根据本校是农村校的特点，试卷要面向全部学生，又要体现出个体差异。因此笔者按试题的难易，分成了三类题型。A 类题为基础题，面向全体学生；B 类题为提高题，面向语文基础更为扎实的学生；C 类题为加分题，面向全体学生。只要考生能答对，就给学生加分。这样，试卷就分成了二类卷，A 类卷和 B 类卷学生在答题之前，必须先做好选择。

试卷的结构和传统试卷一样，第一部分为"积累与运用"，第二部分为"阅读"，第三部分为"作文"，增加第四部分为"语文拓展加分题"。

三、关于试卷思路的创新

课改思路下的试卷内涵，也一定要有创新。考试不应只是为了得分数，也应该让学生在考试中得到一种乐趣，一种参与的乐趣，一种回忆以往学习过程的乐趣。为此，笔者在试卷的前后两部分，即在试卷前和作文题上，设计了一定的情境，以拉进与学生的距离。

为增加考试的亲和力，笔者在考卷前精心设计了一篇"前言"，让学生能以一种放松、愉快的心情参与考试。"前言"里既有对同学们的勉励，又让学生对试卷有一种亲切感，不至于对试卷感到畏惧。见后文"试卷前言"。

而试卷的作文题，笔者是这样设计的：

七年级的我们是幸运的，因为我们赶上了新的课程改革的大潮。"新课改"的核心是"以人为本"，关爱我们的学生，引导我们"自主、探究、合作"地学习，让我们时刻体验着学习的乐趣！

1. 经历了四个多月的学习，同学们可能参加过不少健康有益的活动，如文体活动、科技活动；如军训、书法、演讲、朗诵比赛等；也一定上过不少令你印象深刻的课，请你就某一活动或某一堂课，把它写成一篇不少于 550 字的记叙文，题目自拟。

2. 上中学后，相信你有很多的金点子可以帮助我们的老师教学，大着胆子敞开心扉给老师献上一计，可以是管理班级和学校方面、教学方面、主题活动方面；可以是学科学习的，也可以是特长爱好方面的，老师一定会感谢你的！请以《献给老师的金点子》为题写一篇作文，篇幅不少于 550 字。

四、关于试卷的题型设计

在试卷题型的设计上，不应摒弃传统题型，但还是要选择一些符合《课标》要求的题型。《课标》中提道："根据不同年龄学生的学习特点和不同学段的学习目标，选用恰当的评价方式，抓住关键，突出重点，加强语文课程评价的整体性和综合性。注重评价主体的多元与互动，以及多种评价方式的综合运用，充分利用现代信息技术促进评价方式的变革。"根据这一要求，笔者大胆地在传统的试卷结构上，穿插设计了考查学生识字写字能力、阅读能力、写作能力、口语交际能力的题型。

如在试卷第一部分"积累与应用"的第1题安排了一道考查识字写字能力的写字题；第3题"张军与图书管理员的对话"即为考查口语交际能力的题目。试卷第二部分"阅读题"就是考查阅读能力的题目。第三部分"作文"是考查写作能力的题目。

在选择阅读题时，应选择能考查学生"情感态度价值观"三维度的文质优美的短文。文章应有一定的思想性，既能考查学生的知识技能，又能让学生在阅读与答题中有一种情感体验。在这种思路下选择了《心愿》和《弯弯的月亮》两篇短文，注意难度，精心设题。

在题目的设计上，笔者还十分注意课内外的相互融合。比如：

1. 将《语文》上册第二单元口语交际题"采访任课老师"，融进《弯弯的月亮》的第5题，"假如星子老师是你的老师，你想就关心的事情来采访她，请你拟出几条采访的问题。"

2. 将《语文》上册第五单元口语交际题"讲故事，评故事"，融进语文拓展题，题2为："请你向老师介绍一则《西游记》里面的故事。"题3为："JK.罗琳的《哈利·波特与魔法石》和高尔基的《童年》你看过吗？能不能向大家介绍一下书中的某个故事？"

3. 将《语文》上册第七单元口语交际题"古诗文朗诵"，融进语文拓展题。题5为："背诵古诗文，能增长我们的知识，涵养我们的情操。亲爱的同学，你能不能写出一首（或一篇）小学及七年级《语文》上册以外的古诗文，并在古诗文前标出作品名称？"

五、结束语

一份试卷，不可能面面俱到，我只能力争将对课改精神的理解，通过这份小小的试卷来体现。它可能迈开的步伐太大，弊端与之俱来，但《课程标准》的精神，不仅是要培养学生的创新意识，也需要教师们有创新意识。教师，特别是语文教师，更不应该成为考试的奴隶，以至于一成不变。让我们一起为使学生愉快地参与考试这一目标而努力吧！

附录：试卷

七年级语文上册期末试卷

前言

亲爱的七年级同学：

新学期，你迎着金色的秋天，来到了这所学校。秋天是收获的季节，一学期以来，你的许多方面在学校里得到了发展，请你将自己的收获，记录在这张试卷上吧！你会惊奇地发现自己很棒：学习自信，视野开阔，见解独特，想象丰富……提起笔，行动起来吧！把你学习得到的快乐也传给老师、家长，让我们一同分享学习的快乐吧！

这次的期末试卷，分成三类考题：A、B、C类题。A类题为基础题，看到里面的题目，你将浮现起一学期以来，在语文园地上耕耘的点点收获，请全体考生都要完成；B类题为提高题，题型有些难度，但别担心，相信你一定是个勇于挑战自我的学生，你能行！C类题为拓展加分题（分数另外计算，但最后算入总分），题型较为灵活，但非常有趣哦！欢迎同学们积极参与。在这份试卷里，分成了二类卷：A类卷和B类卷（A类卷只做A类题，B类卷做A、B类题），C类题为加分题，可做可不做。做对加分，没做或做错都不扣分。在答题之前，请你先做好选择：

"我想选择_____类。"

选择意味着承诺，也意味着即将开始的努力。

同学们，动笔吧！仔细审题，冷静作答。愿你们在答题中有一种快乐的情绪漾动，我们也期待着和你们一起体验成功的喜悦。

祝你们成功！

你们的语文老师

1月19日

一、积累与应用（15分）

A类题1. 在"读书文摘"上，抄写以下内容（4分。书写美观加分）（说

明：根据书写情况评分。相信你能写出漂亮的字来，而且卷面整洁）

我真的是无限钟情于我赖以思维和交往的中国汉字，并震惊于它的再生活力和奇特魅力。我想，在人类历史的长河中，这种文字将越来越被世人所珍惜和喜爱。

A类题2. 按照原文填空（4分）

a. 海内存知己，_____。《送杜少府之任蜀州》

b. 沉舟侧畔千帆过，_____。《酬乐天扬州初逢席上见赠》

c. _____，杨花愁杀渡江人。《淮上与友人别》

d. 多情只有春庭月，_____。《寄人》

e. 春冬之时，则_____，绝巘多生怪柏，悬泉瀑布。《三峡》

f. 日中不至，_____；对子骂父，_____。《期行》

A类题3. 口语交际：根据语境回答问题（7分）

张军同学到学校图书室去还书，管理员接过书翻了一下说："呀！张军同学看书可真认真，书上划了那么多杠杠，有的还做了旁批呢！"张军听了，怪不好意思。

a. 管理员的言外之意是：_____；

b. 如果你是张军，你应该怎样说：_____。

二、阅读与理解（45分）

（一）阅读下文，然后作答（15分）

心愿

新年临近，邮局工作人员黛妮西尼·罗茜在阅读所有寄给圣诞老人的1000封信件时，发现只有一个名叫约翰·万古的10岁儿童在信中没有向圣诞老人要他自己的礼物。

信中写道："亲爱的圣诞老人，我想要的唯一的一样礼物就是给我妈妈一辆电动轮椅。她不能走路，两手也没有力气，不能再使用那辆两年前慈善机构赠予的手摇车。我是多么希望她能到室外看我做游戏呀！你能满足我的愿望吗？爱你的约翰·万古。"

罗茜读完信，禁不住落下泪来。她立即决定为居住在巴宁市的万古和她的母亲——39岁的维多利亚·柯丝莱脱尽些力。于是，她拿起了电话，接着奇迹般的故事就发生了。

她首先打电话给加州雷得伦斯市一家名为"行动自如"的轮椅供应商店，

商店的总经理袭迪·米伦达又与位于纽约州布法罗市的轮椅制造厂——福却拉斯公司取得了联系。这家公司当即决定赠送一辆电动轮椅并且在星期四运送到，并在车身上放一个圣诞礼物的红蝴蝶结。显然，他们是圣诞老人的支持者。

星期五，这辆价值3000美元的轮椅送到了万古和她妈妈居住的一座小公寓门前。在场有十多位记者和前来祝福的人们。

万古的妈妈哭了。她说道："这是我度过的最美好的圣诞节。今后，我不再终日困居在家中了。"她和儿子都是在1981年一次车祸中致残的。由于她的脊椎骨节破裂，她得依靠别人扶着坐上这辆灰白色的新轮椅，在附近的停车场上进行试车。

赠送轮椅的福却拉斯公司的代表奈克·彼得斯说："这是一个一心想到妈妈而不只是自己的孩子。我们感到，应该为他做些事。有时，金钱并不意味着一切。"

邮局工作人员同时也赠送他们食品，以及显微镜、喷气飞机模型、电子游戏机等礼物。万古把其中一些食品装在匣内，包起来送给楼内的一个邻居。

对此，万古解释说："把东西赠送给那些需要的人们，会使我们感到快乐。妈妈说，应该时如此，也许天使就是这样来考验人们的。"

A类题1. 万古的心愿是什么？他得到了哪些人的帮助？

A类题2. 人们为什么会被"万古的心愿"感动？（用原文中的词句回答）

A类题3. 文章中哪些事例表明"金钱并不意味着一切"？

A类题4. 万古收到人们的各式各样的圣诞礼物后，他是怎样做的？他为什么会这样做？

B类题5. 读了这篇文章后，你有什么体会呢？请谈谈。

（二）阅读下文，然后答题（20分）

弯弯的月亮

①星子的老师是刚从师范学校毕业的，年轻漂亮，很招星子和同学们的喜欢。

②一天，老师在课堂上向同学们提问："同学们，你们想一想，弯弯的月亮像什么？"

③学生们几乎是异口同声地回答："像——小——船儿——"

④年轻的老师听了同学们的回答后，高兴地说："好，同学们的回答很正确。"

⑤这时，坐在前排的星子举起了手，可是老师没有发现，星子就仍举着手，

还喊了一句:"老师!"

⑥老师听见后,说:"星子同学,有什么问题,请讲。"

⑦星子站起来,眨动着那双亮晶晶的大眼睛,说:"老师,我看弯弯的月亮像豆角。"

⑧老师听完星子的话,一脸的不高兴,她对星子说:"你的回答是错误的。全班同学都说弯弯的月亮像小船儿,你为什么偏偏要说像豆角呢?难道就你特别有见解吗?"

⑨班上的同学一阵哄笑,星子的眼窝里满是泪水。

⑩回到家后,星子把这件事告诉了曾做过小学教师的奶奶,奶奶说:"星子,老师的批评是正确的,弯弯的月亮是像小船,我从前教过的一批又一批学生,他们也都是这样回答的。"星子听完奶奶的话,眼窝里又一次含满了泪水。

⑪这件事以后,星子开始变得少言寡语,她很不喜欢这位年轻、漂亮的老师,在课堂上再也不敢向老师提出"特别"的问题。

⑫很快,几年过去,星子考入一所师范学校;又很快地,星子从这所学校毕业,她回到故乡的小镇做了老师。

⑬走上讲台的第一课,星子老师穿着朴素、整洁的衣服,笑眯眯地说:"同学们,在讲课之前,我首先提一个问题,你们想一想,弯弯的月亮像什么?"

⑭静默了一会儿后,学生们几乎是异口同声地回答:"像——小——船儿——"

⑮星子老师没有说同学的回答是否正确,她那双美丽的大眼睛充满期待地注视着大家,接着她又问:"同学们,有没有和这个答案不一样的?"

⑯一个叫田菲的学生举起手,说:"老师,我的答案和他们不一样,我说弯弯的月亮像镰刀。"

⑰星子老师听后很高兴,说:"田菲同学的回答正确,当然,其他同学的回答也正确。我只是想启发同学们,在回答每一个问题时,应该大胆发挥你们的想象力,多想出几个答案。比如弯弯的月亮除了像小船儿,像镰刀之外,还像不像弓?像不像豆角?"

⑱学生们报以一阵热烈的掌声。

⑲星子老师的脸颊上,浮现出一种从心窝里涌出来的笑容。

⑳……

㉑几十年过后,已退休闲居在家的星子,接到女作家田菲寄来的她自己创作、刚出版的第一部长篇小说《弯弯的月亮》。

㉒星子急忙翻开书,见书的扉页上这样写道:

送给我最敬爱的启蒙老师：

感谢您给我插上了想象的翅膀！

您的学生：田菲

㉓星子看后，脸上又浮现出当年那种很愉快的笑容……

A类题1. 第5段划线句子中的"仍"和"喊"这两个词，表现了星子当时怎样的心情？

A类题2. 星子当了老师后，又提出"弯弯的月亮像什么？"的问题，其目的是什么？

A类题3. 多少年后，同学们对"弯弯的月亮像什么"的回答却惊人地一致，反映出老师在教育学生过程中存在的什么问题？

A类题4. 面对学生与众不同的回答，星子的老师与星子的态度不同，你喜欢哪位老师？请谈谈你的看法。

B类题5. 假如星子老师是你的老师，你想就关心的事情来采访她，请你拟出几条采访的问题。

（三）文言文（10分）A类卷的同学做题（一），B类卷的同学做题（二）。

A类题.（一）阅读下面一段诗歌，回答问题：

爷娘闻女来，出郭相扶将；阿姊闻妹来，当户理红妆；小弟闻姊来，磨刀霍霍向猪羊。开我东阁门，坐我西阁床，脱我战时袍，著我旧时裳。当窗理云鬓，对镜帖花黄。出门看火伴，火伴皆惊忙：同行十二年，不知木兰是女郎。

1. 解释下列词语（4分）

（1）户（   ）（2）著（   ）（3）理（   ）（4）贴（   ）

2. 翻译加横线的诗句（4分）

3 从全诗看，本段属于＿＿＿＿＿＿（A详写，B略写）（1分）

4. 本段出自哪篇文章？＿＿＿＿＿＿（1分）

B类题.（二）阅读下面一则古文，回答1—3题（10分）

鲁有执长竿入城门者，初竖执之，不可入；横执之亦不可入，计无所出。俄有老父至，曰："吾非圣人，但见事多矣，何不以锯中截而入？"遂依而截之。

（注：俄，不一会儿；截，截掉）

1. 联系上下文，解释下面的字。(4分)

A. 执：＿＿＿＿＿＿；B. 初：＿＿＿＿＿＿；C. 老父：＿＿＿＿＿＿；D. 锯：＿＿＿＿＿＿。

2. 解释文中划线的句子。(2分)

3. 这则笑话讽刺的是谁？讽刺什么现象？请用自己的话加以概括。(4分)

三、作文 (40分) (任选一题)

七年级的我们是幸运的，因为老师都关爱着我们这些学生，老师引导我们"自主、合作、探究"地学习，教我们种种学习的方法，让我们时刻体验着学习的乐趣！此时，同学们心里一定有很多愉快的情感想要表达出来吧！

1. 经历了四个多月的学习，同学们可能参加过不少健康有益的活动，如军训、灯谜、书法、演讲、朗诵比赛、科技活动等；也一定上过不少令你印象深刻的课，请你就某一活动或某一堂课，把它写成一篇不少于550字的记叙文，题目自拟。

2. 上中学后，相信你有很多的金点子可以帮助我们的老师教学，大着胆子敞开心扉给老师献上一计，可以是管理班级，或者是学校方面、教学方面、主题活动方面，可以是各门学科的，也可以是特长爱好方面的，老师一定会感谢你的！请以《献给老师的金点子》为题写一篇作文，篇幅不少于550字。

四、语文拓展加分题 (C类题) (20分。做对可加分，没做或做错不扣分)

1. 中国古典四大名著，你能否写出它们的名称、作者、产生的朝代？(4分)

2. 请你向老师介绍一则《西游记》里面的故事。(4分)

3. J·K·罗琳的《哈利·波特与魔法石》和高尔基的《童年》你看过吗？能不能向大家介绍一下书中的某个故事？(4分)

4. 本学期学过的语文课文中，哪一篇给你留下了极为深刻的印象，请你具体地谈谈。(4分)

5. 背诵古诗文，能增长我们的知识，陶冶我们的情操。亲爱的同学，你能不能写出一首 (或一篇) 小学及七年级《语文》上册以外的古诗文，并在古诗文前标出作品名称。(4分)

第五节　创意语文名师工作室实践

在线教学：名师工作室教师专业成长的新支架

创意说明： 学科哲学学科观要求学科教学、名师工作室活动要与时俱进。创意语文紧跟时代步伐，辩证思考新时期线上线下混合教学新常态，深刻影响了名师工作室的活动。创意语文基于方法论实践论，研究"在线教学"概念对语文学科、对名师工作室、对教师专业成长的影响。采用"定一定"的思维工具，探索名师工作室的新型发展途径。

《教育信息化2.0行动计划》要求"坚持信息技术与教育教学深度融合的核心理念，坚持应用驱动和机制创新的基本方针，建立健全教育信息化可持续发展机制，构建网络化、数字化、智能化、个性化、终身化的教育体系"。在线教学在特殊时期因教育部要求，迅速成为正式教学方式，它是学科教学与信息技术深度融合的创新形式，师生跨越时空限制，通过互联网为媒介在终端产生教学行为，并且无预设地生成各具形态的教学体系。名师工作室融合"在线教学"进行教科研活动，呈现出基于又高于平时线上教研的"五化"特征，是教师专业成长的新支架。

一、在线教学速化互助，迅速提升工作室成员的专业信息素养

以前工作室成员线上教学技能参差不齐，在线教学明确要求教师们两手"抓"软硬件，两手都要"硬"；要能熟练使用电脑、平板、手机等硬件，对里面的软件也必须能够熟练应用。在线教学通过同伴互助极大地提升了工作室成员的信息素养。

在线教学之初，工作室迅速制定信息技术提升互助计划，利用时空优势速化互助项目实施。对于在线教学软硬件的使用教程，工作室成员通过手机拍视频，或者通过抖音等软件进行视频的拍摄和推送，从成员互助学习提高，到转发至各成员的同行、单位，迅速推广普及。工作室通过钉钉视频会议、语音会议，以及微信群进行工作室在线教科研；而语音转文字的输入法使工作室活动速化为文字材料。在线教学极速化地提升了教师群体对"教育信息化2.0行动"的实践能力。

例如，微课因用时短、针对性强的特点，是在线教学弥补学生知识点缺漏的较好的教学手段。工作室安排成员通过钉钉直播使用微课通软件进行简单快速的微课录制的培训。市教育局初三毕业班网上在线授课志愿者行动项目——微课《中考作文如何打造亮点》就是这样制成的。而在线教学期间，教师教与学生学的应用更需"十八般武艺"，有用抖音直播的，有用钉钉辅助教学的，有用教学助手智能检测的，有用问卷星进行学情生情调查的，有用秒应点名报到的，有用微信资源互通的……在线教学中的工作室成员同伴互助速化高效，信息素养得到提升。

二、在线教学量化培训，集约提高工作室成员的科研业务能力

量化，既指数量化，也指质量化。在线教学期间，工作室成员囿于在家空间约束，除去线上教学常规任务，可安排出整块时间用于教科研培训。工作室提前确定在线培训讲座的平台，注意对成员专业培训项目的宽度和深度上的挖掘，多多益善，次数增加，频率更高，这是数量化提升；精选项目，突出对成员科研技能、课题研究、论文写作、课堂教学等内容的选择，选题更新，论题更深，这是质量化提升。集中在线培训，工作室成员群体科研业务能力得到提高。

举国体制有制度特色与优势，在线教学期间知网在线教学服务平台不定期免费开展教科研、教育教学等教师专业成长的培训讲座。讲座教师都是全国各省市经验丰富的教研员，或者实践成果丰硕的一线教师，或者是大学院校的教授和核心期刊的编辑……培训者，术业有专攻，选题新颖，实用易用，针对性强。工作室在活动群里适时地及时推送知网在线教学培训讲座的时间，进行在线点名签到，鼓励工作室成员进行在线培训，提高自身的科研业务能力。例如学习《知网资源在中小学教科研中的创新应用》《如何将一节公开课转化为教学论文》《中小学教师教育论文写作与投稿须注意的几个问题》《如何通过课题立项评审这一关》《语文教师高效备课——教材文本解读》等材料……每次培训之后，工作室微信群内都组织培训心得的交流，及时固化培训的收获，并推动教科研业务能力的实际应用。有的成员自主培训完本学科项目，并进行跨学科培训，学习学科共性，进一步拓宽视野。

三、在线教学深化教研，常态挖掘工作室成员教研水平的深度

在线教学，对学生的学和教师的教的研究是教科研中的重头戏。工作室深刻领悟到，在线教学，教学目标要更丰富，要增加生命教育、民族精神教育、

爱国主义教育、心理健康教育等内涵；要重视学生基于线上"学"的核心知识的学习和能力的培养。教学内容要更丰富，疫情防控、生活教育、生命教育、爱国教育等非学科类教学内容应进入语文学科教学计划中。教学方式要更丰富，要提升到给学生提供在线学习支持服务，提升到重视学习活动的设计，丰富学生自主学习的素养。

工作室成员来自不同的学校，都对语文学科有进一步深化教研的热情。在线教学期间，工作室集中在每周日晚上时间进行在线磨课，深化对统编初中语文教材具体篇目的思考和认识，并应用到具体的在线教学当中。八年级下册第一课——鲁迅《社戏》是一篇经典。工作室磨课从最早形成的学习目标、作者简介、时代背景、音字词义、课文朗读、文章结构、逐层分析、语句赏析、人物形象、主题概括的教学流程设计开始。有成员提及统编教材双线组元的单元设计要求；也有成员谈了应进行大单元教学整合；有成员重点阐释学情生情以及在线教学时间的限制……通过磨课，成员们最后形成了对统编教材作业系统课程化的认识。教学目标上通过在线资源增加了对本地民俗的了解。教学内容调整为对课文后五个问题进行块状化专题教学设计，用两个课时五个专题将课后作业课程化。第一课时三个专题，第一专题文章结构分析，四字概括课文八个情节；第二专题，找出课中描写、抒情、议论等表达方式，并分析其作用；第三专题，讨论并确定作者对"好豆好戏"的理解。第二课时二专题，第四专题重点从心理描写的角度进行语句的赏析；第五专题是阅读鲁迅原文前部分两次在京城看戏的经历，并体会作者的情思。教学方式上借钉钉平台音频交互，从小组到推荐全班发言。

四、在线教学细化主张，通过课题研究拓展工作室成员的思维宽度

"名师工作室以先进教育教学理念为指导，以凝练教学主张为目标，以优化教学模式为抓手，让全体成员在认同共同教育理念的同时，也有自己独特的教育思考。可以说，教学主张是工作室的灵魂。"工作室通过教学主张引领成员践行探索，从宏观角度整体把握在线教学的特点，在此基础上运用课题研究，让科研思维更细更实，更精更宽，丰实成员的科研内涵，拓展成员的科研宽度。

工作室教学主张"创意语文"，以"发展与创新"精神内核作为主张理念。工作室对教学主张进行理论建构，梳理成块状结构，分解内容项目，形成"在线中""在线后"两阶段研究目标。对"在线中"阶段又分成毕业复习与日常教学两种类型。对复习与教学的"创意实践"，确定"目标点"进行研究。这就优化了教学模式，通过课题研究践行。工作室的课题是学科哲学指导下统编

初中语文教材的创意研究。领衔人对课题中应用学科哲学的学科观、概念观、方法论等内涵进行适当的阐述和说明，成员充分了解了课题研究方向，注意聚焦统编教材创意使用的概念内涵和外延。特别是对在线教学的概念理解，是从一种非正式教学方式迅速转变为特殊时期的正式教学方式，并会在未来教学中成为重要的常态教学方式。

有成员正在初三年级进行语文总复习非连续性文本阅读专题，预选择漫画类非连文本进行教学设计。工作室几个成员组成统编教材配图系统小课题进行创意教学内容的研究，统计了 2017 至 2021 年全国各地漫画类试题，通过大数据分析得出此类试题已淡出中考命题范围，而图示、表格类成为主流的结论。小课题成员汇总统编教材六册课本中的图示和表格，创意使用这些材料自创试题，使中考复习更加高效。成员在小课题研究中践行工作室教学主张，拓宽了自身的思维宽度。

五、在线教学物化成果，在实践中凝练成工作室成员的研究产品

在线教学，是特殊时期的正式教学方式，并初步形成了自身具有特色的教学体系。随着正常教学重新恢复，未来教学中在线教学作为非正常教学方式，起到与特殊时期之前更为重要的辅助作用，它必将更好地服务广大师生。对于未来教学中在线教学的新常态，应在本阶段进行归纳和总结。在线教学期间，工作室成员的时间空间、人力物力，是发散、不可控的。通过在线教学的形式，成员学科专业成长的方向经过一阶段的科研实践。工作室及时推动在线教学的思考和总结并形成教学成果。

成果的物化包含实物化与拟物化。在线教学实物化成果为线上的教科研资源；拟物化的成果是智慧、理论、观念等精神上的收获。工作室鼓励成员积极关注"在线教学"这种全新的正式教学方式，努力在教学实践中生成"教科研智慧"。工作室在线教学期间每次线上活动会明确一个主题，如"语文学科在线教学如何协作学习""以家长培训提升语文学科在线教学的质量"……成员们围绕教研主题，把在线教学的思考拟物化成新智慧、新观念，并在实践中进一步物化为课例、案例、课件、试卷、论文、小课题研究报告等。

语文学科"知人论事"是文学赏析的常用手段。在线教学的课前导学形成导学产品。每天在线课堂的教、布置的学，形成在线课堂产品。利用教学助手的智能检测，能够迅速对选择判断等客观题，进行人工智能阅卷，这形成人工智能检测产品。参与上级部门的在线教学网课行动，这形成师生培训产品。对统编教材和在线教学进行宏观思考形成了《统编初中语文教材在线教学的七个维度》，这形成论文产品……

在线教学将教育信息化 2.0 的愿景，迅速地在 2020 年春季进行全面实践与检验。作为指向未来教育教学的现代教育信息化愿景，工作室在在线教学的教科研实践中积极深入其间，克服了软硬件带来的人机互动的障碍，跨越了时空限制，帮助工作室成员从同伴互助增强信息素养，再到专家引领提升内在科研素质，提高教科研能力，直到凝练成工作室成员的成果。在线教学，作为名师工作室教科研的正式方式，必将在未来继续成为主要方式。在线教学，深刻影响了名师工作室教科研活动，成为教师专业成长的新支架，并将在未来工作室活动中成为新常态。

后 记

心若在，梦就在
——创意语文教学主张的践行领悟

创意语文的形成，是一个较为漫长的过程。

1994年大学毕业，工作三年一轮后，笔者开始对教学现状进行反思，并开始实践自己的一些教学设想。

1997年秋季开始，针对农村中学初中生写作水平普遍低下的现状，思考到问题不是出在教师教写作文之上，而是学生不懂得写，要教学生会写，需要扶着学生过桥，给学生一个支架，于是形成了《"求异摹仿"写作训练法》的雏形，并申请举行了一次市级的公开课。起初在七年级进行记叙文"求异摹仿"写作训练，后来到了初二进行议论文"求异摹仿"写作训练。思考学生存在的问题，有针对性地解决问题，成为以后教学实践中最为主要的教学思维方式。这应该就是创意语文的滥觞。由来已经二十几年。

2000年秋季，参加泉州市骨干教师培训期间，有创意地针对语文单元设计与单课教学的一些问题，思考研究并完成了《整体构建语文单元教学模式初探》一文，对语文单元教学创意提出"整体构建"。虽显稚嫩，但与十几年后的"大单元教学"有诸多相似之处。

2002年秋季，全国推进课程改革，学校进行相关实践，又是全新的语文出版社版本的初中语文教材，遂大胆进行语文教学改革，敢于创意使用语文教材。有一阶段认为"课本剧"是撬动语文言语教学的重要的手段，与学生进行了语文版初中教材适合改编课本剧的写作活动，后结集为《课本剧教学与作品》。

2003年秋季，以《写一首诗》的教学为契机，进行"活动型新诗读写实验"创意教学，大胆进行少有人做的诗歌读写活动。相关论文获得各级论文评比一等奖，并发表于语文出版社汇编的论文集中，成了福建省课程改革先进个人评选的案例，参与结集出版。

2009年秋季开始，以"移动学习"为创意抓手，进行语文教学与手机应用的融合教学实践。期间有过省级、市级课题的多轮实践。

2017年秋季开始，在学校"学科哲学"的指导下，进行语文创意教学的实践，深化了创意语文的理论内涵。

在以上过程中，笔者对语文的追求开始凝聚在"教有点新意的语文"的思路上。不教重复的课，力争每一轮的教学都有新的东西，与职业倦怠做斗争。

2018年秋季，在参加福建省中学语文学科带头人培训期间，导师鲍道宏教授要求学员进行教学主张的凝练。回顾笔者语文二十几年的职业经历，最后灵光闪现为"创意语文"四字。"创意语文"能包含笔者"教有点新意的语文"的内容，并可以有更丰富的内涵。到网上搜索，同名是某一网络工作室的名称，后来也见过相同名称的微信公众号，知网中暂无"创意语文"的查询结果。遂坚定以"创意语文"作为教学主张。2020年底，在特级、正高级教师陈建源老师的鼓励下，参加了光明日报出版社"名师工作室成果文库"的专著出版。

以上为"创意语文"教学主张的凝练由来。不停滞于当下，与时俱进；不倦怠于劳作，奋勇精进。敢创求意，继续行走在路上。

"创意语文"的教学成果凝结时间较长，本人学识与能力也有限，不足与疏漏之处，恳望方家不吝批评指教。

最后以一篇附文作为创意语文教学主张的践行领悟。2006年前，笔者担任班主任，带高三学生到某中学参加高考。等待学生考试期间，老师们各寻其事，笔者随带校图书馆借阅的《教师专业成长的途径——30位优秀教师的案例》一书阅读，受书中教师感召，有抱火取暖之意。虽心有困顿，不挫梦想。虽颠倒梦想，不忘初心。

附文：

> 我必须每年落一些叶子，
> 我必须不断地脱一些皮。
>
> 我必须每年生成一些新东西，
> 日日夜夜，我都渴求着血液的更替。
>
> 我不知道我什么时候可以休止，
> 因为我自己并不属于我自己。
>
> ——李广田：《记一个教师的谈话》

身为教师，你有梦想吗？

刚毕业工作时，满腔激情，无限梦想，但没能坚持多久，抱负便被周围的环境、世俗的偏见所吞噬。几次挫折的打击，我很消极地对待着工作，与电视做伴，沉溺在虚拟的世界中，几年来稀里糊涂地生活着。"常常感觉自己像葬梦荒园的一只望乡的不归鸟，栖息在凋残的枝上，虽日日啄食苦涩的寂寞，焚孤寂以吟唱，却听不到应和的声音。"人都有一种惰性，一不留神，便会沿着本能快乐地下滑。

那几年，心已似碎，梦已不在。

但是，一个人对命运过早过多的抱怨或者诅咒其实是衰老、是承认失败的标志。魏智渊说："真正的强者是不抱怨的。命运把他扔到天空，他就做鹰。扔到草原，他就变狼。扔到山林，就做虎。扔到大海，就做鲨。"就在充满寂寞和困惑的日子里，我开始慢慢地调整自己的心态。"感谢少年时代的自由阅读，它在我心灵中播下的种子是那样的顽强，仿佛火种，不断在人生最脆弱的时候把我点燃。"的确，阅读可以触发人生感悟，让我时常反思自己的人生。

特级教师张万祥说："甘于寂寞的人永远不会寂寞，不甘心寂寞的人才会永远寂寞。"是啊，成长就应在不甘寂寞中。我得能够安下心来，能够静心凝神地阅读，才能寻找到志同道合的精神友伴。我相信，当一个人的心灵因寂寞而孤独时，一定有灵魂的同道在书中与你同在。

于是，我重新更多地迈进书店里淘书，重新翻开从书架上取下的书籍。在阅读中，我认识了一批和我一样在苦闷中独行的同道，大家依靠阅读相互支持，借助文字相互取暖。在阅读中，我们实际上是在彼此分享对方的思想甚至生命。这种相互启发，相互切磋，相互鼓励，可以形成一种巨大的精神力量并支撑着我。在阅读中，我学会了倾听和倾诉，学会了独立思考。

在书中，我知道了在我的心里有一群为我点燃心灯的人们，在我的心园里心灯如月。

心灯渐亮，我要恢复自信，要渴望新的成长，渴望不断超越自己。

在阅读的交流和碰撞中，我从徘徊在教育的边缘，到惊喜地发现教育的表达原来可以这样的多姿多彩。和许多人一样，我找到并喜欢上了一种属于自己的行走方式——用思想行走。在倾诉的过程中我渐渐感到理想和现实的巨大反差。而现在，我可以利用所有可以利用的业余时间思考，开始重新审视自己的教育教学。无论工作有多忙，我都可以坚持阅读，耕耘属于自己的精神家园，抒写教育故事，编织思想花环，和大师对话，与朋友牵手，和学生进行心灵的沟通，与勤奋的网友开展无形的竞赛……步入而立之年的我感到青春的热血正在冲破堤防，沉积已久的压抑正如火山爆发。我仿佛看到，自己心中的那只雄狮已经挣脱了猎人的围堵，昂着头，迈着矫健的步子，眼睛露出凌厉的光芒，要在山之巅峰上做幸福的呼啸。

是的，我以上心潮的喷涌，来自这些天一直怀着颗激动的心，阅读着一本书《教师专业成长的途径——30 位优秀教师的案例》。书中教师们的共同特点是，有一颗萌动不安的心，有一种要突破平庸现状的欲望，更有善于借助机会，冲破固有惰性的行动，从而坚定地走向自己理想的教育教学的彼岸。书中的教师成长分为以下四大规律：一、他们遨游在网络的海洋中，在网上成长，和热心于教育的人同行。二、他们通过修炼自身的素养，提高了自己的教学质量。三、他们把握住命运的脉搏，不错过机会，还创造了机会。四、他们投入熟悉而又日新的教育世界，沉迷其中，乐此不疲。

亲爱的教师朋友，当你因寂寞的痛苦而对前途迷茫时，请你也来阅读这本书：《教师专业成长的途径——30 位优秀教师的案例》，抚摸着温暖的封面，感受着书中亲切感人的文字，你会由衷地重新激发起当年的热情，你会不住地告诉着自己："是的，还有和我同行的人。"你会对自己说："有斯人在，吾道不孤！"

我相信，就在这一天，我们会在心底对着自己呐喊：

"心已在，梦就在！"

瞻之在前，忽之在后。光阴瞬逝，人生苦短。

那就做点什么吧。

让我们抱着一个信念：

> 你的梦开出花来了，
> 你的梦开出娇妍的花来了，
> 在你已衰老了的时候。

参考文献

［1］中华人民共和国教育部. 义务教育语文课程标准（2022年版）［S］. 北京：北京师范大学出版社，2022.

［2］中华人民共和国教育部. 普通高中语文课程标准（2017年版2020年修订）［S］. 北京：人民教育出版社，2020.

［3］教育部考试中心. 中国高考评价体系［M］. 北京：人民教育出版社，2019.

［4］教育部考试中心. 中国高考评价体系说明［M］. 北京：人民教育出版社，2019.

［5］温儒敏."部编本"语文教材的编写理念、特色与使用建议［J］. 课程·教材·教法，2016（11）.

［6］中华人民共和国教育部. 中共中央国务院关于深化教育教学改革全面提高义务教育质量的意见［EB/OL］. http：//www. moe. gov. cn/jyb_ xxgk/moe _ 1777/moe_ 1778/201907/t20190708_ 389416. html，2019-06-23.

［7］中华人民共和国教育部. 国务院办公厅关于新时代推进普通高中育人方式改革的指导意见［EB/OL］. http：//www. moe. gov. cn/jyb_ xxgk/moe_ 1777/moe_ 1778/201906/t20190619_ 386539. html，2019-06-11.

［8］中华人民共和国教育部. 教育信息化2.0行动计划［EB/OL］. http：// www. moe. gov. cn/srcsite/A16/s3342/201804/t20180425 _ 334188. html，2018 - 04-18.

［9］王荣生. 语文科课程论基础［M］. 北京：教育科学出版社，2014.

［10］陈放，武力. 创意学［M］. 北京：金城出版社，2007.

［11］生奇志. 创意学［M］. 北京：清华大学出版社，2016.

［12］徐斌. 创新头脑风暴：方法、工具、案例与训练［M］. 北京：人民邮电出版社，2009.

［13］BEGHETTO R A，KAUFMAN J C. 培养学生的创造力［M］. 陈菲，周晔晗，李娴，译. 上海：华东师范大学出版社，2014.